FUORI SCENA

W0323095

Raccontiamo quello che non si vede

MARIO JOSÉ CEREGHINO
GIOVANNI FASANELLA

La maledizione italiana

FUORI SCENA

FUORI SCENA

© 2025 RCS MediaGroup S.p.A., Milano
Proprietà letteraria riservata

ISBN 979-12-225-0020-1

Prima edizione: maggio 2025

Sommario

Introduzione

De Gasperi e la maledizione italiana

Questo libro racconta l'uscita di scena prematura di Alcide De Gasperi, una narrazione basata su fonti archivistiche britanniche, americane e italiane. Il grande statista è costretto ad abbandonare la vita pubblica nel giugno 1954 sull'onda di alcuni scandali montati ad arte, costruiti interamente su fake news prodotte e diffuse da una "macchina del fango" dagli effetti letali. Due mesi dopo, il 19 agosto, si congeda anche dalla vita terrena. Se ne va in punta di piedi e in totale solitudine. Secondo alcuni, muore a causa di una puntura d'insetto. Altri parlano di flebite. Ma è probabile che il dolore immenso e insostenibile causato dalle umiliazioni sofferte nell'ultima fase della sua lunga carriera politica abbia contribuito e non poco a provocare il suo decesso.

De Gasperi scompare all'età di settantré anni. Cavour ne aveva impiegati dieci per *fare* l'Italia. Altrettanti ne sono serviti allo statista trentino per *rifarla*, tra il 1944 e il 1954. Compiuta l'opera, però, non riesce a vederne i frutti. Non tutti, almeno. Come era già accaduto al suo illustre predecessore nell'Ottocento. Per un curioso sortilegio, sono sempre stati costretti a farsi da parte gli uomini di Stato, i leader di partito, i capitani d'industria e i personaggi pubblici che incarnavano le ambizioni legittime della nostra nazione. Chi a causa dell'odiosa pratica del dossieraggio, chi attraverso le congiure di palazzo, chi ancora per morte violenta se non addirittura per l'intervento della Provvidenza. Un sortilegio che si è manifestato puntualmente nel corso della nostra storia unitaria ogni volta che l'Italia ha tentato di scrollarsi di dosso il ruolo avvilente di mera espressione geografica.

Sarebbe certamente faticoso elencare tutte le vittime della "maledizione italiana". Ma in questo contesto non possono non essere citati Attilio Piccioni, Enrico Mattei e Aldo Moro. Le loro storie si intrecciano fortemente al destino di De Gasperi. Sono suoi allievi e ne continueranno le strategie negli anni a venire. Parimenti, non si può non dire di Palmiro Togliatti, l'alter ego degasperiano nel campo comunista. Un leader sotto minaccia costante nonché vittima di vari attentati terroristici a partire dal 1944, l'anno del suo rientro in Italia dall'Unione Sovietica. E non possono essere ignorate neppure figure illustri come l'imprenditore Adriano Olivetti e lo scienziato Felice Ippolito, veri e propri pionieri in settori strategici interdetti dalle potenze alleate a un'Italia uscita sconfitta dalla guerra. Padre dell'informatica il primo e del nucleare civile il secondo, sono entrambi uomini di punta di una nazione che sta rinascendo dalle ceneri della catastrofe bellica. Ma Olivetti muore all'improvviso mentre è in viaggio a bordo di un treno. A Ippolito tocca invece di essere travolto dalla "macchina del fango" qualche anno più tardi.

De Gasperi non sfugge a questa maledizione. Guida con mano sicura la trasformazione dell'Italia fascista in uno Stato democratico, affrontando i marosi di una transizione complessa e dagli esiti per niente scontati. A guerra finita, evita un nuovo bagno di sangue e la frammentazione territoriale del Paese. Attraverso il patto costituzionale – «il primo compromesso storico» secondo la definizione di Francesco Cossiga –, stabilisce insieme a Togliatti le regole della convivenza tra "opposti", vincolando al giuramento democratico un partito comunista ancora influenzato da innegabili pulsioni filosovietiche. Aggancia saldamente la neonata Repubblica al campo atlantista e al processo di unificazione europea. E nella «gran bonaccia delle Antille» – l'atmosfera di pacificazione sociale descritta da Italo Calvino nella sua allegoria – crea le condizioni per il boom che nel giro di pochi anni proietterà l'Italia nel club delle grandi economie globali, trasformandola di fatto in una media potenza mediterranea. Troppo. De Gasperi ha osato troppo per una nazione oggetto di appetiti molteplici sin dall'armistizio del 1943.

Ma le novità non mancano. Perché sulla base di una estesa e variegata documentazione raccolta e analizzata negli ultimi dieci anni, composta per lo più da carte politico-diplomatiche in parte inedite, possiamo attestare con un ampio margine di certezza che tra il 1944 e il 1954 De Gasperi ha avuto nemici potenti e aggressivi soprattutto nell'establishment legato agli interessi strategici del Regno Unito. E fra questi Winston Churchill, lo statista che meglio di ogni altro ha incarnato la visione egemonica dell'Impero più vasto e influente della storia moderna. È molto radicata in quegli ambienti l'idea che sui possedimenti britannici nei cinque continenti non debba mai tramontare il sole. Dove il *Rule, Britannia!* è ritenuto quasi un esercizio divino, legittimato non solo da una storia secolare, ma ancor più dalla vittoria nel Secondo conflitto mondiale. E questo conferisce all'Inghilterra quasi un diritto di vita o di morte sull'intero genere umano. Quell'ambizione non tiene conto, però, di uno scenario che sta mutando radicalmente nel dopoguerra. La Gran Bretagna non è più quella della fulgida era vittoriana. La sua economia è al limite del collasso a causa dello sforzo bellico sostenuto contro le potenze dell'Asse negli anni 1939-1945. Nel nuovo quadro internazionale, dominato dal nascente bipolarismo Usa-Urss, l'Impero di Sua Maestà è ormai destinato a un tramonto inesorabile. Un dato che viene percepito innanzitutto nelle sue tradizionali aree d'influenza, dove comincia a perdere terreno sotto la pressione dei fermenti anticolonialisti.

Stando così le cose, per il Regno Unito il controllo politico dell'Italia diventa una necessità strategica. Perché attraverso la Penisola è in grado di mantenere il controllo del Mediterraneo, del Medio Oriente e dell'Africa settentrionale, le aree più ricche di materie prime. A cominciare dall'oro nero, il petrolio. Così, a Jalta, Churchill ha preteso e ottenuto che alla Gran Bretagna sia riconosciuto una sorta di diritto di supervisione sull'Italia. Ma non ha messo nel conto le aspirazioni delle nuove classi dirigenti che si stanno formando nel ciclo degasperiano. Sono costituite da uomini che hanno riscattato il passato fascista della nazione partecipando attivamente alla lotta di Liberazione. Di conseguenza, subiscono malvolentieri i vincoli imposti dagli Alleati alla fine della guerra. Li considerano un'ingiustizia e, nei limiti del possibile, sono fermamente intenzionati ad aggirarli.

Churchill, a ogni modo, commette soprattutto l'errore di sottovalutare l'America. Continua infatti a pensare che sia soltanto il braccio armato delle ambizioni britanniche, mentre l'apporto bellico dagli Yankees ha finito per rivelarsi determinante per l'esito finale del conflitto. La vittoria del 1945 su tutti i fronti di guerra rafforza le aspirazioni statunitensi, ampliandone l'orizzonte strategico. A Washington matura la consapevolezza che il cuore e il cervello della nuova leadership occidentale sia ormai la Casa Bianca. Un ruolo che gli americani possono rivendicare a buon diritto. Contano sull'efficienza di un poderoso apparato militare e sulla vitalità di un'economia in forte espansione in tutto il globo. Senza dimenticare la superiorità tecnologica dei prodotti Made in Usa e il fascino che l'American Way of Life è in grado di esercitare sul mondo intero attraverso il cinema e la musica.

La spartizione in aree d'influenza decisa a Jalta, oltre a fissare la linea di demarcazione tra l'Est e l'Ovest dell'Europa, esaspera il conflitto sotterraneo tra Washington e Londra all'interno del campo occidentale. De Gasperi ha intuito da tempo che la rivalità tra inglesi e americani, presente sottotraccia già durante il Ventennio, finirà per acuirsi nel dopoguerra. E la sfrutta con abilità e intelligenza politica per ricavarne un sicuro vantaggio strategico. Stabilisce quindi un asse privilegiato con Washington sin dalla fine degli anni Trenta. Sotto l'ala protettiva degli Stati Uniti, completa poi la difficile transizione verso la Repubblica, sigla il patto costituzionale con il Pci e blinda il Paese contro eventuali minacce sovietiche. E nei limiti del possibile affranca l'Italia anche dalle pretese egemoniche britanniche. Non è un processo indolore. Il sangue scorre in abbondanza anche nel dopoguerra. Perché il sentiero lungo il quale è costretto a muoversi il Presidente del Consiglio è angusto e irto di ostacoli. Certo, è impossibile cancellare con un colpo di spugna gli orrori del fascismo, a cominciare dalla dichiarazione di guerra del 1940. Le colpe rimangono ed è giusto che sia così. Londra e Washington, nondimeno, manifestano vedute alquanto differenti sull'«Italian Issue». Per non dire contrapposte. Per Churchill, l'Italia è una nazione che si è arresa nell'estate del 1943 con la firma dell'armistizio di Cassibile. Una nazione sconfitta e soggetta, quindi, ai duri vincoli imposti dai vincitori. Per Roosevelt, invece, il Paese ha contribuito alla propria liberazione combattendo al fianco degli Alleati. L'Italia è diventata infatti una nazione «cobelligerante» con la dichiarazione di guerra alla Germania nazista pronunciata dal governo Badoglio nell'ottobre 1943. De Gasperi riesce insomma a infilarsi sapientemente nelle crepe che si stanno aprendo tra inglesi e americani, ritagliandosi un margine di iniziativa autonoma. Ma tanto basta per entrare in rotta di collisione con Downing Street.

L'ostilità di Churchill nei suoi confronti emerge non appena il leader cattolico si affaccia sulla scena politica da protagonista, tra il 1943 e il 1944. Non è lui che il premier inglese vuole alla guida dell'Italia, bensì un "fascista buono" riciclato opportunamente o, alla peggio, un monarchico ossequioso verso la Corona dei Windsor. L'astio di Sir Winston verso De Gasperi cresce sempre più, man mano che si sviluppa il processo di democratizzazione del Paese secondo gli accordi definiti tra Washington e Roma e, in parallelo, tra la Dc e il Pci. Le discrepanze tra inglesi e americani influiscono anche sulle dinamiche politiche del Vaticano. Dove si formano due cordate in lotta tra di loro: quella filoinglese di Pio XII e dei gesuiti, nemica dello statista trentino; e quella filoamericana di monsignor Giovanni Battista Montini, il futuro Papa Paolo VI, che appoggia invece la politica del compromesso costituzionale promossa dal leader democristiano. È raro che Londra e Roma stiano dalla stessa parte in tutte le fasi dell'ardua transizione italiana: dai governi Badoglio, Bonomi, Parri e De Gasperi sino al referendum istituzionale, all'Assemblea costituente e alla Conferenza di Parigi, per arrivare agli anni dell'assestamento degli equilibri politici interni in seguito alle elezioni del 1948.

I governi inglesi di quegli anni – i due presieduti da Churchill e quello del laburista Clement Attlee – ci provano sempre a umiliare De Gasperi. A mettere in fila tutti i punti di attrito tra Roma e Londra, il colpo d'occhio è impressionante: l'assetto dei confini orientali, con al centro il nervo scoperto di Trieste; il futuro delle forze armate italiane, in regime di «custodia» da parte del Regno Unito dal settembre 1943; i destini della Somalia, dell'Eritrea e della Libia, le ex colonie africane; la revisione del trattato di pace siglato nel febbraio 1947; l'opposizione britannica all'ingresso di Roma negli organismi internazionali più influenti come l'Onu, la Nato, la Comunità Europea di Difesa (Ced) e la Middle East Defense Organization (Medo). Su ognuno di questi temi Londra esercita un'azione ostile costante, tesa unicamente a sabotare il profilo strategico e geopolitico dell'Italia. Costi quel che costi.

Il conflitto anglo-italiano, in incubazione sin dalla liberazione di Roma nel giugno 1944, raggiunge vette di asprezza inusitata all'inizio degli anni Cinquanta, quando Sir Winston torna a Downing Street dopo aver battuto i laburisti nelle elezioni dell'ottobre 1951. A innescare la crisi è la "guerra del petrolio" che esplode proprio allora e che proseguirà drammaticamente nei decenni successivi. Le ambizioni neoimperiali di Churchill subiscono un'improvvisa battuta d'arresto con le rivoluzioni laiche e nazionaliste in Egitto e Iran. Al Cairo, i "Liberi ufficiali" di Nagib e Nasser rovesciano la monarchia filoinglese e mettono in discussione il controllo britannico sul Canale di Suez, mentre a Teheran il nuovo leader Mossadeq espropria la Anglo Iranian Oil Company.

Il governo italiano non solo non aderisce alle sanzioni di Londra contro i nuovi regimi nei due Stati chiave dell'area, ma arriva a dichiarare apertamente la propria simpatia nei loro confronti. Tanto da essere accusato di averli armati, istruiti e aizzati contro la Gran Bretagna. Un'onta che l'anziano Sir Winston non può e non vuole perdonare. Come se non bastasse, nel 1953 De Gasperi autorizza Enrico Mattei a fondare l'Eni, concedendogli un'assoluta libertà d'azione sia in patria sia all'estero. Un atto di disobbedienza esplicita ai diktat di Londra, dove si aspettavano invece che l'Italia rinunciasse a lanciare un ente energetico pubblico. Con la sua politica corsara, tra l'altro, l'Eni si presenta subito come una minaccia insidiosa alle compagnie petrolifere britanniche, oltre che uno strumento di penetrazione dell'influenza italiana nei possedimenti mediorientali e africani dell'Impero di Sua Maestà.

La risposta non si fa attendere. Churchill sta ultimando la riorganizzazione dei nuovi Servizi d'intelligence avvalendosi dei veterani dello Special Operations Executive, da lui considerato la sua «creatura». Perché il Soe – creato nel luglio 1940 per «appiccare il fuoco all'Europa» occupata dalle truppe hitleriane – non è mai stato sciolto alla fine della guerra, come si voleva far credere all'opinione pubblica. A partire dal 1945, in realtà, si è trasformato in uno strumento della «guerra politico-economica» da combattere in tempo di pace nei cinque continenti. Senza esclusione di colpi. Contro il nemico comunista, certo, ma anche contro le nazioni «riottose» come l'Italia, benché sulla carta figurino come amiche e alleate del Regno Unito. Nei manuali del nuovo Soe sono previste operazioni coperte, illegali e rigorosamente clandestine. Anche azioni selettive contro «singole personalità» giudicate «ostili agli interessi» globali dell'Impero. Tramite la fabbricazione di fake news, ad esempio, per screditare un determinato personaggio di fronte all'opinione pubblica del suo Paese. Attività, va da sé, che non devono essere mai riconducibili alla casa madre britannica. Per nessun motivo. È la "macchina del fango". Ed è proprio questo il trattamento criminale riservato dagli inglesi ad Alcide De Gasperi tra il 1953 e il 1954.

Mentre i Servizi britannici allestiscono segretamente i colpi di Stato militari che dovranno rovesciare Mossadeq a Teheran e i "Liberi ufficiali" al Cairo, due bombe mediatiche esplodono quasi in simultanea a Roma contro De Gasperi e Attilio Piccioni, il suo erede designato: lo "scandalo Montesi" – il caso della giovane romana trovata morta sulla spiaggia di Torvaianica all'indomani di un'orgia avvenuta in una tenuta di caccia a Capocotta – e l'*affaire* delle false lettere pubblicate dal settimanale «Candido» diretto dallo scrittore Giovannino Guareschi, missive del 1944 attribuite al Presidente del Consiglio. Sono i primi scandali politico-giudiziari della storia repubblicana. Il loro effetto è devastante perché finiranno per decapitare il governo e il gruppo dirigente della Democrazia Cristiana, obbligando così lo statista che aveva *rifatto* l'Italia ad abbandonare la vita politica. Appena due mesi prima di trovare la morte nella sua casa tra le montagne del Trentino. Su entrambi gli episodi sono stati versati fiumi d'inchiostro negli ultimi settant'anni, narrandoli come eventi a sé stanti, separati l'uno dall'altro e comunque mai in un ambito che non fosse quello interno italiano. Ma oggi è possibile inquadrare il tutto sotto una luce diversa. Grazie principalmente ai documenti inglesi declassificati, a quelli consultabili nell'archivio personale di Giulio Andreotti e alle fonti americane. Riannodare i molti fili di queste storie, evidenziandone le connessioni, è quello che abbiamo fatto nell'arco dell'ultimo decennio. Con metodo e pazienza. Per comprendere in buona sostanza perché De Gasperi dava fastidio e a chi. E perché occorreva liquidarlo.

Fonti e sigle

Riportiamo di seguito le fonti di provenienza dei documenti inediti e riservati che hanno reso possibile la ricostruzione contenuta in questo libro.

Archivio Andreotti - Istituto Luigi Sturzo, Roma.

Archivio Centrale dello Stato (Acs), Roma.

Archivio Giuseppe Casarrubea - Centro Documentazione e Studi Gaetano Pensabene (Cedos), Palermo.

Fondazione Istituto Gramsci - Fondazione Gramsci Onlus, Roma. Raccolta consultata: Archivio Storico del Partito Comunista Italiano (Pci).

National Archives and Records Administration (Nara), College Park, Maryland, United States of America. Raccolte consultate:

- Record Group 59.
- Record Group 226.

The National Archives/Public Record Office (Tna/Pro), Kew, Richmond upon Thames, United Kingdom of Great Britain. Raccolte consultate:

- Bt: Board of Trade (ministero del Commercio).

- Cab: Cabinet (Consiglio dei ministri).
- Co: Colonial Office (ministero delle Colonie).
- Fo: Foreign Office (ministero degli Esteri).
- Gfm: German Foreign Ministry (ministero degli Esteri tedesco). È la sigla generale di riferimento per i milioni di documenti della Germania nazista e dell'Italia fascista, carte requisite dagli Alleati alla fine della Seconda guerra mondiale. In particolare, la sigla Gfm 36 indica «The Italian Documents Collection». Si tratta di 645 buste riprodotte fotograficamente dai Servizi segreti angloamericani, a Roma, tra l'autunno del 1945 e la primavera del 1947.
- Hs: è la sigla che indica i documenti dello Special Operations Executive (Soe).
- Kv: è la sigla che indica i documenti dell'MI5 (Security Service).
- Prem: Premier's Office (Ufficio del Premier).
- Wo: War Office (ministero della Guerra).

Il pretesto

Caro Minardi,

La ringrazio del saluto che ha voluto inviarmi e Le ricambio i più vivi auguri per la Sua futura attività.

Del «Candido» ricorderò sempre le coraggiose battaglie iniziate attorno al 1948, tanto più apprezzabili in quanto incerto e rischioso era il momento. E rammento come più volte De Gasperi riconoscesse l'apporto decisivo di queste battaglie, per aver sfatato l'invulnerabilità polemica dei comunisti.

Purtroppo, in un episodio amaro e calunnioso, lo stesso De Gasperi avrebbe dovuto più tardi essere vittima di una campagna [stampa diffamatoria], nella quale è mia convinzione che Guareschi sia stato aggirato da persone senza scrupoli che volevano compiere su De Gasperi un'azione insieme di vendetta e di ... prevenzione per un suo ritorno [alla vita politica attiva].

Come sarebbe utile chiarire questa vicenda!

Spero di avere occasione di incontrarLa e Le rinnovo intanto i migliori voti e i più cordiali saluti.

Giulio Andreotti[1]

[1] Lettera datata "Roma, 26 ottobre 1961" inviata da Giulio Andreotti ad Alessandro Minardi, direttore del settimanale «Candido», via Civitavec-

Il 26 ottobre 1961 Andreotti risponde così a una lettera di Alessandro Minardi, il reporter emiliano che lo ha informato nei giorni precedenti della chiusura imminente della testata da lui diretta, il «Candido». Il settimanale satirico della Rizzoli era stato fondato nel 1945 dal giornalista Giovanni Mosca e da Giovannino Guareschi, il geniale inventore di personaggi memorabili come Don Camillo e Peppone. Il prete democristiano e il sindaco comunista non fanno che azzuffarsi nella provincia padana. Ma in fondo si attraggono a vicenda, al punto da non poter fare a meno l'uno dall'altro. Una parodia bonaria dell'Italia postbellica di Alcide De Gasperi e Palmiro Togliatti e del loro compromesso costituzionale. Un patto osteggiato ferocemente dalle forze monarchiche e neofasciste, dagli ambienti vaticani più conservatori e dall'establishment del Regno Unito. Meno bonario è invece l'«episodio amaro e calunnioso» giustamente citato da Andreotti: le lettere apocrife pubblicate dal «Candido» nel gennaio 1954, con le quali lo statista trentino avrebbe esortato gli Alleati a bombardare Roma dieci anni prima con l'obiettivo di indurre la popolazione a insorgere contro gli occupanti tedeschi.

Alessandro Minardi aveva giocato un ruolo fondamentale nella vicenda dei falsi degasperiani, nelle prime settimane del 1954. Da caporedattore del «Candido», non a caso, era collegato alle reti della propaganda occulta dei Servizi britannici tramite Edgardo Sogno, l'ex partigiano bianco e agente del Soe che lo aveva assunto al «Corriere

chia 102, Milano. L'archivio personale di Giulio Andreotti è consultabile presso l'Istituto Luigi Sturzo, Roma.

Lombardo» all'indomani della Liberazione.[2] Con ogni probabilità, sono notizie di cui Andreotti era a conoscenza almeno dal giugno 1947, quando era stato chiamato a svolgere l'incarico cruciale di sottosegretario di Stato alla Presidenza del Consiglio nei governi capitanati da De Gasperi. Il Divo Giulio, tuttavia, non aveva mai trovato le prove in grado di confermare i suoi sospetti. Ecco perché nell'ottobre 1961 chiede un incontro a Minardi per «chiarire questa vicenda». Si saranno poi visti? Non è dato saperlo. Quarant'anni più tardi, nondimeno, Andreotti torna sull'*affaire* Guareschi-De Gasperi con un articolo pubblicato dal quotidiano romano «Il Tempo»:

[...] Comunque, in parecchi circoli serpeggiava il timore che lo stesso De Gasperi potesse rientrare in attività e forse si candidasse nel 1955 per il Quirinale. Si ignorava – o si fingeva di ignorare – le gravi condizioni della sua salute, molto compromesse già durante la campagna elettorale [per le elezioni politiche del giugno 1953].

Attenti a non lasciare tracce, furono alcuni personaggi della finanza del Nord a coltivare lo scandalo del richiesto bombardamento di Roma, in collegamento anche con circoli inglesi che temevano il ritorno in sella di Churchill.[3] *[...]*

In realtà, Sir Winston era già tornato in sella nell'ottobre 1951, ossia più di due anni prima che esplodesse il caso Guareschi-De Gasperi (gennaio 1954). Ma a parte l'im-

[2] Cfr. Edgardo Sogno e Aldo Cazzullo, *Testamento di un anticomunista. Dalla resistenza al «golpe bianco»*, Mondadori, Milano 2000.

[3] *Guareschi, il credulone* è il titolo dell'articolo scritto da Giulio Andreotti. Esce sul quotidiano «Il Tempo» il 14 settembre 2003.

precisione – dovuta forse a una sovrapposizione di ricordi o a informazioni edulcorate alla fonte –, che cosa c'è di vero in quella affermazione di Andreotti? A chi si riferisce esattamente quando menziona i «personaggi della finanza del Nord» e i «circoli inglesi»? Noi ce lo siamo chiesto. Ed è proprio da questi interrogativi che ha avuto inizio la nostra indagine.

Gli inglesi e il "Fascismo buono"

Se proprio si deve scegliere un punto di partenza per il nostro racconto, il 1933 forse è il più adatto. Quell'anno, Adolf Hitler conquista il potere in Germania e la storia prende tutto un altro corso. In Italia, Mussolini è all'apice della sua potenza, prepara l'impresa d'Etiopia e pregusta già il suo trionfo nel Foro Romano, convinto com'è che lo proietterà da imperatore anche sulla scena europea. Ma il Duce non immagina neppure lontanamente che la telefonata con cui il 5 novembre annuncia al quadrumviro Italo Balbo di averlo appena destituito dalla carica di ministro dell'Aeronautica, per lui altro non è che l'inizio della fine.

L'emarginazione del gerarca più anglofilo viene interpretata a Londra come un preoccupante segnale di allontanamento dell'Italia dalla Gran Bretagna. A Downing Street, insomma, è già un tema all'ordine del giorno la sostituzione di Mussolini, un dittatore a cui Winston Churchill aveva rivolto parole di indubbia ammirazione nel gennaio del 1927, a Roma. D'altra parte, non erano stati proprio gli inglesi a trasformare l'ex capopopolo romagnolo in uno statista di fama mondiale? Gli 007 al servizio di Sua Maestà lo avevano infatti reclutato all'inizio del 1918 con il nome in codice di «The Count», finanziandolo lautamente. Dunque, così come lo hanno creato, ora possono distruggerlo.[1]

Intanto, De Gasperi se ne sta rintanato nella biblioteca apostolica vaticana. Ha alle spalle un passato politico importante, anche se per certi aspetti controverso. Nato in Trentino quando la regione era ancora sotto il dominio austriaco, è stato un deputato del parlamento di Vienna. E per questo i fascisti lo hanno spesso accusato di scarso patriottismo durante il Primo conflitto mondiale. Ma qualche ombra ne ha offuscato la biografia anche nell'immediato dopoguerra. Eletto al parlamento italiano nelle file del Partito Popolare di don Luigi Sturzo, nel 1922 ha votato la fiducia al governo Mussolini. In seguito alle dimissioni di Sturzo – costretto a lasciare la guida del partito perché accusato di eccesso di antifascismo dalle gerarchie vaticane –, De Gasperi ha poi seguito una linea ambigua sulla nuova legge elettorale maggioritaria, la leg-

[1] Mario José Cereghino e Giovanni Fasanella, *Nero di Londra. Da Caporetto alla Marcia su Roma. Come l'intelligence militare britannica creò il fascista Mussolini*, Chiarelettere, Milano 2022; Sir Samuel Hoare, *Lord Templewood Papers Part III, Italy and the Vatican, 1916-1920, Files 1-5*, Cambridge University Library, Department of Manuscripts, Cambridge, United Kingdom of Great Britain; Sir Samuel Hoare, *Ambassador on Special Mission*, Collins, London 1946; Sir Samuel Hoare, *Nine Troubled Years*, Collins, London 1954; Tom Kington, *Recruited by MI5: the name's Mussolini. Benito Mussolini. Documents reveal Italian dictator got start in politics in 1917 with help of £100 weekly wage from MI5*, «The Guardian», 13 ottobre 2009; *Chips: The Diaries of Sir Henry Channon, 1934-1953*, edizione ridotta a cura di Robert Rhodes James, Weidenfeld & Nicolson, London 1967; Henry "Chips" Channon, *The Diaries, Vol. 2, 1938-1943*, edizione integrale a cura di Simon Heffer, Hutchinson, London 2021.

ge Acerbo, che apriva la strada al regime. Un tentativo di tenere insieme le diverse anime del popolarismo cattolico. Ma poi, divenuto segretario del Ppi, ha spinto il partito su posizioni di rottura radicale con il governo, procurandosi non poche antipatie Oltretevere. Arrestato e condannato a quattro anni di carcere per effetto delle leggi speciali, poi graziato, è rimasto per qualche tempo un "sorvegliato speciale". Senza amici, lavoro e in gravi difficoltà economiche, è precipitato in una cupa depressione. Solo in parte lenita dal nuovo lavoro nella biblioteca vaticana. Lo hanno assunto come "collaboratore soprannumerario", un di più rispetto alle necessità di organico. Un favore ai prelati e cardinali che lo hanno raccomandato. Ma ora è lì, cura il catalogo degli stampati, legge molto, scrive qualche saggio, studia la politica europea, allaccia silenziosamente rapporti con giovani dell'Azione Cattolica e della Fuci. E aspira a qualche incarico che, sia pur modesto, gli consenta di guardare fuori, oltre le mura leonine. Incarico che sta per arrivare grazie a «L'Osservatore Romano», che gli affiderà il compito di organizzare una mostra internazionale sulla stampa cattolica. Una funzione a cui più tardi si aggiungerà quella, decisamente più importante per la sua futura carriera, di informare periodicamente il rappresentante americano presso la Santa Sede, Myron Taylor, sulla situazione politica italiana. Ha cinquantadue anni, è ancora giovane e ha tutto il tempo per pensare a cosa farà da grande. Insomma, nel 1933 si crea una particolare congiuntura astrale, per così dire, che finirà per incrociare i destini di Mussolini e De Gasperi con i disegni britannici e americani.

Il 5 novembre di quell'anno, lo abbiamo visto, Mussolini telefona a Italo Balbo e gli annuncia su due piedi di averlo appena rimosso dalla carica di ministro dell'Aeronautica per nominarlo nuovo governatore della Libia. *Promoveatur ut amoveatur*. E il Ras di Ferrara lo sa. Da tempo è un personaggio troppo ingombrante perché il Duce possa tenerlo a Roma proprio alla vigilia di importanti decisioni. Il fatto è che il Maresciallo dell'Aria – dopo l'eroica impresa della trasvolata atlantica e le accoglienze trionfali ricevute a Chicago, New York e Washington, con pranzo alla Casa Bianca e persino la corona di penne colorate del capo dei Sioux, che lo hanno ribattezzato "Aquila Volante" – si è conquistato una tale popolarità internazionale da offuscare quella del Duce. Che ora lo teme e lo vuole lontano dal cuore del potere per almeno cinque anni. «Mio Grande Capo! Sempre agli ordini!», abbozza Balbo.[2] Ma questi non è così sereno e remissivo come vorrebbe far credere al "Grande Capo". Subito dopo, infatti, chiama Renzo Chierici, segretario ferrarese del Pnf e uno dei suoi più stretti collaboratori, per comunicargli la notizia della destituzione. Vuole dirglielo di persona, prima che lo apprenda da altre fonti. Balbo è sorvegliato dalla polizia politica e sa che la sua conversazione è intercettata. Perciò sceglie con cura le parole, perché il messaggio sia ben compreso quando il brogliaccio finirà sulla scrivania di Mussolini. Dice a Chierici di «non aver niente da lamentare», nonostante abbia «la morte nel cuore». E aggiunge: «Però ho telefonato per una cosa: può darsi che [...] qualcuno dei nostri amici di quelli più segreti, qualcuno possa pigliare la cosa un po' antipaticamente. Allora tu farai sa-

[2] Tna/Pro, Gfm 36/195.

pere a tutti [...] che io sono soddisfatto, che sono contento e che non ho da lamentarmi di nulla. Non vorrei che facessero i realisti più del re. Sai, è un momento... E a uscire dal seminato ci vuole poco».[3] Balbo per ora ubbidisce. Il Duce però è avvertito: a un segnale dell'ex ministro, qualcuno molto potente potrebbe reagire.

Dunque, chi sono quegli «amici più segreti»? E che cosa potrebbero fare, se solo il Ras ferrarese lo volesse? Mussolini sa da almeno una decina d'anni che il suo gerarca è un massone, il quale però ha sempre negato la sua appartenenza alle Logge. Ma il "Grande Capo" ha sguinzagliato i suoi agenti segreti alla ricerca di prove e costoro le hanno trovate frugando negli archivi delle varie Obbedienze. E quando per questa ragione, nel 1924, ha preteso le sue dimissioni dal comando della Milizia, Balbo non l'ha mandata giù: «Ne sono rimasto offeso e addolorato», gli ha scritto. «Tu non hai il diritto di dubitare della mia lealtà. [...] Tu hai il dovere di dirmi il nome del vigliacchissimo diffamatore al quale hai avuto il torto di prestar fede e che, probabilmente, è uno di quei massoni che non mi perdonano [...] di essere stato il solo fra i tuoi vicini collaboratori ad ottemperare sul serio, e non per burla, al deliberato del Gran Consiglio sull'incompatibilità tra Fascismo e massoneria.»[4] Nonostante le reiterate smentite, il Duce non gli ha mai creduto. Perché costituivano in realtà una prova ulteriore della slealtà del suo gerarca. Le evidenze accumulate nel tempo sono ormai schiaccianti. E non si tratta del fatto di essere un affiliato, quasi tutti i ge-

[3] *Ibidem.*
[4] *Ibidem.*

rarchi lo erano, a dispetto della posizione ufficiale del regime sulle sette segrete. No, al ferrarese rimprovera di appartenere al ramo della massoneria, quello di Palazzo Giustiniani, meno allineato con il regime e tradizionalmente più vicino al mondo anglosassone. Tra le carte raccolte dalle spie dell'Ovra, c'è in particolare una lettera interna della Gran Loggia Insorgere-Risorgere firmata proprio dal «fratello Italo Balbo», «oratore», il quale scrive: «Tutti i fratelli accettano le nomine loro conferite. Si costituisce una commissione formata dalle Tre Luci, onde provvedere di timbri, libri e quanto occorra al regolare andamento della nuova Loggia».[5] Non solo. La polizia segreta di Mussolini ha carpito anche le confidenze di un "fratello" appartenente alla stessa loggia del maresciallo, di cui è anche amico e sodale: l'onorevole Michele Terzaghi. Il quale, non sapendo di parlare con un agente dell'Ovra, gli ha raccontato del risentimento che il quadrumviro coltiva nei confronti del Duce. Un rancore così sordo da indurlo a suggerire che sarebbe opportuno potenziare la scorta del "Grande Capo", perché un giorno o l'altro finirà per essere ucciso dal «gruppo Balbo e compagni».[6]

Due mesi dopo la sua destituzione, nel gennaio del 1934, l'ex ministro è già in Libia. «Inizio il nuovo lavoro al grido di "Viva il Duce!"», rassicura in una lettera inviata a Roma. Ma prima di depositare il messaggio nel suo archivio personale, Mussolini annota in calce un commento che sa di condanna a morte: «È troppo tardi».[7]

[5] *Ibidem.*
[6] Tna/Pro, Gfm 36/404.
[7] Tna/Pro, Gfm 36/195.

"Aquila Volante" lo sa, eccome, che a Roma è considerato un morto che cammina. Ma è un guerriero e non ha alcuna intenzione di rassegnarsi al destino che altri hanno deciso per lui. Tripoli è una sede defilata, ma ha tuttavia i suoi vantaggi. È il paravento dietro il quale, provando a eludere la sorveglianza dell'Ovra, può continuare a tessere con maggior profitto la tela delle sue relazioni politico-diplomatiche con il Regno Unito. Che non è poi così lontano: Egitto, Sudan e Kenya, la filiera britannica nell'Africa orientale, sono proprio lì, a due passi.

Nell'aprile del 1938 Balbo atterra a Nairobi con il suo trimotore Savoia Marchetti 79. È una delle sue tante visite private al governatore inglese Sir Robert Brooke-Popham, ex ufficiale della Royal Air Force e suo amico personale. Ma questa è più importante di tutte le altre, perché cade proprio alla vigilia dello storico viaggio di Adolf Hitler a Roma. La Germania si prepara alla guerra. Mussolini è sempre più attratto dal Führer, ne subisce il fascino e ne ammira la potenza bellica, nonostante le spinte contrarie dei gerarchi del partito anglofilo, di cui Balbo e Dino Grandi sono gli esponenti più prestigiosi e accreditati. Il governatore della Libia è in Kenya per tentare di chiudere il cerchio intorno al Duce. Lo accompagna, non a caso, il senatore Vittorio Cini, «una personalità importante», lo definisce il plenipotenziario inglese. E in effetti, con il "fratello" Giuseppe Volpi di Misurata, già ministro delle Finanze e ora presidente della Confindustria, Cini è una delle menti del "gruppo veneziano", la lobby bancaria più potente d'Italia e tra le più influenti in Europa.

Sir Brooke-Popham è felice di rivedere Balbo in un momento così delicato per le sorti del Vecchio continente. Lo trova in ottima forma, rinato dopo la crisi depressiva che lo aveva colpito dopo il suo siluramento. È tornato «l'aviatore felice e spensierato di un tempo», scrive nel suo rapporto per il Foreign Office. Lo accoglie a Nairobi con gli onori degni di un premier, e forse già tale lo considera. Avrebbe voluto addirittura ospitarlo nella sua residenza privata per parlare con lui in estrema libertà, al riparo da orecchie indiscrete. Ma il console italiano ha fatto di tutto perché "Aquila Volante" scendesse nel più controllabile New Stanley Hotel. In ogni modo, Brooke-Popham organizza per l'illustre ospite un sontuoso ricevimento, a cui partecipano una quarantina di personalità tra le più influenti nella ricca colonia britannica. Durante la cena, però, non riesce a parlare come vorrebbe con il governatore della Libia. Il console italiano, infatti, s'intromette continuamente nella conversazione, interrompendo e chiosando. «Una figura alquanto sinistra», lo definisce il governatore del Kenya, si comporta come se volesse ricordare a Balbo che «due freddi occhi d'acciaio» e una longa manus «rivestita di nero» controllano tutto ciò che accade «persino nella lontana Nairobi».[8] Ma i due vecchi amici trovano il modo di eludere la sorveglianza del console e, dopo cena, si appartano in un angolo tranquillo della residenza britannica.

Il colloquio tocca aspetti molto delicati. Il governatore della Libia dice che il suo mandato sta per scadere e che non sa ancora «se accettare o meno altre mansioni». In ogni caso, lascia intendere, i suoi rapporti con il Duce sono

[8] Tna/Pro, Co 822/84/18.

ormai irrimediabilmente compromessi e sta riflettendo anche su come comportarsi nei suoi confronti. «La visita è andata bene», telegrafa a Londra Brooke-Popham: Balbo ha infatti manifestato «un atteggiamento molto amichevole nei miei confronti». Prima di agire, bisogna comunque capire se il Duce continuerà a considerarlo «persona grata» all'interno del regime. Pochi giorni più tardi, "Aquila Volante" lascia Nairobi per rientrare a Tripoli con il suo trimotore. Prima, però, fa scalo in altre due capitali importanti per le sue relazioni con il Regno Unito: Khartoum, in Sudan, e Il Cairo.[9]

Alla fine del 1938, con il suo mandato libico in scadenza, Balbo spera di rientrare in Italia per giocare il suo finale di partita con il "Grande Capo". Ma nel giro di un anno la situazione internazionale precipita e Mussolini gli ordina di rimanere a Tripoli. A Roma non lo vuole proprio. Il primo settembre 1939 Hitler invade la Polonia. È l'inizio della Seconda guerra mondiale. Il Duce ha stretto il Patto d'Acciaio con la Germania, ma non interviene ancora nel conflitto. Per ora resta a guardare. Vuole capire se la macchina bellica tedesca ha davvero la potenza di fuoco descrittagli dal Führer. E poi all'interno del regime non è ancora chiaro se prevarrà il partito filotedesco, favorevole alla guerra, o quello filoinglese, che sta esercitando pressioni fortissime per mantenere almeno la neutralità. Balbo è attentamente osservato anche dall'intelligence britannica, per motivi opposti a quelli dell'Ovra. Agli inglesi interessa la sua opinione dopo i primi mesi di guerra. Il governatore della Libia è rimasto infatti «enormemente impressionato»

[9] *Ibidem*.

dall'«alta qualità» dell'aviazione britannica e dalla «capacità industriale» raggiunta dall'Inghilterra, riferisce un'«affidabile fonte privata». È anche convinto che la Germania sia «destinata a perdere la guerra». L'informativa per il Foreign Office porta la data del 2 gennaio 1940.[10] Due settimane dopo, "Aquila Volante" è a Roma per qualche giorno. Una visita lampo per un incontro «privato e, in verità, clandestino», su «richiesta di Balbo», con l'ambasciatore britannico Sir Percy Loraine.[11] A fare da intermediaria per il faccia a faccia è una gentildonna di cui non si conosce il nome, ma si sa che lavora da tempo per l'ambasciata inglese.

La sera del 19 gennaio 1940 organizza una cena per i due illustri ospiti nella sua dimora romana. I quali a un certo punto si appartano e discutono per un'ora e mezzo di Mussolini e della guerra. Balbo rivela al suo interlocutore che i tedeschi stanno per scatenare una violenta offensiva in Francia, lungo la Linea Maginot, ma «non sembra nemmeno contemplare la possibilità che la Germania vinca la guerra». E liquida in modo sprezzante l'eventualità di un'entrata in guerra dell'Italia, giacché sarebbe «un'assoluta fesseria». Dopo averlo ascoltato con interesse, annuendo di tanto in tanto, l'ambasciatore britannico lo sprona a intensificare le pressioni del partito anglofilo sul Duce, lasciandogli intravedere possibili vantaggi personali e per lo stesso regime fascista, che avrebbe invece tutto da perdere da un'alleanza con il nazismo. Quella di Hitler è infatti una dittatura incompatibile con i sistemi democratici e con la quale «non è possibile alcun compromesso». Il governato-

[10] Tna/Pro, Fo 371/24937.
[11] Tna/Pro, Fo 371/24949.

re della Libia prende subito la palla al balzo. Trova «molto interessanti le riflessioni» di Percy Loraine. Le condivide totalmente. E si spinge anche oltre, dicendosi «certo che l'Italia tornerà alla democrazia dopo la morte del Duce». Insomma, Balbo non vede «ostacoli reali» a un'«associazione tra l'Italia fascista da una parte, e le democrazie del Regno Unito e della Francia dall'altra», con l'obiettivo strategico di impedire che vada in scena «il terzo atto della tragedia» – l'ingresso in guerra di Roma al fianco di Berlino –, dopo lo scoppio del primo conflitto mondiale nell'agosto 1914 e quello scatenato da Hitler nel settembre 1939. Il colloquio si chiude con una promessa rassicurante di Percy Loraine. La Gran Bretagna, afferma, non desidera affatto che «l'Italia fascista collassi» dopo la «sconfitta della Germania nazista». Insomma, c'è una parte "buona" del regime a cui Londra è disposta a garantire la continuità anche nel dopoguerra.[12]

Se era un esame quello a cui Balbo si è appena sottoposto nella dimora della gentildonna romana al servizio di Sua Maestà, non vi è dubbio alcuno che lo ha brillantemente superato. E a pieni voti. Subito dopo, l'ambasciatore scrive al ministro degli Esteri, Lord Edward Wood, primo conte di Halifax. Nel suo resoconto, Percy Loraine evidenzia che Balbo si muove «in sintonia» con Galeazzo Ciano e Dino Grandi ed è molto attratto dall'idea di un'alleanza «in Europa, nel Mediterraneo e in Africa» tra l'Italia del fascismo "buono", il Regno Unito e la Francia. La prospettiva di un ritorno alla Triplice Intesa della Grande guerra ha aperto «nuovi orizzonti nella sua mente», spie-

[12] *Ibidem.*

ga. E conclude così: «Siamo diventati molto amici e reputo che ciò sia molto utile».[13]

"Aquila Volante", Ciano e Grandi sono dunque gli esponenti di punta del "partito anglofilo" all'interno del regime. Per la successione a Mussolini, Balbo è certamente il favorito. Ma chi dei tre ha più possibilità di successo? Ecco quindi che la diplomazia e i Servizi del Regno Unito mobilitano tutte le loro spie. Gli uffici del Foreign Office vengono intasati da montagne di rapporti. L'attenzione si concentra su uno, in particolare. Lo ha compilato una fonte francese, Jules Sauerwein, corrispondente da Berna del quotidiano «Paris-Soir». Balbo è «l'inevitabile successore di Mussolini» mentre Ciano è «solo un portavoce», scrive il giornalista. «Notizie molto interessanti» commenta Whitehall in calce al resoconto di Sauerwein.[14]

Il piano per la sostituzione del Duce con il governatore della Libia è solo un capitolo del piano per salvare il "fascismo buono". Ma ce n'è un altro che si snoda in parallelo negli stessi mesi in cui la diplomazia inglese corteggia Balbo. Ed è quello per mettere un altro re sul trono di Vittorio Emanuele III, ormai impresentabile agli occhi di Londra dopo aver avallato il Patto d'Acciaio del 1939 e la dichiarazione di guerra del giugno 1940. Il nome del possibile nuovo sovrano è quello di Amedeo di Savoia, Duca d'Aosta e viceré d'Etiopia. Mentre "Aquila Volante" è a Nairobi, il console generale britannico ad Addis Abeba, Stonehewer-Bird, ha i primi abboccamenti con Amedeo. I contatti si infittiscono a partire dall'autunno 1938, quan-

[13] *Ibidem*.
[14] Tna/Pro, Fo 371/24939.

do il viceré riceve da Roma «istruzioni categoriche» in materia di antisemitismo. L'argomento affrontato nei colloqui è talmente delicato che Mussolini viene sempre citato con lo pseudonimo di «Mr. Brown». E i resoconti che il console invia a Londra sono rigorosamente crittati. In uno degli incontri, il 19 novembre, il Duca d'Aosta confida al diplomatico inglese che gli ordini ricevuti lo hanno spinto a «mettere in discussione l'obbedienza» al regime. Perché non comprende quali motivi abbiano spinto il fascismo a «mettersi contro i giudei». In Italia, sottolinea, «non c'è mai stato un problema ebraico, a differenza della Germania». E anche se il viceré capisce l'esigenza tedesca di risolverlo in qualche modo, «giacché gli ebrei hanno invaso l'amministrazione pubblica e le università», reputa comunque «deplorevoli» i metodi di Hitler. Effetto dell'influenza nefasta che esercita sul Führer Joseph Goebbels, un «uomo piccolo e orribile» nonché il principale responsabile delle «azioni più crudeli e disgustose contro gli ebrei».[15]

Le confidenze di Amedeo d'Aosta al console Stonehewer-Bird vengono attentamente valutate dal Foreign Office. La conclusione a cui giunge un alto funzionario come Andrew Noble è che ci sia un Goebbels anche in Italia. È Roberto Farinacci, il più filotedesco e antisemita dei gerarchi. Il Ras di Cremona è stato a lungo uno degli avversari più strenui del Duce. Ma ora, grazie al sostegno dei nazisti, ha riconquistato posizioni di forza all'interno del Partito nazionale fascista e, con ogni probabilità, tiene in pugno finanche Mussolini, «il cui raziocinio non è più

[15] Tna/Pro, Fo 371/22444.

quello di un tempo».[16] A Londra dubitano seriamente della tenuta psichica dell'"imperatore italiano". Attribuiscono la deriva antisemita e filotedesca delle sue politiche anche a possibili problemi mentali. D'altra parte, Amedeo di Savoia non fa che ripeterlo nei suoi colloqui con i diplomatici inglesi: «Non capisco proprio che cosa gli passi per la testa».[17] Ragion di più per fare qualcosa prima che sia troppo tardi. «Il Duca d'Aosta è molto ben disposto nei nostri confronti. Dobbiamo quindi prestare attenzione alle sue parole», è la raccomandazione del Foreign Office. Anche perché la sua non è una voce isolata: «Il maresciallo Balbo, il Duca d'Aosta, il maresciallo dell'Aeronautica Militare Todeschini e il conte Ciano sono al momento contrari all'entrata in guerra dell'Italia».[18]

Nella tarda primavera del 1940, all'interno del regime si arriva alla resa dei conti finale tra il "partito tedesco" e il "partito inglese". Il primo ha la meglio: l'Italia esce dalla neutralità e il 10 giugno 1940 entra nel conflitto al fianco di Hitler, dichiarando guerra a Francia e Gran Bretagna. A Downing Street, Neville Chamberlain si è appena dimesso e al suo posto subentra il più energico Winston Churchill. Gli inglesi sono costretti a sospendere i piani per un passaggio delle consegne indolore ai vertici istituzionali italiani, attraverso il riciclaggio del "fascismo buono". Ma non è solo la guerra a rimettere tutto in discussione. A volte anche il caso ci mette lo zampino. E questa volta, bisogna dirlo, il caso interviene con impressionante

[16] *Ibidem.*

[17] Tna/Pro, Fo 371/24940.

[18] Tna/Pro, Fo 371/24939.

tempismo. Il 28 giugno 1940, appena diciotto giorni dopo il discorso pronunciato da Mussolini dal balcone di Piazza Venezia dinanzi a un'oceanica folla plaudente, Italo Balbo perde la vita. Colpito per errore dal fuoco amico nel cielo di Tobruk, in Libia. Sta rientrando da una missione, ma la contraerea italiana non lo riconosce e lo abbatte. «Un bell'alpino, un grande aviatore, un autentico rivoluzionario. Il solo che sarebbe stato capace di uccidermi», commenta beffardo Mussolini. Da un aereo inglese, invece, viene paracadutata una corona d'alloro sul luogo in cui l'aereo è precipitato, con un biglietto che recita così: «Le forze aeree britanniche esprimono il loro sincero compianto per la morte del Maresciallo Balbo, un grande condottiero e un valoroso aviatore che la sorte pose in campo avverso».

E Amedeo d'Aosta? Per lui è solo questione di tempo. Pochissimo tempo. Al momento, per il Regno Unito è ancora una risorsa preziosa. Dopo la sconfitta italiana nell'Amba Alagi, nella primavera del 1941, il viceré d'Etiopia si consegna alle autorità britanniche. Il Foreign Office si raccomanda con i "carcerieri" perché venga trattato nel migliore dei modi. Il Duca, infatti, «potrebbe comunque essere attratto dalla nostra offerta di collocarlo sul trono [italiano], sempre e quando riuscissimo a convincerlo dell'inevitabile sconfitta delle potenze dell'Asse. Dubitiamo che possa resistere a una simile offerta».[19] Gli inglesi lo ospitano in una lussuosa residenza nelle campagne di Nairobi. Qui trascorre giornate felici discorrendo amabilmente con un vecchio amico di famiglia, il colon-

[19] Tna/Pro, Fo 371/29963.

nello Francis Rodd. I comandi britannici ipotizzano di utilizzarlo in vista della resa militare italiana: «Potrebbe essere il leader più adatto a trasmettere le nostre condizioni di pace all'Italia. Sarebbe quindi utile prepararlo a questo compito», prevedendo a un certo punto «il suo trasferimento in Gran Bretagna».[20] Nell'attesa, il "prigioniero dorato" si ricostruisce una verginità, un pedigree che sicuramente tornerà utile al momento opportuno. Ai suoi "carcerieri" ripete di continuo di essere stato «ingannato dal governo italiano», perché mai sarebbe tornato in Etiopia se il Duce non gli avesse garantito che «la guerra non sarebbe scoppiata nel 1940 e nemmeno nel 1941». Ed è esattamente a questo punto che, dopo il "fuoco amico" contro Balbo, il caso interviene una seconda volta cambiando il corso della storia: Amedeo d'Aosta si ammala di tubercolosi e di malaria nel novembre del 1941. E muore nel marzo dell'anno seguente.

[20] *Ibidem.*

La "malattia" di Mussolini e il golpe del 25 luglio

Come sta il Duce? Dopo la disfatta di El Alamein, nel tardo autunno del 1942, le notizie sulla salute di Mussolini si susseguono a ritmo incalzante. Le truppe italo-tedesche sono in rotta, mentre gli inglesi avanzano dall'Egitto verso la Cirenaica. Lo scenario che si sta delineando nell'Africa settentrionale è un duro colpo alle certezze del "partito germanofilo" sull'esito finale della guerra e, dunque, solleva il morale del "partito anglofilo". A Roma circolano con insistenza voci su un improvviso peggioramento dello stato di salute del dittatore e sulla grave natura della sua infermità. Ad alimentarle, con intenzione, è il genero Galeazzo Ciano. «Non sta bene, non sta bene, non sta bene!», va ripetendo il ministro degli Esteri: «Dopo una pausa di alcuni giorni, i dolori stomacali sono tornati a farsi sentire. I medici non ne comprendono la causa. [...] Sarebbe inutile elencare gli effetti di una sua eventuale scomparsa».[1] Insomma, quando sembrava che i piani per un cambio ai vertici istituzionali del Regno d'Italia fossero ormai definitivamente accantonati, eccoli invece nuovamente in auge dopo le morti premature di Balbo e di Amedeo d'Aosta.

Anche De Gasperi si prepara, non lo abbiamo perso di

[1] Tna/Pro, Gfm 33/2156.

vista. Tesse la sua tela sottotraccia e all'interno delle mura leonine. Rimette insieme i cocci del disciolto Partito Popolare e ne pianifica la rifondazione convocando le giovani promesse della Fuci. Nell'autunno 1942, mentre si combatte a El Alamein, riunisce attorno a sé un vasto gruppo di personalità che costituiranno il nucleo della futura classe dirigente italiana. Ci sono, tra gli altri, Attilio Piccioni e Mario Scelba, Aldo Moro e Giulio Andreotti, Amintore Fanfani e Paolo Emilio Taviani, Giuseppe Dossetti e Giovanni Gronchi, Ezio Vanoni ed Enrico Mattei.

Qualche mese dopo, nel marzo 1943, da quegli incontri nasce il manifesto con «Le idee ricostruttive della Democrazia Cristiana». È l'atto di fondazione del nuovo partito cattolico, destinato a diventare il perno del sistema politico italiano postfascista. Ha la benedizione delle gerarchie ecclesiastiche. Di una parte, per la precisione: quella che fa capo a Giovanni Battista Montini, Sostituto della Segreteria di Stato della Santa Sede, responsabile dell'ufficio informazioni del Vaticano e, a detta di molti, "uomo degli americani". Protegge De Gasperi e lo accredita presso la Casa Bianca, anche se a volte è costretto a esercitare tutta la sua influenza per mediare i rapporti non sempre facili tra il neoleader democristiano e Pio XII. Pacelli considera infatti De Gasperi un po' troppo sinistrorso. E allo statista trentino non piacciono affatto le inclinazioni filomonarchiche del Papa e le sue simpatie malcelate per il "fascismo buono". Ma torniamo a Mussolini.

Come sta? È sempre Ciano a diffondere confidenzialmente i "bollettini medici". L'ultimo aggiornamento porta la data del 16 gennaio 1943: «Il Duce sarebbe stato sottoposto a diciotto radiografie, dall'inizio del tubo digerente alla parte finale dell'intestino, ma non avrebbero fornito la minima indicazione di una neoplasia e, tantomeno, di una formazione maligna in qualche punto dell'intestino. Tutti gli organi sarebbero assolutamente sani. Altrettanto positive sarebbero le analisi del sangue», confida all'ambasciatore tedesco presso il Regno d'Italia, Hans Georg Victor von Mackensen. E aggiunge altri dettagli: «In ogni modo, non risulta riscontrabile la causa di questi dolori persistenti. Inoltre, la perdita di peso – che ammonta nell'insieme a ventuno chili – è stata interrotta solo una volta da un leggero aumento di un chilo e mezzo. Questo calo sarebbe ben visibile anche esternamente. I tratti del viso del Duce, infatti, sono tesi».[2]

Di cosa soffre Mussolini, dunque? Qual è il male oscuro che lo affligge? Ha avvertito i primi disturbi nel giugno 1942, prima della sua visita ai soldati italiani in Libia. Rientrato in Italia, i sintomi si sono aggravati. A curarlo è l'insigne batteriologo Aldo Castellano, che gli ha diagnosticato un'ameba. Ma senza alcun risultato apprezzabile. Così si è reso necessario l'intervento di un altro luminare, Cesare Frugoni, il quale ha finalmente capito: «I disturbi sono in primo luogo di origine nervosa. Si rode internamente senza poter sfogarsi. Tende cioè a somatizzare tutte le preoccupazioni, anche se all'esterno appare tranquillo», fa sapere il solito Ciano. Il fatto è che prima della battaglia di El Alamein «si sentiva alla vigilia di una grande vittoria. Ma gli sviluppi successivi hanno inferto un grave colpo al suo morale».[3]

[2] *Ibidem.*
[3] *Ibidem.*

Un esaurimento nervoso, dunque. Che tuttavia costringe il Duce ad annullare diversi incontri pubblici e a sospendere le riunioni del governo. È ancora in grado di guidare il Paese con mano sicura, come la sua propaganda ha fatto credere per tanto, troppo tempo? I dubbi crescono a Berlino, nelle cancellerie europee, ai vertici del regime nonché tra i suoi familiari più intimi. E forse è Mussolini stesso a convincersi di essere ormai giunto alla fine della sua parabola esistenziale. Le cose non stanno andando come aveva immaginato e comincia a prenderne atto con un senso d'angoscia crescente. Si sente in trappola in una situazione ormai priva di vie d'uscita. «L'Italia è in via di dissoluzione», va dicendo in giro Ciano. Il quale non perde occasione per «fare commenti positivi sulle potenze anglosassoni».[4] Siamo all'inizio del 1943. Di lì a poco, Ciano viene destituito dal ministero degli Esteri. È una notizia non del tutto inattesa, a dire il vero, visto il precedente di Balbo. Ma quando Palazzo Venezia fa sapere di averlo nominato ambasciatore presso la Santa Sede, le diplomazie delle nazioni impegnate nel conflitto bellico sospettano a ragione che quella mossa nasconda qualcosa di poco chiaro.

Perché cacciarlo improvvisamente da Palazzo Chigi quando, solo poche settimane prima, Mussolini aveva respinto le richieste di dimissioni avanzate da chi accusava il genero di essere al soldo di Londra? Una risposta ai dubbi dell'ambasciatore tedesco von Mackensen arriva in tempo reale dai report dell'intelligence di Hitler. Ecco dunque svelati i «retroscena del rimpasto governativo»: ai vertici del regime ora pensano che «sia necessario trovare una via

[4] Nara, Record Group 226, Entry 190C, Box 12, Folder 82.

per aprire un dialogo con gli inglesi, con l'obiettivo di uscire dalla guerra e salvare, per quanto possibile, la pelle». Quella via passa per la Santa Sede. E il nuovo incarico affidato all'ex ministro degli Esteri è uno «stratagemma affinché a Ciano risulti più facile trattare con il nemico».[5] La lettura tedesca è esatta. Stando almeno ai commenti che circolano negli ambienti diplomatici britannici.

Il rappresentante alla corte di Pio XII, Francis D'Arcy Osborne, scrive infatti al Foreign Office che «Vaticano e fascisti mirano entrambi a risparmiare all'Italia le estreme conseguenze belliche, nonché a facilitarne l'uscita dalla guerra con il minor danno possibile dal punto di vista militare e politico».[6] Il ministro Anthony Eden e i suoi funzionari così commentano il dispaccio appena giunto da Roma: «La nomina di Ciano è certamente opera di Mussolini in persona. E anche se il Duce dovesse scomparire, Ciano e molti altri gerarchi punterebbero a concludere la pace con gli Alleati, con o senza la Germania». È una buona mossa. Perché il Papa, al momento, è certamente il miglior intermediario per intavolare trattative segrete. Il trasferimento Oltretevere del genero del Duce è insomma un segnale «alle potenze alleate che un negoziatore è pronto e a disposizione, nel caso servisse».[7] L'ambasciatore D'Arcy Osborne chiede quindi istruzioni a Londra: come deve comportarsi eventualmente con l'ex ministro degli Esteri italiano? Ed ecco la risposta del Foreign Office: «È probabile che Ciano possa esserci più utile se trattato con freddezza. In questa fase iniziale, un incorag-

[5] Tna/Pro, Gfm 33/2156.
[6] Tna/Pro, Fo 371/37545.
[7] *Ibidem*.

giamento da parte nostra lo condurrebbe soltanto ad alzare il prezzo. In tal caso, ci troveremmo dinanzi a un'offerta nell'ambito di una pace di compromesso e non nel campo di una resa senza condizioni da parte dell'Italia».[8]

Anche l'Office of Strategic Services (Oss) americano ha occhi e orecchie in Vaticano, oltre a una mano che redige periodicamente resoconti sugli sviluppi della situazione politica italiana. È una fonte autorevole a trasmettere le informazioni a Berna, dove si trova la centrale dell'Oss che coordina le attività dell'intelligence Usa in Europa. Il nome in codice della spia è «Roguetta» e ai primi di aprile del 1943 invia un aggiornamento sugli «intrighi in corso» a Roma: «Tutti cercano di raggiungere il porto giusto per aprire un negoziato di pace, Mussolini, Ciano, Casa Savoia, Badoglio e altri». «Roguetta», si legge nel rapporto che viene subito girato alla Casa Bianca, si augura che «noi americani ci asteniamo dal trattare con il regime fascista». Tuttavia, «nel caso ci decidessimo in tal senso per motivi militari, dovremmo includere nei termini dell'armistizio [tra gli Alleati e l'Italia] il ristabilimento dei diritti e delle libertà costituzionali». Infine, riferisce l'Oss di Berna, la fonte italiana segnala alcune delle personalità su cui gli americani dovrebbero investire nel breve periodo. La figura più luminosa è certamente quella di Benedetto Croce, «il padre spirituale del movimento liberaldemocratico». E se l'insigne intellettuale è il punto di riferimento del liberalismo democratico, Bonomi ne «è uno dei principali difensori». Insomma, niente pasticci con gli esponenti del regime fascista.[9]

[8] *Ibidem.*

[9] Nara, Record Group 226, Entry 190C, Box 10, Folder 69.

Alla Casa Bianca certe iniziative britanniche vengono viste come il fumo negli occhi. Roosevelt avverte Churchill che intende occuparsi della «questione vaticana» attraverso il suo rappresentante personale presso la Santa Sede, Myron Taylor. Tra l'altro, Taylor è anche il referente di Montini e De Gasperi. Ma Sir Winston non è d'accordo e sconsiglia vivamente Roosevelt di compiere «una simile mossa, che finirebbe per essere molto chiacchierata».[10] È evidente che dal punto di vista politico-diplomatico il premier britannico considera il "dossier Italia" un affare di sua esclusiva competenza. E non vuole intrusioni da parte dell'alleato americano. D'altra parte, se ne comprende la ragione: a suo tempo, il Mussolini "statista" è stato creato proprio dall'intelligence militare di Sua Maestà.[11] E come disfarsene, ora che il dittatore è divenuto troppo ingombrante, è un problema che Churchill intende risolvere con molta discrezione e, diciamo così, a modo suo. E non solo per evitare l'imbarazzo che ne deriverebbe se ora, in pieno conflitto, emergessero gli antichi legami tra l'establishment britannico e il Duce. Perché c'è soprattutto una ragione più profonda legata agli interessi strategici del Regno Unito nel Mediterraneo e in Italia.

Tant'è. Mentre sono in corso gli «intrighi» tra Pio XII, Ciano e Londra per salvare il "fascismo buono" e la monarchia, non sono pochi gli altri oppositori del regime che si muovono nell'ombra per deporre il Duce e portare l'Italia fuori dal conflitto. Ma questi tentativi, pur incoraggiati dallo Special Operations Executive (Soe) del Regno Unito, ven-

[10] Tna/Pro, Fo 954/31A.

[11] M. J. Cereghino e G. Fasanella, *Nero di Londra*, cit.

gono sistematicamente bloccati dal governo britannico in dirittura d'arrivo.

Nell'aprile 1942 ci prova Luigi Rusca, un influente manager della Mondadori in contatto con i Servizi inglesi. Fa la spola tra Milano e Berna, dove ha sede il quartier generale del Soe. È latore di una proposta del maresciallo Pietro Badoglio, il capo del regio esercito. Prevede la destituzione di Mussolini e la fine del regime fascista in cambio di «un posto [per l'Italia] al tavolo della pace nonché uno status positivo nel futuro assetto del globo». I preparativi con il Soe vanno avanti per quasi un anno, ma alla fine il piano viene bocciato dal War Cabinet, presieduto in quell'occasione da Anthony Eden, il ministro degli Esteri.[12] Ci prova poi un altro manager di fama europea, Adriano Olivetti, molto stimato negli ambienti azionisti e in stretto contatto con Maria José del Belgio, la consorte di Umberto di Savoia. Anche l'industriale trova ascolto nel Soe di Berna. Il suo piano, in due fasi, ricalca in parte quello di Rusca. Prevede infatti la destituzione di Mussolini e la sua sostituzione con Badoglio per arrivare alla fine delle ostilità. Il maresciallo si farebbe poi da parte per consentire la nascita di un governo di unità nazionale, in modo da pilotare la transizione verso un regime democratico a tutti gli effetti. Un governo provvisorio, quindi, espressione di un comitato antifascista che dovrebbe nel frattempo sorgere a Londra su iniziativa di personalità come Luigi Salvatorelli, Carlo Levi e Ugo La Malfa, con il sostegno dell'intero schieramento delle forze antifasciste. Olivetti, però, chiede che il piano per deporre il Duce, «perché non fallisca», venga attuato «poco prima

12 Tna/Pro, Hs 6/767-776, Hs 6/777-783, Fo 371/37262, Fo 954/13B.

dello sbarco» alleato in Sicilia.[13] Il Soe di Berna approva. Ha molta stima del manager italiano: «È una persona dotata che ha sempre dimostrato un grande talento imprenditoriale. Se è un tipo in gamba, come noi riteniamo, al momento questa è la miglior scommessa che possiamo fare».[14] Ma ancora una volta il governo britannico gela gli entusiasmi dello Special Operations Executive: «Non ci opponiamo ai contatti [...] e alla possibilità di ricevere emissari a Londra per discutere un piano d'azione comune», scrive il Foreign Office alla stazione del Soe a Berna. «Tuttavia, il governo di Sua Maestà non intende riconoscere un comitato antifascista fuori dall'Italia.» E come mai? Perché è «inopportuno legarci a un comitato che potrebbe pretendere di entrare in un futuro governo italiano. Al momento del collasso dell'Italia, è nostro desiderio avere le mani totalmente libere per formare un governo adeguato agli interessi britannici».[15] Insomma, per Churchill e il Foreign Office gli antifascisti sono al massimo ottimi agenti segreti, ma non degli interlocutori politici da prendere sul serio. La risposta lascia di stucco lo stesso Soe: «Risulta difficile adeguarsi sempre alla linea del Foreign Office. Loro si preoccupano della situazione italiana che seguirà all'occupazione alleata. Noi, invece, pensiamo alle operazioni che dovrebbero facilitare lo sbarco» alleato in Sicilia.[16]

Il 10 luglio 1943 le armate angloamericane cominciano a liberare la grande isola mediterranea. Il collasso del regime fascista è ormai questione di giorni. Quello che ver-

[13] Tna/Pro, Fo 371/37256.
[14] Tna/Pro, Hs 9/1119/7.
[15] Tna/Pro, Fo 371/37256.
[16] Tna/Pro, Hs 9/1119/7.

rà dopo, però, è davvero un'incognita. Ad alimentare drammaticamente le incertezze sono i conflitti sotterranei tra i Servizi e il governo della Gran Bretagna, tra Londra e il fronte interno italiano, tra Downing Street e la Casa Bianca. Churchill non si sente un liberatore, ma un occupante fermamente intenzionato ad assumere il controllo assoluto dell'Italia sia dal punto di vista militare, sia attraverso una sostanziale continuità politico-istituzionale. In che modo? Riciclando innanzitutto i gerarchi anglofili, i meno compromessi cioè con la dittatura hitleriana e l'antisemitismo più estremo.

Le forze antifasciste, che si sono temprate nella lotta clandestina al regime, reclamano invece una rottura radicale con il Ventennio e rivendicano un ruolo nei futuri assetti politici. Gli Stati Uniti d'America le appoggiano. Washington ha legami solidi soprattutto con il mondo liberaldemocratico e azionista. Ma punta gli occhi anche su De Gasperi. Il "bibliotecario" vaticano, raccomandato agli americani da Luigi Sturzo, è da qualche tempo uno degli informatori più affidabili dell'Oss. Il flusso dei suoi report è continuo e passa, come si è già detto, attraverso Myron Taylor, il canale tra Roosevelt e la Santa Sede. Dopo la nascita della Dc, è ulteriormente cresciuto l'interesse americano nei suoi confronti e verso gli uomini che ha riunito attorno alle sue idee. De Gasperi non è più un semplice informatore. Ora è il leader di un nuovo soggetto politico cattolico e, quindi, un potenziale interlocutore. E come tale finisce sotto la lente d'ingrandimento dell'intelligence Usa. Il 16 luglio 1943, a nove giorni dal pronunciamento del Gran Consiglio e dall'arresto di Mussolini, l'Oss invia a Washington le informazioni ricevute dalla fonte «664». Dietro quella sigla, si nasconde

Ugo La Malfa, l'economista siciliano tra i leader del Partito d'Azione. «De Gasperi è uno dei seguaci di don Sturzo», assicura «664». Dettaglio non irrilevante, visto che all'epoca il capo del vecchio Partito Popolare si trova proprio negli Stati Uniti, gradito ospite di Roosevelt. Secondo La Malfa, anche se non ha ancora promosso «alcuna attività clandestina efficace», la neonata Dc è comunque «in linea di principio antifascista» ed è in contatto permanente «con gli altri partiti di opposizione», ovvero gli azionisti, i socialisti e i comunisti. Al momento però, spiega sollecitando quasi un intervento su Pio XII, è fortemente condizionata dalle gerarchie vaticane e, su input del Papa, potrebbe assumere «una posizione antifascista più attiva».

Il suo gruppo dirigente, a cominciare da De Gasperi, è costituito da «elementi di grande valore», conferma «664». Ne è prova il fatto che, anche se «tendenzialmente monarchico», il partito cattolico abbia accettato la proposta del conte Carlo Sforza di lasciare direttamente al popolo, a guerra finita, la libertà di scegliere la futura «forma di governo» dello Stato italiano.[17] Discendente di un'antica famiglia patrizia milanese, diplomatico di lungo corso e politico liberaldemocratico, Sforza è uno strenuo oppositore del regime. Ha combattuto a viso aperto Mussolini, sfidandolo in parlamento dopo l'assassinio di Giacomo Matteotti. Ora, a quasi vent'anni dal delitto che aprì la strada alla dittatura, vive negli Usa. Da esule, come don Sturzo. E come il mentore di De Gasperi, dall'altra sponda dell'Atlantico tesse la sua trama politico-istituzionale sotto la protezione di Roosevelt. Nell'estate del 1942 ha riunito a Montevideo,

[17] Nara, Record Group 226, Entry 190C, Box 10, Folder 69.

nell'America meridionale, oltre diecimila italo-americani che hanno consacrato la sua guida dell'antifascismo laico e repubblicano. Dalla kermesse uruguaiana è uscito il suo programma per un'Italia democratica: governo di unità nazionale, Repubblica, adesione alla Carta atlantica, cooperazione internazionale. Quattro punti che costituiranno i piloni delle scelte strategiche dei governi capitanati da De Gasperi tra il 1945 e il 1953.

Dopo la notte del 25 luglio 1943 – Mussolini sfiduciato dal Gran Consiglio e Badoglio alla guida di un governo provvisorio –, Sforza è il candidato naturale alla sostituzione del maresciallo. È il leader ideale per guidare la transizione verso il postfascismo. O almeno è questa una delle opzioni degli Stati Uniti e del fronte democratico. Ma Churchill non gradisce la sua scelta repubblicana e tantomeno la sua linea politica di unità nazionale. Prima che il conte rientri in Italia, dopo sedici anni di esilio negli States, lo convoca a Londra nell'ottobre 1943 per esprimergli il proprio disappunto. Ma Sforza è irremovibile. E la sua determinazione gli procura l'ostilità del premier britannico.[18]

L'idea di riciclare il "fascismo buono" e di mantenere i Savoia alla guida dell'Italia è ancora la stella polare delle strategie di Sir Winston. Un mese dopo il golpe e l'arresto del Duce per ordine di Vittorio Emanuele III, Dino Grandi, il gerarca che ha presentato al Gran Consiglio l'ordine del giorno di sfiducia a Mussolini, si presenta alla cassa per riscuotere il premio. Si precipita a Lisbona, dove gli Alleati e i badogliani stanno trattando la resa incondizionata dell'Italia, e da lì scrive al premier britannico, al quale lo lega un'antica

[18] Tna/Pro, Prem 3/243/5.

amicizia consolidata negli anni in cui era ambasciatore italiano a Londra. Nella lettera, gli ricorda di essere sempre stato anglofilo e antitedesco e che ora si aspetta la gratitudine del Regno Unito.[19] Dopo il primo messaggio, ancora senza risposta, l'ex gerarca ne invia un secondo, a cui allega un memorandum con una minuziosa descrizione del ruolo fondamentale da lui giocato nella notte del 25 luglio, quasi a voler rinfrescare la memoria al governo inglese. Il fatto è che la risposta non arriva non solo perché i piani di Downing Street non collimano con quelli della Casa Bianca, ma anche perché divergono i punti di vista all'interno dello stesso governo britannico. E infatti il Foreign Office suggerisce al premier di non rispondere a Grandi, quantomeno di prendere tempo. «È un vero peccato», commenta Churchill con disappunto. E aggiunge: «Grandi potrebbe essere utile e servire con lealtà gli interessi alleati. Negli ultimi quindici anni il suo comportamento è stato positivo e funzionale ai nostri interessi. Egli è l'uomo che ha affossato Mussolini».[20]

L'artefice del golpe del 1943 è dunque una carta che Londra è decisa a giocare non appena le condizioni lo permetteranno. Ma per il momento resta in panchina, anche perché non c'è alcun bisogno di sostituire Badoglio. Il capo del governo provvisorio italiano, scrive un compiaciuto Churchill al presidente americano Roosevelt, si sta dimostrando «docile». Badoglio è insomma «interamente nelle nostre mani».[21]

19 Tna/Pro, Prem 3/243/3.
20 *Ibidem.*
21 Tna/Pro, Prem 3/243/8.

Un "americano" a San Pietro

«Secondo don Luigi, la partecipazione della Santa Sede alla vita politica italiana costituisce una seria minaccia», riferisce l'Oss dopo un incontro con Luigi Sturzo a Jacksonville, in Florida. Il rapporto porta la data del 15 novembre 1943 e viene immediatamente trasmesso al comando delle forze alleate, ad Algeri.[1] Negli Usa temono un eccesso di protagonismo da parte di Pio XII. Perché? E quali direttive vengono impartite da Washington per fronteggiare la possibile minaccia papalina?

Liberato da un commando nazista con un blitz a Campo Imperatore, sul Gran Sasso, Mussolini è resuscitato a Salò nell'autunno del 1943. Guida il governo della neonata Repubblica Sociale Italiana, uno Stato fantoccio in mano a Hitler. Dopo l'armistizio dell'8 settembre, le truppe tedesche hanno invaso la Penisola e ne controllano il Nord e il Centro. Dove le prime formazioni partigiane stanno organizzando la Resistenza, mentre gli Alleati, sbarcati in Sicilia nel mese di luglio, ora marciano lentamente verso Roma. La liberazione della Capitale è ormai questione di settimane. La Città Eterna, dunque, è il crocevia dei piani delle forze impegnate nel conflitto. E il cuore pulsante delle future strategie è il Vaticano. Ed è lì, all'interno

[1] Nara, Record Group 226, Entry 92A, Box 23, Folder 351.

delle mura leonine, che gli americani puntano i loro riflettori. Prestano ascolto alle sollecitazioni del loro illustre ospite, don Luigi Sturzo, e si premurano di far conoscere il suo punto di vista ai diplomatici che lavorano nell'ombra e ai capi militari alleati impegnati sui campi di battaglia. Stando all'anziano leader del Partito Popolare nonché maestro di De Gasperi, «il nocciolo della questione è che il Vaticano è ossessionato dal comunismo», un pericolo «sovrastimato in molti ambienti italiani ed esteri» che «tendono a speculare» sulla paura per un proprio, egoistico vantaggio. Non è difficile scorgere tra le righe un velato riferimento alle forze monarchiche e ai loro referenti britannici, ostili alle idee repubblicane e alle politiche di unità nazionale. Se il Vaticano decidesse di cavalcare le ossessioni anticomuniste intervenendo pesantemente nella diatriba sui futuri assetti politico-istituzionali della Penisola, avverte don Sturzo, si correrebbe il rischio di un referendum pro o contro la Chiesa. Non gioverebbe all'Italia. E tantomeno a Pio XII, il quale sconterebbe gli «errori commessi in passato», viste le compromissioni con il regime fascista di molti presuli vicini al Papa, a cominciare dai «vescovi di Napoli, Alessio Ascalesi, e di Milano, Alfredo Ildefonso Schuster». Don Luigi suggerisce quindi agli americani di «rivolgere un'attenzione maggiore a prelati come monsignor Montini, che si è sempre battuto per la causa della democrazia».[2]

In Vaticano, sotto l'ala protettiva di Montini, troviamo un signore che la diplomazia e l'intelligence statunitensi conoscono già. Lavora come bibliotecario «aggiuntivo» e

[2] *Ibidem.*

assumerà a breve l'incarico di segretario della Dc, il neonato partito cattolico che aspira a un ruolo di primo piano nell'Italia postfascista. Nel dicembre 1943 il suo nome compare in una «lista di confidenti» del Counter Intelligence Corps (Cic), «stilata grazie ai materiali d'archivio conservati da questo Ufficio». Sono carte che potrebbero rivelarsi «utili» per il controspionaggio alleato in vista della liberazione di Roma. È un elenco di «personalità antifasciste» destinate a costituire il nucleo della futura classe dirigente italiana. Il «dottor De Gasperi» è indicato come «leader cattolico assegnato al Vaticano» ed è «probabile che sappia molte cose sul clero cattolico». «Informatore attendibile», è il giudizio del Cic, giacché «rappresenta il suo partito negli incontri segreti del Fronte nazionale di liberazione romano.»[3]

L'attenzione americana su De Gasperi e sul gruppo dei giovani democristiani che si stanno raccogliendo intorno a lui e a Montini alimenta sin dalle prime settimane del 1944 una ridda di voci negli ambienti militari e diplomatici alleati su un probabile, imminente mutamento dell'assetto istituzionale nell'Italia liberata, ora soggetta alle condizioni dell'armistizio firmato tra Badoglio e gli angloamericani nel settembre 1943. Stando ai rumor, Vittorio Emanuele III e l'anziano maresciallo avrebbero ormai i mesi contati, soprattutto a causa delle forti pressioni delle forze del Cln che mirano a un rapido ritorno alla normalità democratica dopo vent'anni di dittatura fascista. Comincia a prendere forma l'ipotesi di un governo di unità nazionale che comprenda, oltre ai cattolici, comunisti, socialisti e

[3] Nara, Record Group 226, Entry 174, Box 6, Folder 55.

azionisti. È una prospettiva a cui lavora soprattutto Carlo Sforza. Non dispiace a Washington. E neppure al generale inglese Noel Mason-MacFarlane, il responsabile dell'Allied Control Commission (Acc) a Napoli. Ma quei boatos provocano la brutale reazione di Churchill. Il quale esprime tutto il suo antico, incontenibile disprezzo verso gli italiani «traditori e levantini» in una serie di telex Most Secret (il più alto livello di segretezza nel Regno Unito) che da Londra raggiungono Napoli. Annusando già un'aria per niente favorevole agli interessi dell'establishment inglese nella Penisola, il 23 gennaio 1944 ordina a Harold Macmillan, membro britannico della Commissione alleata, di «tenere duro con Badoglio e il Re», almeno fino a quando non si avrà la certezza assoluta che nel medio termine possa emergere «qualcosa di meglio e di più efficace per i nostri obiettivi» in Italia.

Nel frattempo, afferma Sir Winston, bisogna astenersi dall'«infiacchire» il monarca e il capo del governo provvisorio, in modo da favorirne il rientro a Roma «il prima possibile», una volta che i britannici saranno diventati «i padroni di Roma». Cosa che avverrà «nel prossimo futuro». Prima di tutto, dunque, conquistare la Città Eterna mantenendo Badoglio e Vittorio Emanuele III al loro posto. Solo in seguito «valuteremo la situazione» per capire quali siano le «alternative in vista» per l'Italia. E non vi è «dubbio» alcuno che in quel contesto il Vaticano saprà «giocare un ruolo», evidenzia Churchill confidando in Pio XII.[4]

Il premier britannico scrive anche a Roosevelt, invitandolo a non incoraggiare «il tentativo di creare una nuova

[4] Tna/Pro, Fo 954/14A/14.

autorità governativa» a Napoli sostenuta dalle forze del Cln, perché sono «gruppi politici privi di un supporto concreto». Se ciò accadesse, spiega, gli Alleati sarebbero costretti a fare i conti con quei partiti in grado di «sostenere gli interessi italiani con modalità più vigorose» rispetto a quelle che Vittorio Emanuele III e Badoglio hanno «osato attuare» sinora. Sarebbe quindi «un peccato» se Badoglio finisse per «abbandonare il tavolo da gioco».[5] Ma a quanto pare Roosevelt non presta ascolto alle pretese di Londra: l'ambasciatore britannico a Washington, Lord Halifax, informa il Foreign Office che il Dipartimento di Stato americano ha ormai deciso di sostenere una linea «anti Badoglio e anti Re» nell'Italia liberata.[6] Churchill insiste comunque. Scrive alla Casa Bianca, lo abbiamo visto, che il governo Badoglio è un'entità «docile» nonché «interamente nelle nostre mani» e continuerà dunque a «obbedire a tutte le nostre direttive». Mentre un eventuale nuovo governo tratterebbe con gli Alleati da pari a pari con l'obiettivo di «costruirsi una reputazione dinanzi al popolo italiano», finendo così per «eludere i termini» dell'armistizio siglato nel settembre 1943.[7] Già, «gli italiani si sono arresi senza condizioni»: è questo il rude promemoria che il premier britannico invia anche al generale MacFarlane, il militare inglese forse un po' troppo sbilanciato sulle posizioni di Washington e delle forze antifasciste italiane.[8] E non tenerne conto equivarrebbe a «darci la zappa sui piedi», confida Sir Winston al generale britan-

[5] Tna/Pro, Fo 954/14A/25.
[6] Tna/Pro, Fo 954/14A/37.
[7] Tna/Pro, Fo 954/14A/41.
[8] Tna/Pro, Fo 954/14A/44.

nico Henry Maitland Wilson, il comandante supremo delle forze alleate nel teatro mediterraneo.[9]

Come De Gasperi, anche Palmiro Togliatti si prepara. Dopo un lungo esilio vissuto in Unione Sovietica, alla corte a un tempo protettiva e asfissiante di Stalin, il leader comunista rientra in Italia nel marzo 1944 con in tasca un lasciapassare speciale rilasciatogli dall'ambasciata britannica a Mosca. Sbarca a Napoli con il suo celebre nome di battaglia, «Ercole Ercoli», e il suo arrivo non passa certo inosservato. Politico pragmatico, dotato di grande senso della realtà e con una particolare inclinazione per il compromesso, riunisce il Consiglio nazionale del Pci. E giusto mentre è in corso il braccio di ferro tra Churchill e Roosevelt, pronuncia un discorso destinato a cambiare il corso della politica italiana. Per i comunisti, annuncia, l'obiettivo prioritario è l'unità delle forze antifasciste per liberare la Penisola dai nazifascisti. E in nome di quell'obiettivo è disposto a scendere a patti con Badoglio (e gli inglesi) riconoscendo la monarchia. A guerra finita, saranno gli italiani a scegliere la forma futura dello Stato attraverso un referendum istituzionale. Dunque, il segretario del Pci toglie subito dall'agenda la questione più spinosa. L'intervento di Togliatti passerà alla storia come "la svolta di Salerno". E in effetti, pur creando più di un malumore nel fronte repubblicano e azionista, il suo discorso apre nuovi scenari e giova immediatamente alle relazioni con il mondo cattolico.

La conseguenza immediata della svolta togliattiana è la nascita del secondo governo Badoglio, nell'aprile 1944. È

[9] Tna/Pro, Fo 954/14A/45.

un esecutivo di unità nazionale, una brillante soluzione di compromesso. L'anziano maresciallo monarchico gradito agli inglesi resta in carica. E il fronte delle forze antifasciste, sostenuto tenacemente dagli americani e dalla Chiesa progressista, si accredita come il nuovo soggetto politico con cui gli Alleati dovranno in qualche modo fare i conti. I piani di Churchill subiscono una battuta d'arresto. Ma è tutt'altro che tramontata la sua idea di inserire la Penisola nella «catena di monarchie mediterranee risuscitate» per volontà del Regno Unito.

«Le strategie inglesi», scrive nelle sue memorie Max Corvo, ufficiale dell'Oss tra il 1942 e il 1945, consistono «nel trattare l'Italia alla stregua di un dominio esclusivo e privato» dell'Impero britannico. Un obiettivo non condiviso dagli americani, che hanno invece «altre idee» in proposito: fare in modo che il Paese si schieri decisamente «a fianco» degli Usa nel dopoguerra.[10] Il 4 giugno 1944 va in scena un nuovo colpo alle ambizioni inglesi. Le truppe americane al comando del generale Mark Wayne Clark liberano Roma senza incontrare la resistenza dei tedeschi, che proseguono la loro ritirata verso Nord. Conquistata la Capitale, anche la vita pubblica esce dal lungo tunnel della dittatura e torna alla normalità democratica. Il filobritannico Badoglio rassegna le dimissioni e al suo posto si insedia un nuovo esecutivo di unità nazionale guidato da Ivanoe Bonomi, un politico di lungo corso gradito sia agli Usa sia alla maggioranza dei partiti ciellenisti. Poco

[10] Cfr. Michael Holzman, *James Jesus Angleton. The Cia and the Craft of Counterintelligence*, University of Massachusetts Press, Amherst 2008; Gerhard L. Weinberg, *A World at Arms*, Cambridge University Press, Cambridge 1994; Max Corvo, *The Oss in Italy*, Preager, New York 1990.

dopo, Vittorio Emanuele III si ritira a vita privata consegnando la "Luogotenenza del Regno" al figlio Umberto. Churchill è su tutte le furie, innanzitutto con il generale MacFarlane.[11] Di idee aperte, il responsabile della Commissione alleata è in rotta di collisione con il premier conservatore. D'intesa con gli americani, ha favorito nell'aprile 1944 la nascita del secondo governo Badoglio, il primo di unità nazionale con al suo interno comunisti, socialisti e azionisti. Poi, in giugno, ha incoraggiato la formazione del governo Bonomi ed esercitato al contempo energiche pressioni sull'anziano re d'Italia, una figura istituzionale «decisamente impopolare», inducendolo in tal modo a farsi da parte.[12] MacFarlane è un personaggio atipico nelle gerarchie militari e negli ambienti diplomatici britannici, fortemente legati all'aristocrazia conservatrice. Professa «idee liberali» ed è convinto che sia necessario battersi «per un mondo migliore nel dopoguerra», basato sulla «legittimazione morale» delle istituzioni democratiche.[13] Troppo, per Churchill. Che decide su due piedi di destituirlo dall'incarico. Poi scrive a Stalin protestando per l'avvicendamento di Badoglio con Bonomi. «Quando mai abbiamo concesso agli italiani il diritto di formare un governo che fosse di loro gradimento?», dice piccato al leader sovietico.[14] Identico il tono del messaggio a Roosevelt. Ma la risposta del presidente americano non ammette repli-

[11] Tna/Pro, Prem 3/242/3; Prem 3/243/12.

[12] Denis Mack Smith, *Italy and its Monarchy*, Yale University Press, New Haven 1989.

[13] Andrew Buchanan, *American Grand Strategy in the Mediterranean during World War II*, Cambridge University Press, Cambridge 2014.

[14] *Ibidem.*

che: sarebbe stato «un errore grave» lasciare Badoglio alla guida del governo, dal momento che non è amato affatto dalla maggior parte degli italiani.[15]

Si infittiscono intanto gli incontri tra i partiti antifascisti. E sotto la discreta ma efficace regìa di monsignor Montini, si fa sempre più intenso anche il flusso delle comunicazioni tra democristiani e comunisti. Il tema in agenda è ovviamente l'immediato futuro politico del Paese. Con il nuovo governo Bonomi in carica, bisogna ora deciderne la rotta. Si tratta in sostanza di stabilire, possibilmente di comune accordo, su quali piloni fondare il sistema politico-istituzionale nel dopoguerra. La mossa decisiva, ancora una volta, è di Togliatti. Nel luglio 1944 convoca i militanti del Pci al Teatro Brancaccio per celebrare la liberazione di Roma. E pronuncia un altro storico discorso, quello della "mano tesa" ai cattolici. Dice che il programma di Bonomi non può che basarsi su un ampio accordo fondato innanzitutto tra le sinistre e la Dc, e indica nella «democrazia progressiva» l'orizzonte strategico del suo partito.

Il leader comunista enuncia di fatto il principio su cui intende basare quel "compromesso storico" con cattolici e socialisti che di lì a poco porterà all'elezione di un'Assemblea costituente e al referendum istituzionale. Un principio fondato sulla rinuncia alla rivoluzione violenta in cambio della rottura radicale con il Ventennio e dello sviluppo del sistema democratico nell'ambito di regole condivise. La stampa cattolica riserva un'accoglienza calorosa al discorso della "mano tesa". E anche negli ambienti militari americani le reazioni sono positive. Del resto, il

[15] *Ibidem.*

Brancaccio non è arrivato come un fulmine a ciel sereno. È in linea di continuità con la svolta di Salerno e avviene in parallelo a una conversazione tra Montini e Togliatti nell'abitazione privata di un esponente democristiano, uno dei tanti incontri a quattr'occhi tra il prelato gradito a Washington e il segretario del Pci, segnala la fonte «Z» dell'Oss. «Nel corso del colloquio sono stati analizzati i presupposti da cui è sorta l'intesa tra la Dc e il Pci», riferisce nel suo rapporto. Montini e Togliatti hanno insomma «ravvisato la possibilità concreta di un'alleanza contingente tra cattolici e comunisti in Italia, un'alleanza che assegnerebbe una maggioranza [parlamentare] assoluta alla Dc, al Psi e al Pci. [...] È stato quindi abbozzato un programma preliminare allo scopo di gettare le basi di un possibile accordo» di governo.[16]

La rotta del governo Bonomi è quindi disegnata. Ma non si preannuncia una navigazione tranquilla. Ci si può fidare dei comunisti? E gli inglesi sono disposti ad accettare che il corso della politica italiana imbocchi una direzione diversa da quella auspicata da Churchill? Due domande che pesano come macigni sul futuro dell'Italia nel 1944.

Sulle vere intenzioni del Pci girano voci contrastanti. L'idea di una spallata violenta per «fare come in Russia», una volta cacciati tedeschi e repubblichini di Salò, affascina buona parte dei partigiani comunisti che combattono nei territori controllati dai nazifascisti. Ma quanto sia condivisa dai dirigenti del Pci, nonostante tutto, è ancora un'incognita. Sulla reale entità del pericolo, i vertici militari e i Servizi d'intelligence statunitensi e britannici hanno co-

[16] Nara, Record Group 226, Entry 108, Box 154, Folder Jr-1400.

munque punti di vista differenti. Secondo il tenente colonnello americano Dorrien Young (Comando alleato di Roma), «è difficile credere» che i comunisti intendano attuare dei colpi di mano, perché «avrebbero troppo da perdere e poco da guadagnare».[17] All'interno del Pci, in ogni caso, lo spionaggio statunitense è da tempo in contatto con diverse fonti di alto livello. E le loro informazioni sono rassicuranti. Togliatti e molti dei dirigenti a lui vicini sono assolutamente contrari alla «rivoluzione delle masse», al punto da aver ordinato ai loro militanti di non partecipare alle manifestazioni di piazza organizzate nella Capitale dalle formazioni dell'estrema sinistra insurrezionalista, si legge in un rapporto del settembre 1944 redatto dal Counter Intelligence Corps. E se anche dovessero verificarsi movimenti sospetti, quelle fonti darebbero certamente l'allarme con largo anticipo.[18]

Gli americani sono dunque guardinghi, pronti a intervenire in caso di necessità. Ma non sono ossessionati dal Pci come gli inglesi. Per i quali, invece, sembra ormai inevitabile che l'Italia finisca sotto una dittatura comunista. Il governo Bonomi ne sarebbe l'anticamera, stando ai resoconti sempre più allarmati stesi dal maggiore Edward Scicluna (Soe), un ufficiale dell'Allied Control Commission: «Il popolo italiano viene candidamente spinto a ingoiare una nuova forma di governo totalitario, mentre le attuali politiche angloamericane non sembrano in grado di rallentare tale processo», scrive nei suoi dispacci inviati a Londra, lamentandosi delle posizioni assunte dagli Stati Uniti sull'im-

[17] Tna/Pro, Wo 204/12884.
[18] *Ibidem*.

mediato futuro della Penisola e invocando «contromisure per neutralizzare i molti fattori che stanno contribuendo al rapido avvento del comunismo». Che genere di contromisure? In vista di un colpo di mano delle sinistre, Scicluna suggerisce innanzitutto di fare in modo che almeno la Sicilia, baluardo strategico nel Mediterraneo, resti in mani britanniche. Quindi, «purgare» l'isola «dalle teste calde rivoluzionarie» e «convertire il movimento separatista in una formazione a carattere monarchico». Poi, infangare l'immagine dei leader dei partiti che sostengono Bonomi, a cominciare dal socialista Pietro Nenni.

A questo proposito, il maggiore propone che i «Servizi di sicurezza» passino sottobanco agli oppositori di Nenni all'interno del suo partito «ogni informazione in grado di screditarlo socialmente e politicamente», divulgando per esempio la notizia che durante il suo esilio parigino era nel «libro paga» dei sovietici. Ed eccoci alla terza contromisura suggerita da Scicluna: «Forzare» lo scoppio della «rivoluzione comunista», in modo da ridestare il «terrore mortale» che una buona parte dell'opinione pubblica italiana nutre nei confronti di Togliatti e di Giuseppe Di Vittorio, il leader della Cgil. In che modo? Sostenendo da un lato le forze insurrezionaliste della sinistra estrema, in modo da indurle a innalzare il livello dello scontro. E pianificando al contempo il ritrovamento dei molti arsenali partigiani disseminati nell'Italia centro-settentrionale, con l'obiettivo di dare maggiore concretezza e credibilità alla minaccia di una rivolta comunista. Il tempismo è un fattore fondamentale per il successo del piano inglese. Il tutto dovrebbe accadere «nel momento più opportuno», prima cioè che le truppe angloamericane si ritirino dal «teatro italiano», in modo che possano intervenire reprimendo nel sangue la «rivoluzione» indotta sottobanco dai Servizi di Sua Maestà. Il vademecum di Scicluna prevede infine di guardare con attenzione anche al variegato fronte anticomunista, incoraggiando «i proprietari terrieri e i capitalisti di buona volontà», senza dimenticare «il Vaticano e i sindacati bianchi».[19]

Il rapporto del maggiore del Soe è dell'autunno 1944. Firenze è stata liberata in agosto. I tedeschi continuano a ritirarsi e il fronte si sposta sempre più a Nord. La fine della guerra è ormai una questione di mesi. Dopo la resa dei nazifascisti, le armate angloamericane non potranno rimanere in Italia troppo a lungo. Nell'interregno, quindi, dovranno essere avviate tutte le procedure per il ritorno alla normalità, con il trasferimento dei poteri dall'Allied Military Government (Amg) alle nuove istituzioni legittimate dal voto popolare. E mentre Churchill e i militari a lui fedeli tentano di «forzare la rivoluzione», Bonomi e i ministri che compongono il suo gabinetto, tra i quali De Gasperi e Togliatti, decidono di «forzare la democrazia»: con il ritorno alla pace, proseguirà l'esperienza dei governi di unità nazionale, si terrà un referendum istituzionale per decidere tra monarchia e repubblica e si eleggerà un'Assemblea costituente per approvare la Carta antifascista. Sir Winston è sempre più convinto di essere l'unico, vero vincitore della Seconda guerra mondiale. Ma rischia seriamente di trovarsi con un pugno di mosche in mano nel momento in cui realizzerà quanto siano improbabili le sue ambizioni imperiali.

[19] *Ibidem.*

Il fattore tempo, si diceva, è una componente decisiva delle strategie postbelliche. Il 5 ottobre 1944 scatta un allarme bomba nella sede del governo provvisorio, al Viminale. Qualcuno a cui non piace la politica del governo Bonomi vorrebbe farlo saltare in aria, letteralmente, impedendogli di attuare il suo programma. Ma il Presidente del Consiglio deve avere qualche santo in paradiso che veglia su di lui e sui ministri, tra i quali ci sono anche De Gasperi, Togliatti e Sforza. Così, quell'angelo protettore lo allerta sul rischio di un attentato: l'esplosivo sarebbe già stato piazzato in qualche stanza del Viminale. Nondimeno, i carabinieri che hanno ricevuto l'ordine di individuarlo affermano che si è trattato di un falso allarme.

In ogni caso, Bonomi non si fida e questa volta chiede al capo della polizia Luigi Ferrari di occuparsene, con discrezione. Quindici giorni dopo, il 20 ottobre, la "bomba" viene trovata. E che bomba! «Sessanta chili di esplosivo» al tritolo all'interno di un armadio, giusto nella sala in cui è solito riunirsi il Consiglio dei ministri. La scoperta avviene poche ore prima che abbia inizio la seduta. Bonomi, De Gasperi, Togliatti, Sforza e gli altri ministri si salvano per miracolo. L'inchiesta sulla strage evitata per un soffio passa nelle mani di un maggiore italo-americano del controspionaggio alleato (Cic), Mario Emanuel Brod. La sua indagine, condotta nella massima segretezza, segue le piste al momento più probabili, perché portano tutte ad ambienti «sicuramente» ostili a Bonomi e alla politica di unità nazionale del suo governo. L'attenzione si concentra in particolare su tre forze «antidemocratiche» che operano al Nord, ma sono presenti anche nell'Italia già liberata. Innanzitutto, la «quinta colonna nazista». Cioè le reti clandestine di sabotatori e terroristi disseminate dai tedeschi durante la ritirata per organizzare azioni di disturbo contro le forze alleate. È una sorta di Stay Behind ante litteram, concepito e organizzato per la guerriglia, appunto, dietro le linee nemiche. Poi, l'«estrema sinistra» rivoluzionaria. Un universo di sigle – alcune anche con un seguito popolare e facilmente riconoscibili nella loro matrice ideologica, altre invece con una storia incerta – che fanno propaganda insurrezionalista e contestano la linea togliattiana del compromesso con i cattolici. Infine, i «filofascisti e l'estrema destra monarchica».[20]

Dopo aver vagliato attentamente le tre piste, Brod sembra incline a sposare quest'ultima ipotesi: i responsabili sono i fascisti e i monarchici di estrema destra, «le uniche persone in grado di organizzare un complotto di simili proporzioni», gente senza scrupoli e «seriamente angosciata» dalla politica di Bonomi, tanto da voler «annientare il suo governo con tutti i leader dei partiti che lo sostengono». Gentaglia che non esiterebbe un secondo ad «assassinare» persino i ministri monarchici moderati pur di mettere fine alla politica di unità nazionale ed eliminare fisicamente i leader che la incarnano. A cominciare da De Gasperi, Togliatti e Sforza.[21] Il maggiore del controspionaggio statunitense si trova però dinanzi a un dilemma di difficile soluzione. Sventata la strage, il materiale raccolto con la sua inchiesta ha tuttavia un potenziale esplosivo, è proprio il caso di dirlo, non ancora espresso. L'equilibrio su cui poggia il governo Bonomi è precario. Le forze ostili alla nor-

[20] Tna/Pro, Wo 204/11525.
[21] *Ibidem.*

malizzazione democratica sono potenti e aggressive. Il dettaglio da non trascurare, infatti, è che l'istinto di sopravvivenza dei residuati di un'epoca che la guerra sta per archiviare trova alimento addirittura in una delle potenze alleate, la Gran Bretagna. Oltretutto, tra i superiori di Brod c'è il giovane capitano James Jesus Angleton – il potente responsabile dell'unità «Z» della Special Counter Intelligence (Sci/Z) –, un americano di famiglia anglofila formatosi a Londra nelle scuole di spionaggio che addestrano gli 007 al servizio di Sua Maestà.

Nell'estate del 1944 è giunto in Italia su espressa richiesta britannica. Angleton, insomma, risponde occultamente agli ordini che giungono dai vertici dei Servizi d'intelligence del Regno Unito. Una soluzione si trova, dunque. L'inchiesta di Brod viene subito insabbiata e il fascicolo Top Secret chiuso in fretta e furia, sigillato e inviato a Londra, dove sarà conservato per oltre mezzo secolo nelle camere blindate del War Office.[22]

[22] *Ibidem.*

«Gli inglesi credono di poter fare in Italia tutto quello che vogliono»

Squilla un telefono nella reggia dei Savoia, al Quirinale. Sono le 12.50 di un giorno di novembre del 1944. È con tutta probabilità l'utenza privata del Luogotenente del Regno, Umberto. Dopo il ritiro a vita privata del padre, l'anziano Vittorio Emanuele III, il principe di Piemonte ne ha assunto temporaneamente funzioni e poteri. Sono trascorse poche settimane dalla mancata strage al Viminale e il capitano Angleton si appresta a silenziare l'inchiesta del maggiore Brod. Ma un altro ramo dell'intelligence americana, quello dell'Oss diretta da Vincent J. Scamporino e Max Corvo, non perde mai di vista i movimenti dei Savoia. Ascolta le loro conversazioni, anche le più intime, e registra ogni loro sospiro.

Evitata per un pelo la decapitazione dell'intera classe dirigente antifascista, si temono evidentemente nuovi, sanguinosi colpi di coda degli ambienti ostili alla politica di unità nazionale. A telefonare, quel giorno di novembre, è Mario Fano, il sottosegretario alle Poste e Telegrafi. L'"orecchio" dell'Oss al Quirinale, nome in codice «Torre», ascolta quel dialogo. Fano e il suo interlocutore affrontano un argomento delicatissimo: le divaricazioni strategiche tra americani e inglesi sui nuovi assetti politico-istituzionali e sul futuro della monarchia nella Penisola. «L'Inghilterra», sottolinea Fano, «desidera che l'Italia sia governata da una reggenza simile a quella dell'ammiraglio Horthy in Ungheria, con l'obiettivo di preservare la monarchia sabauda», mentre «gli Stati Uniti sono inclini a un'Italia basata su una Repubblica federale, sul modello della Svizzera». Ora, annota «Torre» a margine del resoconto inviato a Scamporino, «il dissenso latente tra britannici e americani» è ancora più evidente.[1]

Miklós Horthy è l'ex ammiraglio della marina austro-ungarica che dopo la Grande guerra ha guidato le "guardie bianche" contro il governo repubblicano del comunista Béla Kun, in Ungheria. Poi si è autoproclamato reggente e ha instaurato un regime personale durato vent'anni. Un Horthy italiano c'è già ed è Umberto. Ma se prevarrà il piano britannico per salvare i Savoia, sarà lui il Capo dello Stato a tutti gli effetti o dovrà consegnare la corona a un'altra personalità?

Il principe ereditario appartiene a una dinastia compromessa con il vecchio regime e con le leggi razziali, un marchio d'infamia difficile da cancellare. Oltretutto, è una figura sbiadita e priva di nerbo, troppo debole per ridare credibilità al trono. Forse nei piani inglesi c'è una donna, Maria José, consorte di Umberto. È assai più dotata del marito e, comunque, gode di un credito democratico negli ambienti dell'antifascismo moderato. Conta il fatto di essere una straniera colta e di mente aperta (è figlia di Alberto I del Belgio) e, soprattutto, di non aver mai condiviso sino in fondo le scelte politiche dei Savoia.

Poi, ancor prima dello sbarco in Sicilia, si era adopera-

[1] Nara, Record Group 226, Entry 108, Box 122, Folder J-850.

ta perché l'Italia rompesse con la Germania e firmasse una pace separata con gli angloamericani. Aveva offerto di mettere a loro disposizione il regio esercito e la marina militare (assieme ai reparti di eccellenza di quest'ultima), ponendo come unica condizione la continuità della monarchia. Ma la sua iniziativa, incoraggiata e sostenuta in tutti i modi dall'imprenditore Adriano Olivetti, come si è visto, si è infranta contro la rigidità dei britannici che puntavano invece su una resa incondizionata del Belpaese. Sul destino della monarchia, e non solo, si gioca insomma una partita segreta e senza esclusione di colpi tra Londra e Washington. E di conseguenza, come dimostrano le vicende legate alla mancata strage del Viminale, anche tra i Servizi britannici e americani.

Nell'Italia liberata, le spie che tengono d'occhio Umberto e il Quirinale dipendono dai vertici militari e diplomatici dell'amministrazione Roosevelt. L'altra filiera (ne fa parte anche il maggiore Mario Emanuel Brod) risponde invece agli ordini del capitano James Jesus Angleton, "Jim" per gli amici. Un personaggio del tutto anomalo nel panorama dei Servizi segreti americani. Della sua anglofilia si è già detto nelle pagine precedenti. C'è da aggiungere, per meglio inquadrarne l'ambiente di provenienza, che il padre, Hugh, si era stabilito in Italia negli anni Trenta per curare le sue relazioni d'affari con i circoli finanziari londinesi e lombardi, con vari esponenti del regime fascista e con i membri delle dinastie reali italiana e britannica. Jim ha trascorso la sua adolescenza assieme alla famiglia, a Milano, viaggiando spesso in Inghilterra per motivi di studio. Di ritorno negli States nel 1939, si è poi trasferito a Londra nel gennaio 1944 per essere addestrato dai Servizi segreti di Sua Maestà. Sbarca a Roma nell'estate di quell'anno, poco prima della mancata strage del governo Bonomi. Alla giovane età di ventisette anni viene quindi incaricato di dirigere l'X-2, il controspionaggio dell'Oss in Italia, al cui interno opera l'unità «Z» della Special Counter Intelligence (Sci/Z), una sezione specializzata nelle tecniche del doppio gioco (*double cross*) e del depistaggio (*deception*). Il giovane Angleton è americano, ma sono due pezzi da novanta dell'intelligence britannica a pilotare le sue mosse da Londra: Kim Philby e Victor Rothschild. Personaggi destinati a passare alla storia dello spionaggio mondiale nel Novecento. E non è casuale che sia stato proprio Philby uno dei principali istruttori di Jim nella capitale britannica.

Il milieu da cui proviene il nuovo responsabile dell'X-2 a Roma è dunque il medesimo che Brod ha individuato dietro i sessanta chili di tritolo del Viminale. Si capisce allora perché Jim, la spia formatasi in Inghilterra, si stia dando da fare per insabbiare l'inchiesta.[2] Angleton si muove al di fuori di qualsiasi controllo. Ignora sistematicamente le direttive che giungono da Washington e mal sopporta le attenzioni dei settori "lealisti" dell'Oss. Ne è talmente infastidito da arrivare a chiedere l'allontanamento da Roma di Corvo e Scamporino. Non sono rivalità personali. Lo scontro all'interno dei Servizi Usa – è bene ribadirlo – è il riflesso delle divaricazioni strategiche tra gli Alleati sul fu-

[2] Per approfondire la figura di James Jesus Angleton, cfr. i seguenti studi di Mario José Cereghino e Giovanni Fasanella: *Il golpe inglese. Da Matteotti a Moro: le prove della guerra segreta per il controllo del petrolio e dell'Italia,* Chiarelettere, Milano 2011; *Le menti del doppio Stato. Dagli archivi angloamericani e del servizio segreto del Pci il perché degli anni di piombo,* Chiarelettere, Milano 2020.

turo dell'Italia. L'intelligence di Angleton funge da braccio operativo dei disegni britannici, tarati su una sostanziale continuità istituzionale rispetto al passato. Corvo e Scamporino, invece, vanno in direzione opposta. Man mano che si avvicina la conclusione della guerra, si fa sempre più urgente la necessità di una stabilizzazione. E all'opzione neomonarchica di Londra, Washington risponde giocando la carta democristiana. Per l'America, il perno su cui costruire l'equilibrio del sistema democratico postfascista non può che essere il partito cattolico, la Democrazia Cristiana, l'unica in grado di contenere le molteplici spinte disgregatrici. Dunque, se fino a quel momento De Gasperi e gli uomini a lui vicini erano una risorsa potenziale, ora assumono un ruolo cruciale. Perché sono un asset sempre più strategico benedetto anche da don Sturzo, che dall'altra sponda dell'Atlantico veglia su di loro.

L'Oss si muove di conseguenza. L'ufficio romano è già da tempo in contatto con De Gasperi. Adesso stringe rapporti anche con un altro esponente di punta del partito cattolico, destinato a ricoprire ruoli di primissimo piano nel dopoguerra, Mario Scelba, già segretario personale di don Sturzo. «L'avvocato Scelba è il responsabile organizzativo della Democrazia Cristiana, a Piazza del Gesù. L'ho trovato molto ricettivo. È opportuno, quindi, mantenere i contatti con lui», scrive a Scamporino l'agente Nicholas Olds (Oss). E aggiunge, a proposito di Scelba e De Gasperi: «Mi sono accordato con entrambi perché mi spediscano con scadenza settimanale dei rapporti da trasmettere a don Sturzo».[3] Ma se negli Stati Uniti De Gasperi ha mol-

[3] Nara, Record Group 226, Entry 210, Box 379, Folder 2.

ti estimatori, in Vaticano non tutti scommettono su di lui. Anzi. Il suo più autorevole detrattore è proprio il Papa. In un colloquio con Myron Taylor, l'uomo di Roosevelt nella Santa Sede, Pio XII lascia trasparire il suo scetticismo sulle qualità del segretario democristiano. Certo, gli riconosce una buona dose di intelligenza, ma il profilo che ne traccia suona quasi come un invito a puntare su qualcun altro: «La sua esperienza in politica estera è limitata», taglia corto il Pontefice. D'altro canto, il curriculum è quello che è: «Deputato alla Dieta austriaca prima che il Trentino passasse all'Italia», e poi «ha trovato rifugio in Vaticano durante l'occupazione tedesca». Insomma, l'ex bibliotecario «aggiuntivo» che non ha mai messo il naso oltre il parlamento austriaco e un angusto ufficio vaticano, non ha le doti necessarie per guidare la nazione in quella fase delicatissima. Virtualmente sconfitto il nazifascismo, nonostante si continui a combattere al Nord, ecco infatti avanzare il nuovo pericolo – la «diffusione del comunismo in Europa e in Italia» –, un tema che costituisce «l'angoscia principale» del Santo Padre.[4]

Il giudizio di Pacelli sembra non lasciare scampo. E quando alla fine del 1944, durante la crisi del secondo governo Bonomi, il nome di De Gasperi circola tra i possibili candidati alla carica di Presidente del Consiglio, Pio XII gli mette i bastoni tra le ruote. Le fonti dei Servizi americani riferiscono infatti che il Pontefice «ha impartito categoriche istruzioni al segretario della Dc». In realtà, più che «istruzioni», sono veri e propri comandamenti scolpiti col fuoco sulla pietra. Il

[4] Nara, Record Group 59, Entry 1070-1071, Box 29, Folder *Telegrams sent (June 1-December 30 1944) M.T.*

primo: «Temporeggiare ad ogni costo» con i partiti ciellenisti «per evitare situazioni pericolose» e, «al momento opportuno, rompere con gli elementi della sinistra». Il secondo: nel frattempo, «cooperare ad ogni costo con i partiti dell'ordine per trovare una soluzione alla crisi». Infine il terzo, ancora più tassativo: De Gasperi non deve accettare di «essere designato a costituire un nuovo governo».[5]

Ossessionato com'è dalla minaccia bolscevica, a Pio XII il segretario della Dc deve sembrare troppo cedevole nei confronti di Togliatti. La pressione del Papa è così energica e incalzante che De Gasperi si vede obbligato a scrivere a don Sturzo per comunicargli il suo punto di vista sullo scenario italiano. I comunisti costituiscono un problema, non c'è dubbio. Hanno «il mito e il sostegno della Russia, una propaganda ben organizzata, mezzi di ogni sorta, leader capaci, ma, soprattutto, dominano i partigiani del Nord, 120.000 uomini, molti dei quali provenienti dall'esercito», spiega. Oltretutto, insieme a socialisti e azionisti, «hanno collocato loro uomini nei posti chiave» e «controllano tutte le leve del comando». Anche nelle periferie c'è una prevalenza delle sinistre, tant'è che «i nostri amici si lamentano per il gran numero di sindaci socialisti e comunisti nominati dai prefetti o dalle autorità alleate». C'è una diffusa paura di un eventuale colpo di mano, alimentata anche dall'ambiguità dello stesso Pci. Un partito che sta attuando «con efficace perseveranza» una tattica di penetrazione negli apparati dello Stato e nella pubblica amministrazione, dando così l'impressione di voler «instaurare una dittatura de facto mascherata di democrazia», scrive De Ga-

[5] Nara, Record Group 226, Entry 108, Box 154, Folder Jr-1400.

speri. Stando così le cose, «non sarà facile liberarsi di un simile spettro». Ma «un'insurrezione armata appare improbabile», taglia corto il segretario democristiano, «per la presenza alleata» nella Penisola e soprattutto perché «la maggioranza degli italiani è anticomunista». In ogni caso, la cooperazione con il Pci, sia pure contronatura per un partito cattolico, è «inevitabile». Perché «in quest'ultimo periodo della guerra» contribuisce a «prevenire forme di intolleranza violenta». Gli stessi comunisti ne sono consapevoli e «sono particolarmente ansiosi di collaborare». E questa loro disponibilità a un compromesso «è la caratteristica più incisiva della politica italiana».

Dunque, almeno per il momento, l'Italia non corre alcun pericolo comunista. Così come appare infondata la preoccupazione, speculare e opposta, di un «colpo di Stato alla Franco», il generalissimo spagnolo che qualche anno prima ha deposto il governo repubblicano delle sinistre e instaurato una turpe dittatura: «Non vi è nessun sintomo di pronunciamento militare, nessun uomo in odore di gloria militare». E se qualcuno avesse in mente di emulare il Caudillo, le forze antifasciste avrebbero tutti gli strumenti per neutralizzarlo. Bonomi è infatti una «garanzia contro eventuali conati reazionari», rassicura De Gasperi. Il fatto, però, è che il governo è sotto stress ed è prossimo a concludere la sua breve esperienza. Troppi gli interessi potenti che congiurano contro l'unità nazionale e l'intesa costituzionale. A cominciare da Churchill e dal Papa, i quali stanno consolidando un loro asse privilegiato contro le strategie del governo provvisorio. Ed è questo il punto critico, secondo il leader democristiano, la «causa più profonda della crisi incombente». Ossia, la «questione costituzionale e le preoccupazioni che produce». Insomma, il rischio è che si interrompa il processo costituente avviato dopo la svolta togliattiana di Salerno, e che salti sotto le spinte centrifughe sprigionate dagli opposti estremismi di destra e di sinistra il compromesso stipulato tra cattolici e comunisti per definire un percorso condiviso verso l'Assemblea costituente e il referendum popolare sulla forma dello Stato. Basta un niente, giacché non manca chi soffia sul fuoco. «Al momento», scrive a don Sturzo, «i pochi incidenti vengono gonfiati», ma «abbondano in maniera sintomatica le manifestazioni verbali». Ecco perché «ci sforziamo di convincere gli estremisti ad astenersi dal promuovere campagne di agitazione politica». Se le «loro tattiche dovessero continuare», si determinerebbe un «pericoloso approfondimento dell'attuale crisi, dal momento che un governo democratico finirebbe per diventare uno straccio esposto al pubblico ludibrio». È questo il vero banco di prova per la politica dell'unità nazionale, poiché «vi è chi dubita che i partiti democratici sappiano garantire la libertà e l'ordine dinanzi alla legge». Sono in molti a chiedersi, infatti, «se i partiti della sinistra o del centro saranno capaci di attenuare il clima di violenza che incombe sulla vita sociale e che è l'anticamera di un regime totalitario».[6]

Quando De Gasperi scrive questa lettera, l'anno 1944 è ormai agli sgoccioli. La fine della guerra è sempre più vicina. La situazione dovrebbe chiarirsi ma, paradossalmente, il quadro si complica ancor di più. «Vi è preoccupazione per la liberazione dell'Italia settentrionale, per la politica inglese e per la posizione del governo Bonomi», scrive

[6] Nara, Record Group 226, Entry 108, Box 154, Folder Jr-1300.

nel marzo 1945 un altro esponente democristiano, Mario Scelba, al suo mentore don Sturzo esule negli Stati Uniti. Il responsabile organizzativo della Dc evidenzia gli aspetti più problematici con estrema lucidità e, a tratti, con brutalità. A dispetto della propaganda anglofila e dei continui richiami di Pio XII, anche Scelba – come qualche mese prima De Gasperi – insiste sul concetto che il problema non è Togliatti. La sua, infatti, è una «politica di collaborazione e di amicizia nei nostri confronti». Semmai, a gettare zizzania sono le forze all'interno dello stesso Pci ostili al leader e quelle che dall'esterno soffiano sul fuoco delle tensioni e del malcontento. I sovietici? Scelba ne dubita. Che motivo avrebbe Stalin di sobillare la fronda contro «il compagno Ercoli»? La linea togliattiana della collaborazione con i cattolici, infatti, viene comunemente «attribuita agli ordini di Mosca». E allora?

Dal quadro tratteggiato a don Sturzo emerge invece una variegata rete di interessi stranieri che lavorano per destabilizzare la Penisola. Il clima politico-sociale preannuncia una lunga coda di violenza anche nel dopoguerra, rileva Scelba. «Il governo Bonomi lavora e fa del suo meglio» per fronteggiare una situazione incandescente, «ma non riesce a galvanizzare o ad unificare la nazione». E non è solo il difficile contesto economico a creare malcontento. Pesano anche «l'incertezza per il futuro, lo scoramento per il comportamento dei ministri inglesi e la questione delle frontiere nazionali. Il Paese ha l'impressione di essere nelle mani degli angloamericani e delle nazioni a loro vicine, che cercano soltanto di trarre vantaggi dalla presente situazione». Il fatto è che l'Italia, annichilita da vent'anni di dittatura e dalla guerra, appare a molti non tanto come una nazione da liberare, bensì come un osso da spolpare. Sulle sue spoglie si stanno accendendo troppi appetiti. Quelli britannici, come si è già visto, sono i più voraci, ma non gli unici: ci sono anche quelli francesi. L'Italia, si sfoga Scelba, ha già dovuto abbandonare la Tunisia. E Georges Bidault, ministro degli Esteri del governo provvisorio di Charles de Gaulle, ha risposto al «telegramma di saluti di De Gasperi» con ben due mesi di ritardo, in seguito alla rinuncia italiana. Uno sgarbo bello e buono. Ma ai francesi non basta, vogliono anche la Val d'Aosta e l'isola d'Elba. C'è poi la questione dell'Alto Adige, dove gli austriaci vorrebbero far valere le loro pretese: «Si dice che andrebbe all'Austria, per ripagarla di chissà quali buone azioni». Per non dire di Tito, che si sta facendo sempre più aggressivo sul confine orientale: «Non capisco perché gli anglosassoni siano così teneri con la Jugoslavia, un Paese che, sorto nel 1919 da un accordo tra gli Alleati e la Francia, non ha mosso un dito al tempo dell'invasione tedesca e che, inoltre, è stato per un lungo periodo a fianco della Germania».

Ma se Francia, Austria e Jugoslavia hanno mire territoriali tutto sommato limitate, quelle inglesi appaiono a Scelba assai più ambiziose e incontenibili. Ritiene insopportabile l'atteggiamento di Londra nei confronti dell'Italia e delle sue nuove classi dirigenti antifasciste, in particolare quelle democristiane. Gli inglesi, scrive, fanno fatica a comprendere la situazione. Cita «un certo Monjur, corrispondente inglese per vari settimanali cattolici». Costui «non riesce a capire come possa esistere un partito come la Dc, tantomeno perché i cattolici dovrebbero ricoprire un ruolo minoritario in un Paese che si considera cattolico al novantanove per cento». L'avversione britannica per la Democrazia Cristiana ha una sua spiegazione: il gruppo nato intorno a De Gasperi con il sostegno americano è il nucleo di una nuova classe dirigente genuinamente "italiana", l'elemento stabilizzatore del sistema politico postfascista. E pertanto costituisce un ostacolo non da poco ai piani di Churchill. Gli inglesi, afferma non a caso Scelba, «sono i conquistatori e, per certi versi, fanno quel che vogliono», giacché «contano sulla presunta instabilità» del governo per affermare la loro «egemonia».[7]

Quando Scelba scrive a don Sturzo, Roma e l'Italia liberata sono ancora sotto choc per un episodio che arriva come un fiammifero gettato su un bidone di benzina: il caso Roatta. Arrestato nel novembre 1944 con l'accusa di aver commesso numerosi crimini durante il Ventennio – e in particolare di essere stato anni prima uno degli ideatori dell'assassinio dei fratelli Carlo e Nello Rosselli, esuli in Francia –, il generale Mario Roatta, ex capo di stato maggiore dell'esercito, riesce a evadere ai primi di marzo del 1945 dall'ospedale militare in cui era internato. Per qualche misteriosa ragione, qualcuno lo ha aiutato a eclissarsi. La notizia provoca nella Capitale una forte ondata di protesta e indignazione, con manifestazioni e scioperi organizzati dai partiti di sinistra. Sembra quasi di leggere il copione scritto da Edward Scicluna, il maggiore dei Servizi britannici: indurre alla rivolta la piazza antifascista e di sinistra per fornire agli Alleati la giustificazione per un intervento militare, allo scopo di mettere al potere un nuovo regime autoritario e liberticida. Scelba punta il dito contro gli inglesi, senza esitazione: «Sono convinto», afferma

[7] Nara, Record Group 226, Entry 108A, Box 155, Folder Jr-1900.

nella lettera inviata a don Sturzo, «che in loro assenza l'affare Roatta sarebbe stato gestito in maniera diversa».[8]

Il 25 aprile 1945 i partigiani insorgono a Milano. L'Italia celebra finalmente la liberazione dal nazifascismo. Ma la situazione resta incandescente e minaccia di precipitare in una sanguinosa guerra civile. Le forze ostili all'unità nazionale non si rassegnano all'ineluttabilità del compromesso costituzionale tra popolari, comunisti e socialisti. E i colpi di coda contro De Gasperi e Togliatti si fanno sentire. Bonomi si dimette a giugno. Gli subentra il comandante partigiano "Maurizio", nome di battaglia dell'azionista Ferruccio Parri. Ma anche lui deve fare i conti con i medesimi nemici del suo predecessore. A ottobre, il servizio informazioni del Pci intercetta una drammatica notizia. Da Parigi, una fonte dell'intelligence comunista, un certo "Mattei", invia alla centrale romana del partito una notizia che mette i brividi. Nella capitale francese si è appena tenuta una riunione Top Secret tra agenti di de Gaulle e dell'Intelligence Service britannico in cui si è deciso di assassinare De Gasperi, Togliatti e Parri. La triplice sentenza di morte è stata però sospesa e l'esecuzione «rinviata a tempo più opportuno» perché un atto terroristico di tale portata «avrebbe incontrato una forte reazione» popolare.[9] Sotto minaccia non è solo una politica, dunque. In pericolo è la stessa sopravvivenza fisica di chi la incarna. È un clima terribilmente pesante quello che si respira nella nuova Italia. Ciò che accade tra il 25 aprile e l'autunno non ha precedenti nella sto-

[8] *Ibidem*.

[9] Fondazione Istituto Gramsci, Archivio Mosca, MF 285, *Agenti dell'Ovra, confidenti e provocatori*, inserto 281; cfr. anche M. J. Cereghino e G. Fasanella, *Le menti del doppio Stato*, cit.

ria delle democrazie moderne. Sotto la regìa occulta del capitano James Jesus Angleton, si forma un vero e proprio apparato per la guerra clandestina. Pur muovendo da punti di vista opposti, talvolta con matrici politico-ideologiche inconciliabili e disegni strategici contrapposti, la variegata galassia eversiva trova convergenze momentanee su obiettivi tattici di comune interesse. Adesso, quindi, il terreno sul quale si cementano le organizzazioni paramilitari di ogni colore politico e ideologico è quello della lotta senza quartiere al compromesso costituzionale fra De Gasperi e Togliatti.[10] Di fronte alle pressioni esterne e alle fibrillazioni politiche che essa produce all'interno della maggioranza di governo, anche Parri è costretto a gettare la spugna. In una drammatica conferenza stampa alla fine di novembre, spiega di aver preso quella decisione per impedire che la nazione sprofondasse nella guerra civile.

Due settimane più tardi, il 10 dicembre 1945, nasce il primo governo De Gasperi di unità nazionale. È la risposta politica forte e decisa alle subdole strategie della destabilizzazione. Non è un governo per l'eternità, ma il suo mandato è chiaro: portare il Paese all'elezione di un'Assemblea costituente per l'approvazione della nuova Carta e, in parallelo, convocare gli italiani a scegliere tra monarchia e repubblica attraverso un referendum popolare a suffragio universale. Un mandato arduo da portare a termine, non c'è dubbio. Poco dopo l'insediamento del nuovo governo, il giorno della vigilia di Natale, esplode una bom-

[10] Sul ruolo cruciale giocato da James Jesus Angleton nella creazione del laboratorio italiano per la guerra clandestina a partire dal 1944, cfr. M. J. Cereghino e G. Fasanella, *Le menti del doppio Stato*, cit.

ba nella sede centrale del Pci in via Nazionale, a Roma. L'ordigno è stato collocato al secondo piano del palazzo, in un angolo nascosto delle scale vicino alla stanza in cui è solito riunirsi il gruppo dirigente. Lo scoppio è accompagnato da emissioni di gas irritante e produce un buco di settanta centimetri di diametro nel muro esterno. Togliatti e gli altri esponenti del partito presenti nell'edificio al momento dell'esplosione vengono sottoposti in via precauzionale a «trattamento terapeutico» in una clinica.

Delle indagini si occupa Mario Alfieri, «esperto di guerra chimica». È un agente speciale del Counter Intelligence Corps (Cic), il controspionaggio alleato. A controllarne le attività dal quartier generale dei Servizi alleati in via Sicilia, non lontano da via Veneto, troviamo non a caso Jim Angleton e Mario Brod, gli stessi che hanno rapidamente insabbiato le indagini sulla mancata strage al Viminale dell'ottobre 1944. La conclusione a cui giunge Alfieri, manco a dirlo, è che la sostanza sprigionata dalla detonazione «è innocua». Un'inchiesta successiva, questa volta a carico di un ufficiale britannico del comando alleato di Roma, il maggiore Sedgwick, smentisce l'«esperto di guerra chimica» del Cic. Accerta infatti che l'ordigno conteneva «un irritante polmonare all'arsenico» ed era stato innescato da «una carica esplosiva ad alto potenziale». Ma anche l'indagine su questo grave atto terroristico finirà per arenarsi.[11]

[11] Tna/Pro, Wo 204/12885.

Il limite da non superare. La tenaglia Churchill-Pio XII e l'inizio della "macchina del fango"

La bomba del Viminale, poi quella di via Nazionale. E tra un episodio e l'altro la notizia della condanna a morte emessa a Parigi dai Servizi inglesi e francesi nei confronti di De Gasperi e Togliatti, intercettata dall'intelligence del Pci. Ma il tritolo e l'arsenico sono solo l'aspetto brutale, per così dire, di una guerra che continuerà anche in tempo di pace. C'è l'altra faccia della medaglia, invisibile e silenziosa ma altrettanto dura. È la guerra di logoramento che Eugenio Pacelli e Winston Churchill combattono contro De Gasperi. Il Pontefice, ossessionato dal pericolo comunista, per spostare a destra il baricentro del nascente sistema politico-istituzionale. Il premier inglese, tormentato dalle aspirazioni dell'Italia postfascista, per ripristinare il controllo britannico sulla grande Penisola al centro del Mediterraneo. Il cammino nella Storia avviato dal segretario democristiano comincia insomma nel peggiore dei modi. Perché nelle intenzioni dei suoi molti detrattori è già uno statista dimezzato.

La tenaglia di Sir Winston e Pacelli comincia a stringersi alla vigilia dell'incarico a De Gasperi, mentre il governo Parri sta esalando l'ultimo respiro. Il 6 novembre 1945, a Londra, Churchill e il nunzio apostolico William Godfrey si incontrano nell'abitazione di amici comuni. L'argomento della conversazione è il messaggio sul futuro dell'Italia che l'establishment conservatore desidera trasmettere a Pacelli, affinché "vegli" sul segretario democristiano. L'ex premier britannico, stando al resoconto inviato il giorno seguente dal nunzio a Pio XII, si dice «molto felice del fatto che le opinioni della Santa Sede siano in sintonia con le sue vedute anticomuniste». È convinto che tra il Regno Unito e il Vaticano si possa «sviluppare una collaborazione fruttifera». Anche se nutre ancora dei «dubbi in merito ad alcune tendenze di sinistra all'interno della Dc». Ma Godfrey lo rassicura subito, poiché lo scudo crociato «seguirà alla lettera le direttive della Santa Sede». Anche su Sturzo. Churchill può «insomma stare tranquillo», dal momento che il Papa ha già «ordinato» all'anziano sacerdote di «rimanere in America». Ed è a questo punto che Sir Winston elenca le disposizioni britanniche a De Gasperi, il cui governo assumerà l'incarico di lì a poche settimane. Innanzitutto, dice il leader conservatore al nunzio, «gli Stati Uniti d'America e la Russia considerano la questione italiana di competenza preminente della Gran Bretagna». Nel quadro della divisione del mondo in aree di influenza decisa a Jalta qualche mese prima, dunque, la Penisola è stata assegnata al controllo di Londra. Stalin si è insomma impegnato a «lasciare in assoluta pace l'Italia», mentre Truman le fornirà «tutto il possibile sostegno morale e materiale nell'ambito degli interessi britannici». Tuttavia, precisa Churchill con una frase antologica, «l'unica cosa che mancherà all'Italia è un'assoluta libertà politica». Spiega che «ci vorranno molti anni» per raggiungere «l'obiettivo» di una piena normalizzazione democratica. Nel frattempo, è evidente che «questa umiliante» condizione «determinerà uno stato di discordia permanente e la debolezza dei futuri governi italiani». Insomma, la condanna emanata da Londra nei confronti di una nazione che si è arresa senza condizioni nel settembre 1943 è ormai decisa: l'Italia è destinata a dipendere strutturalmente dagli interessi strategici inglesi. Ora e in futuro.

Le parole di Churchill turbano non poco monsignor Godfrey. L'ex premier se ne accorge e si affretta ad attenuarne l'impatto. Naturalmente, spiega, «il controllo politico» inglese sulla nazione «sarà esercitato con la massima discrezione possibile». E aggiunge: «Se fosse stato commesso l'imperdonabile errore di ammettere l'Italia nella famiglia delle nazioni alleate dopo la liberazione di Roma [giugno 1944], accogliendola poi come una potenza di pari grado a San Francisco [all'atto della nascita dell'Onu, nell'ottobre 1945], al giorno d'oggi l'Italia sarebbe una nazione vincitrice». Di conseguenza, «non sarebbe stato possibile esercitare alcun controllo sul Paese».

Quanto alle scadenze più sensibili come il futuro della monarchia, Sir Winston è categorico. I Savoia non si toccano, giacché «sono l'unica istituzione in grado di conservare l'unità» territoriale del Belpaese. Il referendum istituzionale non s'ha da fare, dunque. Il motivo è evidente, a suo dire. Se la soluzione del problema fosse demandata «alla volontà degli italiani», costoro «si sbarazzerebbero di Casa Savoia per poi pentirsene subito dopo». Alla domanda di Godfrey se sia almeno possibile fare in modo che gli italiani accettino la monarchia senza che ciò «appaia come un'imposizione troppo evidente» da parte inglese, Churchill replica deciso che «la situazione sta già evolvendo in modo spontaneo nella direzione voluta» dal Regno Unito. E promette che «la soluzione monarchica sarà un bene anche per il Vaticano». La sua sconfinata fiducia per i Savoia si accompagna a un altrettanto immotivato disprezzo verso i «partiti politici di bassa lega», ossia le forze antifasciste. Prova ne sia che il popolo italiano nutre «un disgusto estremo» verso il Cln. Una repulsione, nota compiaciuto, che sta già gonfiando le vele dell'Uomo Qualunque, il neonato movimento che si sta «orientando agevolmente verso la soluzione monarchica». Un'ondata qualunquista – nell'accezione dell'ex premier il termine ha un'evidente valenza positiva – che finirà per travolgere l'Italia. «Con ogni probabilità», la Dc è l'unica formazione politica «in grado di sopravvivere» all'imminente tsunami. Sempre e quando, osserva acutamente il leader conservatore britannico, il Papa anglofilo sappia indicarle «la giusta via».[1]

Il messaggio a Pio XII arriva forte e chiaro. Tanto che il Pontefice si premura di catechizzare immediatamente la vasta rete dei prelati ai vertici della Chiesa cattolica. In quello stesso autunno, tra gli altri, riceve in Vaticano monsignor Ernesto Ruffini, da poco nominato arcivescovo di Palermo. «Per molti anni a venire», gli confida, «l'Italia subirà il controllo degli angloamericani o dell'Inghilterra da sola». La cosa, aggiunge, è ormai «certa».[2] È talmente certa, e persino ovvia, da informarne De Gasperi in persona tramite un recalcitrante e imbarazzato Montini, il Pro Segretario di Stato. Pacelli non vuole che la Dc faccia parte di un governo ciellenista, gli manda a dire. Comunisti,

[1] Nara, Record Group 226, Entry 174, Box 1, Folder 2.
[2] Nara, Record Group 226, Entry 174, Box 1, Folder 1.

socialisti, liberali, repubblicani, democratici del lavoro e azionisti sono infatti «tendenzialmente anticattolici. I loro programmi mirano a secolarizzare l'Italia, a spezzare i rapporti tra lo Stato e la Chiesa e, in un secondo momento, a promuovere la legge sul divorzio». Se tutte queste forze insieme conquistassero «la maggioranza nell'Assemblea costituente, il Concordato tra il Vaticano e l'Italia perderebbe ogni valore e il Paese diverrebbe preda delle forze anticattoliche». La Dc deve guardare a destra, è l'ordine che Pacelli impartisce a De Gasperi. E dunque non rincorra i laici sul terreno della Costituente e del referendum istituzionale. Montini informa puntualmente gli americani delle disposizioni papali e non manca di riferire, con evidente intenzione, anche la reazione del segretario democristiano. Il quale non può ovviamente ribellarsi al Pontefice, ma «ha accolto con un certo dispiacere le nuove direttive che contrastano con l'attività da lui svolta fino a questo momento».[3]

La pressione delle alte gerarchie vaticane cresce d'intensità man mano che De Gasperi si avvicina alla guida del governo. Contro di lui si scatena immancabilmente la potenza di fuoco dei gesuiti, il braccio insidioso dell'intelligence di San Pietro che fila d'amore e d'accordo con i Servizi di Sua Maestà britannica. In un incontro con il Pontefice, al quale assiste anche monsignor Montini, padre Alfonso M. Martin afferma senza mezzi termini che «la linea di azione della Dc non è delle migliori». Il capo della Compagnia di Gesù in Italia si scaglia insomma contro i due errori capitali del partito: «La demagogica tendenza della sinistra interna e la partecipazione al governo del

[3] *Ibidem.*

Cln». I due errori, manco a dirlo, sono «la conseguenza delle idee di De Gasperi, troppo imbevute dei princìpi di don Sturzo». Consigliare al mentore del gruppo dirigente democristiano «di non tornare in Italia è stata quindi una mossa avveduta, dal momento che la sua presenza non avrebbe fatto altro che aumentare la confusione», dice il responsabile dei gesuiti. Anche questa volta Montini annota e informa l'ambasciata statunitense, rimarcando – sempre con intenzione – che Pacelli «si è trovato d'accordo con padre Martin».[4]

La Compagnia di Gesù torna alla carica quando mancano ormai pochi giorni alla nascita del primo gabinetto De Gasperi, ai primi di dicembre del 1945. Il loro è un tentativo estremo di cambiare il corso delle cose. Su pressione americana, Pio XII affida a Montini l'incarico di seguire la situazione politica italiana. Il Pro Segretario di Stato è uomo di don Sturzo e protettore del segretario democristiano. È fin troppo eloquente, dunque, il segnale lanciato dalla Casa Bianca. Ma padre Martin non gradisce e si precipita da Montini per esprimergli tutta l'irritazione dell'intelligence di San Pietro. Non gli piacciono, ribadisce con maggior forza, «la totale solidarietà politica in atto tra la Dc e il Cln» e «certe posizioni di De Gasperi». Si aspetta, quindi, che i democristiani cambino linea e si sbarazzino «al più presto» del Comitato di Liberazione Nazionale.[5] Oltre al Pontefice e ai gesuiti, la linea ciellenista del gruppo dirigente democristiano ha molti altri nemici influenti all'interno delle mura leonine. Tra costoro, il cardinale En-

[4] *Ibidem.*
[5] Nara, Record Group 226, Entry 174, Box 1, Folder 2.

rico Gasparri e monsignor Francesco Morano, rispettivamente prefetto e segretario del Supremo tribunale apostolico, il potente organismo giudiziario della Curia romana. Entrambi reputano «troppo ottimistiche e lontane dalla realtà le vedute di De Gasperi sulla situazione italiana».[6] Considerato il peso del fronte avverso, il segretario democristiano è dunque costretto a scendere a qualche compromesso. Del resto, al politico trentino formatosi all'ombra delle gerarchie vaticane non mancano certo scaltrezza e senso della realtà, a dispetto dei suoi detrattori. Leader di un partito cattolico, sa che non potrà governare il Paese avendo contro Pacelli e la Curia. E che nei limiti del possibile dovrà tentare di disinnescarne la potenza di fuoco.

Una settimana dopo essersi insediato alla guida del nuovo esecutivo, De Gasperi viene ricevuto dal Pontefice in udienza privata. C'è anche Montini. È un incontro di lavoro dal quale il nuovo Presidente del Consiglio auspica di poter ricevere la benedizione di Pacelli. E la ottiene. Ma a quale prezzo? È obbligato a promettere che la collaborazione ciellenista è a tempo, dopodiché si darà il via alla svolta a destra. In compenso, però, incassa il risultato per lui più rilevante dal punto di vista politico: sarà il suo governo a guidare l'Italia verso l'Assemblea costituente e il referendum istituzionale, nella tarda primavera del 1946. Nel darne notizia a Washington con un telegramma rigorosamente Top Secret, l'ambasciata americana di via Veneto sintetizza così l'esito del colloquio: «De Gasperi avrà piena libertà di azione nella Dc e si assumerà tutte le responsabilità delle sue azioni. Ma se i risultati dovessero es-

[6] *Ibidem.*

sere negativi, egli verrebbe sostituito alla prima occasione». Sul suo operato, oltre a Churchill, vigileranno «le strategie politiche» della Santa Sede, i cui disegni continueranno a essere sostenuti «dalla Compagnia di Gesù e dai partiti dell'opposizione». Ovvero dal movimento dell'Uomo Qualunque e dal variegato fronte dell'ultradestra monarchica.[7]

Il primo governo De Gasperi, un esapartito ciellenista, si insedia ufficialmente il 10 dicembre 1945. Non sarà di lunga durata, si sa. Due o tre anni sono il periodo massimo concesso dall'Allied Control Commission (Acc) per attuare un programma che, per il suo orizzonte strategico, richiederebbe un'intera epoca storica. Dovrà infatti guidare il Paese verso l'elezione dell'Assemblea costituente e il referendum istituzionale, stabilendo di comune accordo con i comunisti le regole della convivenza democratica. E nello stesso tempo, per quanto possibile, avrà l'arduo compito di negoziare le condizioni del trattato di pace con le nazioni vincitrici del conflitto bellico. Il nuovo Presidente del Consiglio, insomma, dovrà ricostruire il futuro dell'Italia sulle macerie della guerra. Ma nulla è scontato. Perché troppo poco è il tempo a disposizione per districare un groviglio di problemi drammatici. E troppo potenti sono le forze in campo che remano contro per i motivi più diversi.

L'Italia che De Gasperi eredita da Bonomi e da Parri è una polveriera. Dal quadro delineato dagli agenti dell'Oss in una relazione inviata a Washington e a Londra, emerge un Paese in preda a bande armate che si stanno abbando-

[7] *Ibidem.*

nando a ogni genere di soprusi e violenze. Il grosso del movimento partigiano, deposte le armi, è rapidamente tornato alla vita civile. Ma una parte consistente, una vera e propria scheggia impazzita, è «rapidamente degenerata». «Delinquenti comuni» si mescolano ad «agitatori politici» e cercano di «approfittare della situazione per i loro fini personali». In diverse città i Comitati di Liberazione, a cui l'amministrazione alleata ha concesso ampia autonomia in settori delicati (prefetture, commissariati di polizia, municipi), «agiscono di fatto in maniera totalmente indipendente dal governo di Roma» e abusano dei loro poteri favorendo la nascita di piccole Repubbliche dei Soviet. Sono comportamenti «chiaramente antidemocratici». Il fatto è che in molte realtà il controllo della situazione è nelle mani di «elementi estremisti» che purtroppo gli angloamericani, durante la loro avanzata, hanno «appoggiato per ragioni di convenienza», sottovalutandone la «pericolosità» e finendo per rafforzarne la posizione. E non si tratta solo di partigiani estremisti che si guardano bene dall'accogliere gli appelli togliattiani alla moderazione. Spesso sono «persone dal passato dubbio», «agitatori incompetenti e di discutibile moralità», gente collocata in posizioni di potere che spettavano invece a personalità più equilibrate e di fiducia del governo. Costoro fomentano le tensioni, provocando «disordini e azioni illegali». Così, «le cariche pubbliche sono spesso diventate centri di corruzione, di persecuzioni, di vendette personali. Regna il disordine, mentre numerosi archivi sono andati perduti per negligenza o disonestà». Si assiste dunque a una sistematica cancellazione di ogni traccia di compromissione con il Ventennio o con Salò. E quando non si riesce a farli sparire, i documenti più scottanti vengono infilati nei fascicoli riguardanti persone innocenti, in carcere già da mesi senza alcuna prova e senza neppure un'accusa che giustifichi «il loro arresto arbitrario» e la loro «detenzione prolungata».[8]

Partigiani convinti che la dirigenza del Pci abbia tradito gli ideali comunisti e che si debba continuare a combattere per il "Sol dell'avvenire". Ex fascisti e repubblichini responsabili di crimini orrendi che, per salvare la pelle o mantenere la propria posizione sociale, si rifanno una verginità e in molti casi anche un pedigree di combattenti per la libertà, con tanto di certificazione da parte dei Servizi alleati. Delinquenti comuni che si mimetizzano tra gli agitatori politici per continuare indisturbati nelle loro attività criminali. E il tutto si mescola in un calderone indistinto dove si forma la miscela esplosiva su cui gettano fuoco anche potenze straniere interessate al collasso della politica di unità nazionale. Chi per mire territoriali, come la Francia di de Gaulle, che accampa pretese lungo il confine occidentale, in Val d'Aosta. O la Jugoslavia di Tito, che vuol mettere le mani sul confine orientale annettendosi i territori sino al fiume Tagliamento. Chi, invece, per ambizioni egemoniche o posizioni d'influenza, come la Gran Bretagna. Intorno a questa miriade di appetiti si sta creando una rete eversiva clandestina che funge da camera di compensazione di interessi molteplici e agisce come una sorta di contropotere rispetto al governo ciellenista. Le sue attività illegali si svolgono al di fuori di ogni controllo da parte dell'intelligence ufficiale. L'ha ideata il capitano del controspionaggio Jim Angleton. Ed è lui che la dirige, ser-

[8] Nara, Record Group 226, Entry 108A, Box 261, Folder Jzx-5500.

vendosi dei suoi agenti dell'unità «Z» della Special Counter Intelligence (Sci/Z), il gruppo d'élite specializzato nelle tecniche del depistaggio e del doppio gioco che risponde direttamente a Londra. Insomma, quello appena descritto è lo scenario auspicato sin dal 1944 da Edward J. Scicluna, il maggiore del Soe britannico che abbiamo già incontrato nelle pagine precedenti: indurre destra e sinistra a insorgere in armi e scatenare così una guerra civile prima che gli eserciti alleati lascino l'Italia, fornendo agli angloamericani la scusa per un intervento repressivo e il controllo permanente della Penisola.[9]

Mentre gli artefici della tensione cercano di «forzare la rivoluzione» sul campo, secondo il precetto di Scicluna, si attiva dietro le quinte la "macchina del fango" contro De Gasperi. È l'inizio di una campagna di delegittimazione morale che crescerà d'intensità man mano che le sue strategie prenderanno corpo. Una campagna che nel giro di qualche anno lo costringerà addirittura ad abbandonare la vita pubblica. È l'ufficio di Angleton in via Sicilia, a Roma, il centro di "smistamento" di notizie vere, verosimili o inventate di sana pianta. Sì, sono proprio gli agenti dello Sci/Z a firmare i rapporti con la sigla «JK» accompagnata da un numero arabo. Per le loro modalità operative, ricordano i resoconti compilati dagli agenti dell'Ovra, la polizia segreta di Mussolini. Del resto è proprio lì, tra gli ex spioni del Duce, che il capitano dello Sci/Z sta reclutando a mani basse i suoi segugi, tutta gente che ora,

[9] In merito agli eventi che caratterizzano la strategia della tensione in Italia negli anni 1944-1948, cfr. M. J. Cereghino e G. Fasanella, *Le menti del doppio Stato*, cit.

a guerra conclusa, è ben felice di servire sotto altre bandiere. Nel febbraio 1946 – a pochi mesi dalle elezioni per l'Assemblea costituente e il referendum istituzionale, mentre ci si prepara alla conferenza di pace parigina –, sono proprio loro a riciclare alcuni vecchi rumors sul De Gasperi austriacante e privo di un genuino senso patriottico verso l'Italia. È JK12 a raccoglierli. La sua fonte, scrive nella relazione spedita ad Angleton, è un promettente Giulio Andreotti, all'epoca già collaboratore del leader democristiano. Questi, durante una conversazione privata, ha appreso dalla viva voce del Presidente del Consiglio che i liberali «sono in possesso di documenti incriminanti che provano le simpatie territoriali di De Gasperi a favore dell'Austria quando ricopriva l'incarico di presidente del partito cattolico a Trento, prima dell'avvento del fascismo». Il Partito Liberale, stando al rapporto, intende utilizzare quei dossier per ricattare i democristiani e costringerli a cambiare la loro politica aderendo a un «blocco di destra».[10]

Chi è JK12? Non se ne conosce il nome, giacché i doppi agenti di Angleton sono protetti dall'anonimato più assoluto. Ma su di lui, tuttavia, qualcosa si sa. È un vecchio amico personale del capo dello Sci/Z, si apprende da altri documenti del controspionaggio alleato. Si conoscono da «dodici anni» – almeno dalla prima metà dei Trenta, quindi – ed è molto probabile che operasse nei ranghi dell'Ovra. Inoltre, è «un celebre giornalista indipendente a Roma, con molti contatti in ambito diplomatico», oltre a essere «corteggiato da editori di destra e di sinistra perché assu-

[10] Nara, Record Group 226, Entry 210, Box 457, Folder *In Rome/1946*.

ma la direzione di un giornale». Non è tutto, perché i suoi interlocutori lo considerano «un agente di lungo periodo» su cui vale la pena investire risorse di ogni genere. Al momento, lavora sotto copertura «per conto di alcuni quotidiani». Angleton chiede dunque ai suoi superiori a Washington l'autorizzazione a versargli «tremila dollari», dal momento che JK12 «non ha mai ricevuto alcun pagamento per i servizi resi finora».[11]

Quanto ad Andreotti, è lecito porsi alcune domande. Conosce bene JK12, tanto da spifferargli le confidenze di De Gasperi. Ma è al corrente del fatto che il mestiere del giornalista è solo una copertura? E se lo sa, è un suo informatore abituale? Di sicuro, nonostante la giovane età (all'epoca ha soli ventisette anni), Andreotti ricopre già incarichi di rilievo. È nella cerchia dei collaboratori più stretti di De Gasperi, oltre a essere ben inserito anche nel mondo dell'intelligence della Capitale. Dal 1945 lavora nella segreteria particolare di Felix Morlion, il domenicano belga dell'università Pro Deo che controlla occultamente un altro Servizio segreto vaticano, quello filoamericano, non meno potente dell'intelligence capitanata dai gesuiti anglofili. Se la Compagnia di Gesù è legata al Soe britannico e ad Angleton, padre Morlion – che ha trascorso diversi anni a New York ed è tornato in Italia dopo la liberazione di Roma – è invece il referente dell'Oss di William "Wild Bill" Donovan sin dal 1941, l'anno dell'entrata in guerra degli Stati Uniti d'America.

Nel frattempo l'agente JK23/5 pesca, forse dagli archivi

[11] Nara, Record Group 226, Entry 210, Box 457, Folder 4; Record Group 226, Entry 216, Box 6, Folder Wn-26460.

dell'Ovra, una vecchia nota biografica del Presidente del Consiglio, la arricchisce di nuove informazioni e la trasmette ad Angleton. Il quale a sua volta la immette subito nel circuito della "macchina del fango". È un ritratto volutamente perfido, con venature boccaccesche, di un politico asservito allo straniero e pronto a cedere il potere ai comunisti. In quel resoconto del settembre 1946, «Alcide De Gasperi» viene citato solo qualche volta con il proprio nome. Poi diventa «detto signore». Nato in un «piccolo paesetto» in provincia di Bolzano, leggiamo, quando la regione era ancora austriaca, ha studiato a Trento e si è laureato all'Università di Innsbruck. Ha militato sin da ragazzo nel Partito cristiano sociale, l'«unico partito ben visto perché accomunava la devozione al cattolicissimo imperatore d'Austria all'odio contro la dinastia sabauda», vista come «l'usurpatrice del potere temporale» della Chiesa. I militanti del partito cattolico «narravano agli idioti montanari dell'Alto Adige che il Papa, poveretto, era costretto a dormire sulla paglia e che era stato spogliato di tutto». E così il «detto signore imparò sin dai suoi giovani anni a odiare l'Italia». Il suo antipatriottismo si è manifestato in modo evidente ogniqualvolta si trattava di scegliere se appoggiare le istanze irredentiste o schierarsi con Vienna. Tant'è che, eletto alla dieta di Innsbruck e più tardi alla Camera austriaca, è sempre stato «in aperto contrasto con Cesare Battisti». Questi, per reazione e per disprezzo, «in pieno parlamento lo tacciò di tradimento e gli sputò in faccia». Allo scoppio della Grande guerra, mentre i patrioti raggiungevano il Regno d'Italia e facevano campagna interventista contro Vienna, De Gasperi «si presentò dal barone [Karl von] Macchio, allora ambasciatore austriaco a Roma, per fargli presente che [...] solamente alcuni pazzi esaltati desideravano l'annessione all'Italia» del Trentino. Ha combattuto «contro di noi sul Carso» e nella battaglia di Gorizia «si dice si sia pigliata la medaglia d'oro». Subito dopo la disfatta di Caporetto, si ritiene inoltre che «egli abbia condotto i suoi cecchini all'assalto» delle posizioni italiane che resistevano sul Grappa.

JK23/5 infierisce insinuando sospetti atroci sul ruolo giocato da De Gasperi e da suo padre addirittura nella cattura e nella morte di Cesare Battisti, impiccato dagli austriaci il 12 luglio 1916. «Quanta parte abbia avuto nella questione, non si può assicurare con esattezza», scrive l'agente di Angleton nella sua velina. E aggiunge: il giovane De Gasperi «non poté essere presente al momento della cattura. Ma ne approvò la sentenza con parole roventi sui giornali trentini, riportate anche dai giornali triestini, quasi a monito per le famiglie che avevano congiunti» nel regio esercito italiano. «Così dovevano perire tutti i traditori dell'Austria», sono le parole a lui attribuite. Quanto al padre, «sembra che abbia avvelenato le ultime ore di Cesare Battisti con i suoi insulti e che fosse stato scelto per condurlo al patibolo».

Nel dopoguerra, il politico trentino «giunse in Italia sotto le ali protettrici di don Sturzo e riparò al Vaticano, dove ebbe un posto nella biblioteca». Stando sempre al resoconto di JK23/5, «nell'ultimo trimestre del 1924, avendo De Gasperi un po' alzato la cresta, Attilio Tamaro, venuto in possesso di alcuni documenti che lumeggiavano la losca attività sua, pubblicò alcuni articoli sul "Secolo", riportati da Bergamini ("Giornale d'Italia") e dal "Corriere della Sera". Ma tutto questo materiale è scomparso dalla biblioteca vaticana». «A conoscenza di questo bellissimo passato era Fulvio Suvich», il diplomatico irredentista triestino che aveva ricoperto importanti incarichi durante il Ventennio. Ma «detto signore pensò bene di farlo tacere imponendo ai magistrati», a conclusione del Secondo conflitto mondiale, «di farlo condannare a ventiquattro anni di carcere». Anche contro il parere dell'azionista Mario Berlinguer, Alto Commissario aggiunto per la punizione dei delitti fascisti negli anni 1944-1945, il quale «aveva capito essere Fulvio Suvich un perfetto galantuomo». De Gasperi, conclude JK23/5, «fa continuamente un subdolo doppio gioco», poiché in vista delle elezioni «si è accordato con Togliatti in questo senso: "Io sono certo di riportare la completa vittoria. Resto tre mesi al potere e poi ve lo passo"». La tresca del Presidente del Consiglio con il Pci, secondo l'agente di Angleton, ha per così dire anche dei risvolti amorosi. Il «detto signore», infatti, «ha un'amante comunista e raccomanda i di lei protetti, scrivendo così al ministro Gullo: "Caro compagno Moser"». Fausto Gullo (Pci) è alla testa del dicastero di Grazia e Giustizia nel secondo e nel terzo governo guidati da De Gasperi.[12]

Stando così le cose, la permanenza del leader democristiano alla guida del governo è a dir poco problematica. La sua rimozione, se fino a qualche settimana prima era solo una minaccia ventilata da Pio XII, ora diventa una possibilità concreta. Nel febbraio-marzo 1946, spetta a monsignor Montini l'ingrato compito di comunicare a De Gasperi l'irritazione della Santa Sede per «il modo come è stata condotta» l'organizzazione dell'elezione dell'Assemblea costituente e del referendum istituzionale che si svolgeranno contestualmente il 2 giugno di quell'anno. In

[12] Nara, Record Group 226, Entry 108A, Box 247, Folder Jrx-4780.

particolare, il Papa è molto dispiaciuto che non ci sia stata «nessuna preparazione preliminare con altri partiti» di destra e «soprattutto per l'atteggiamento "liberaloide"» dei democristiani «che hanno fatto buon gioco per le sinistre», riferisce ad Angleton l'agente JK9/1.[13] Con tutta evidenza, Pacelli teme che l'imminente election day favorisca la scelta repubblicana, poiché il sentimento antimonarchico è di gran lunga prevalente tra le forze ciellleniste. Nell'estremo tentativo di rovesciare il pronostico, dunque, lancia il suo ultimatum a De Gasperi. A Montini, però, affianca questa volta monsignor Francesco Borgoncini Duca, ritenendo forse che la presenza dei due alti prelati renda più convincenti le direttive papali. La richiesta urgente del Pontefice è che il Presidente del Consiglio si pronunci pubblicamente a favore della «tesi monarchica» prima del 2 giugno, anche contro «la volontà espressa» dalla Dc.[14] Il segnale lanciato a De Gasperi da Oltretevere appare fin troppo chiaro: «Ai suoi intimi ha detto che sembra sempre più evidente, dall'atteggiamento del Vaticano, che si cerca di dar vita ad un nuovo partito per intimorire la Democrazia Cristiana», evidenzia l'agente JK9/1.[15]

Il fantasma di una nuova forza politica sta assumendo le sembianze dell'Uomo Qualunque, il movimento populista ostile alla "partitocrazia" del Cln che il giornalista e commediografo napoletano Guglielmo Giannini promuove da vari mesi in vista delle elezioni del giugno 1946.

[13] Nara, Record Group 226, Entry 108A, Box 266, Folder Jzx-6280.
[14] Nara, Record Group 226, Entry 174, Box 88, Folder 730.
[15] Nara, Record Group 226, Entry 108A, Box 266, Folder Jzx-6280.

De Gasperi e l'ombrello americano

L'Italia va al voto il 2 giugno 1946. Sceglie la Repubblica ed elegge l'Assemblea costituente che redigerà la Carta antifascista. De Gasperi raggiunge dunque lo scopo primario del suo governo, mentre i piani per indurre i comunisti a insorgere, autorizzando così gli Alleati a un intervento militare, subiscono una drastica battuta d'arresto. È uno scenario tutt'altro che scontato solo fino a poche settimane prima. Certo, il fatto che nel Regno Unito abbia lasciato il potere il leader britannico più radicale – il conservatore Winston Churchill è stato sconfitto dai laburisti nell'estate del 1945 – rende meno accidentato il percorso. Ma c'è un'altra novità positiva: il protagonismo degli Stati Uniti d'America. Un fattore in grado di imprimere una virata salutare alla politica italiana.

Con la scomparsa di Roosevelt, alla Casa Bianca si è insediato il suo vice, Harry Truman. Forte del contributo determinante degli Usa alla vittoria contro le potenze dell'Asse nel Secondo conflitto mondiale, il neopresidente statunitense è consapevole del ruolo dell'America sulla scena internazionale, delle enormi responsabilità che ne derivano e, soprattutto, delle opportunità positive che possono emergere. È seriamente intenzionato a far pesare il suo punto di vista nel mondo postbellico e decide pertanto di giocare da protagonista anche sul teatro italiano, ben sapendo che la Penisola mediterranea è una chiave di volta fondamentale negli equilibri globali del dopoguerra. De Gasperi, lo abbiamo visto, è una risorsa americana sin dai tempi in cui lavorava nella biblioteca vaticana. E adesso la Casa Bianca decide di investire a lungo termine su di lui e sul suo partito, la Dc, per farne i pilastri filoamericani della scena istituzionale e politica della nuova Italia.

La consacrazione ufficiale della leadership degasperiana avviene con la storica visita che il Presidente del Consiglio compie negli Stati Uniti nel gennaio 1947, su invito di Truman. Il viaggio è stato preparato per mesi dall'emissario della Casa Bianca a San Pietro, Myron Taylor, mentre l'agenda dei temi da affrontare è stata concordata con la Santa Sede. Pacelli, infatti, non intende rinunciare a esercitare il suo controllo sulla Dc. Né, d'altro canto, gli States possono ignorare il Vaticano, vista l'influenza che la Chiesa cattolica esercita sull'opinione pubblica italiana e nella stessa America. Dove il potente gesuita Francis Joseph Spellman, appena nominato cardinale di New York, sta lavorando a un accordo tra De Gasperi, Truman e il Pontefice. E un compromesso alla fine si trova, anche se il Palazzo apostolico è costretto a ingoiare qualche rospo. Il Presidente del Consiglio ottiene dagli americani non solo l'aureola del leader designato, ma anche il sostegno necessario a portare a termine il processo costituente, garanzie chiare sull'intangibilità territoriale del Paese e, soprattutto, massicci aiuti economici per risollevare l'economia dalla catastrofe bellica. Come contropartita, mentre sull'Europa cala la Cortina di ferro, De Gasperi si impegna a mantenere l'Italia nel campo occidentale e sotto lo scudo difensivo americano, anche se è una scelta che comporterà delle limitazioni alla sovranità nazionale. Sul piano politico interno, dovrà inoltre rompere l'alleanza di governo con comunisti e socialisti e prepararsi a nuove elezioni politiche. Il prima possibile. Rafforzato dalla legittimazione statunitense, De Gasperi è ora in grado di completare la transizione democratica tenendo testa sia al duo Pacelli-Churchill sia al governo laburista del Regno Unito, e risolvendo senza traumi eccessivi la questione dei rapporti tra la Dc e il Pci di Togliatti.

Il capo del governo e il "compagno Ercoli" sanno bene che le loro strade si separeranno a breve. Ma sono consapevoli entrambi dei rischi che correrebbe la neonata Repubblica se si arrivasse a nuove elezioni senza una rete protettiva. Ecco perché mirano entrambi a raggiungere un accordo parlamentare sul testo della nuova Costituzione, prima di archiviare l'esperienza dei governi di unità nazionale. È un passaggio delicato. Togliatti avrà l'arduo compito di tenere a bada le pulsioni insurrezionaliste di una parte della dirigenza e della base del Pci, mentre De Gasperi si sforzerà di contenere le spinte eversive dell'estrema destra monarchico-fascista. Le regole della nuova Carta dovranno insomma impedire che una parte annienti l'altra, comunque vadano le imminenti elezioni politiche. Allo stesso tempo, la futura disputa politico-elettorale non dovrà mai degenerare in una guerra civile. È una sorta di giuramento democratico che i due leader storici della Dc e del Pci s'impegnano a rispettare. Perché è sempre la "questione comunista" il nervo sensibile dei rapporti tra Pacelli e De Gasperi.

Il Pontefice non è riuscito a impedire l'elezione dell'Assemblea costituente e il passaggio alla Repubblica. Nondimeno, può ancora tentare di mettere il bastone tra le ruote al compromesso costituzionale tra democristiani e comunisti. Stando ai resoconti dell'intelligence britannica, sta accentuando la sua pressione sulla Dc affinché rompa con il Pci seduta stante. De Gasperi non fa neppure in tempo a rientrare dagli Stati Uniti che i gesuiti manovrano già per far cadere il suo governo. Nel febbraio 1947 la Compagnia di Gesù punta infatti a rimpiazzarlo con un esecutivo appoggiato «dai partiti di destra». Ma il tentativo fallisce «malgrado l'influenza papale». E ora, secondo i Servizi inglesi, Pio XII fa sapere che «abbandonerà la Dc "alla sua inevitabile liquidazione", specificando di aver già trasferito il suo appoggio all'Uomo Qualunque». Anche l'Azione Cattolica minaccia di non affidare i suoi «cinque milioni di voti» ai democristiani, al punto da aver già «promosso dei contatti» con il movimento creato da Guglielmo Giannini. Pacelli, infine, incarica Montini di trasmettere al quotidiano della Dc, «Il Popolo», la sua «crescente preoccupazione in merito alla campagna stampa promossa contro i qualunquisti», ordinando che questa «abbia immediatamente fine».[1]

Se il pungolo di San Pietro spinge verso l'estrema destra nel sacro nome dell'"antibolscevismo", le ansie inglesi sono generate invece dal rapporto speciale che si sta instaurando tra De Gasperi e Truman nonché dalle strategie di lungo periodo verso l'Italia promosse dalla Casa Bianca. Il giorno stesso della partenza del Presidente del Consiglio per l'America, il 3 gennaio 1947, a Porta Pia è allarme rosso. L'ambasciatore Sir Noel Charles invia al Foreign

[1] Tna/Pro, Kv 3/266.

Office un telegramma cifrato «di particolare segretezza». Sono «in corso d'opera» dei «contatti» tra Roma e Washington, scrive. E si dice «preoccupato» dall'eventualità che il Regno Unito finisca per essere messo «fuori gioco» da quella visita. L'ambasciatore è rimasto colpito dal fatto che, alla vigilia del viaggio, De Gasperi ha enfatizzato «l'invito ufficiale» ricevuto da Truman, comparandolo con l'accoglienza fredda e irrispettosa riservatagli dagli inglesi nel settembre di due anni prima, quando si era recato a Londra nella veste di ministro degli Affari Esteri per l'Europa. Il leader italiano, riferisce Sir Charles, ha infatti menzionato «l'anticamera» che era stato costretto a fare «per alcune ore alla Lancaster House» prima di presentarsi dinanzi a Ernest Bevin, il Foreign Secretary del Regno Unito. Come reagire, dunque, a una novità che sembra aver colto di sorpresa il governo laburista? A Whitehall non sanno che pesci pigliare. Archibald D. M. Ross, il diplomatico incaricato di esaminare il report dell'ambasciatore, invita i suoi colleghi alla calma: «Sono certo che per noi sarebbe un errore entrare in qualsiasi genere di competizione con gli americani», annota in calce al documento.[2]

Ma il problema esiste e Porta Pia non intende ignorarlo. Due settimane più tardi, Noel Charles invia un secondo rapporto a Sir Oliver Harvey, il viceministro vicario degli Affari Esteri per l'Europa (Foreign Office), per aggiornarlo sul tema spinoso della «rappresentazione fuorviante delle strategie britanniche verso l'Italia». L'ambasciatore inglese ha il polso della situazione ed è quindi in grado di misurare sul campo il deterioramento dell'immagine del

[2] Tna/Pro, Fo 371/67763.

Regno Unito nella Penisola. Evidenzia che i diplomatici di Porta Pia non hanno seri motivi per «lamentarsi» del comportamento tenuto dai «funzionari di ruolo» all'ambasciata statunitense di via Veneto. Lo scenario diventa tuttavia «meno soddisfacente», allerta Sir Charles, se si prendono in considerazione i «quadri americani» della United Nations Relief and Rehabilitation Administration (Unrra) ed «enti privati» come l'American Jewish Joint Distribution Committee (Jdc), giacché «molti di loro sono ebrei». Ecco quindi che l'«atteggiamento» del Jdc verso il Regno Unito viene inevitabilmente «condizionato» dagli eventi in corso nella Palestina amministrata dalle autorità inglesi. Senza contare, precisa l'ambasciatore, l'attività di alcuni «giornalisti americani» di stanza a Roma che «svolgono propaganda antibritannica». Il caso più eclatante, stando a Noel Charles, è quello di Seymour Korman, il celebre corrispondente del «Chicago Tribune» dall'Italia.

In ogni modo, hanno le loro colpe anche alcuni organi del soft power Usa direttamente collegati all'ambasciata di via Veneto. Per esempio, l'Usis (United States Information Service), lo strumento per le relazioni con la stampa e il mondo intellettuale che si occupa della promozione dell'American Way of Life nel globo. «È purtroppo vero», continua il rapporto, che «in tempi recenti» l'Usis non si è sforzato un granché per «presentare un fronte comune» angloamericano dinanzi alle «critiche italiane» nei confronti del «trattato di pace e di altre attività» promosse dalle autorità alleate nella Penisola. La «triste verità», avverte Sir Charles, è che «in questo Paese noi britannici ci troviamo in una posizione decisamente più esposta» rispetto agli statunitensi. Una situazione di cui «italiani e americani sono del tutto consapevoli». Washington ha dunque buon gioco su Londra in questa guerra della propaganda che gli Alleati cominciano a combattere anche sul territorio italiano. La Gran Bretagna, afferma il diplomatico inglese, continua infatti a essere il «bersaglio principale» degli italiani, i quali, sobillati dagli Usa, non smettono di lamentarsi del fatto che le loro ex colonie sono ora «amministrate» dal Regno Unito. Senza contare che l'ex regia marina continua a essere «tenuta in custodia da noi». Insomma, ammonisce Porta Pia, «dobbiamo fare molta attenzione». In caso contrario, Londra potrebbe diventare a breve «l'obiettivo principale» di altri «reclami» da parte di De Gasperi. Perché il suo governo non intende accettare le misure capziose imposte all'Italia dalle nazioni vincitrici del conflitto bellico.

Noel Charles sa bene che nella partita italiana la forza economica è una carta a favore degli Stati Uniti. Il Regno Unito ha vinto la guerra ma si è ritrovato con un'economia esausta e un sistema sociale in crisi. Non è casuale, insomma, che Churchill sia stato sconfitto dal laburista Clement Attlee nelle elezioni del luglio 1945. L'ambasciatore osserva quindi che «noi britannici non possiamo» lasciarci andare «a concessioni e a gesti magnanimi» per quanto concerne «le finanze e gli approvvigionamenti» da destinare alla Penisola. Gli americani ne fanno invece un largo uso, allo scopo di «oscurare la loro quota di impopolarità» generata dal «trattato di pace» e dall'«occupazione militare dell'Italia». «Sfortunatamente», è il suo amaro commento, «gli italiani tendono sempre più a guardare agli Stati Uniti d'America per la loro salvezza». Anche se il Regno Unito dispone ancora di «un mucchio di amici tra la gente comune, l'intellighenzia moderata e i militanti del Partito Socialista» di Pietro Nenni, i quali ripongono le loro «speranze» sul «movimento laburista». Washington si trova dunque in «una posizione di potere e di influenza soverchianti» e per consolidarle ricorre anche a metodi sleali, alimentando «insinuazioni squallide» secondo cui, per esempio, «le strategie britanniche impediscono all'America di soccorrere l'Italia». Stando all'ambasciatore, insomma, sono gli americani a eccitare il sentimento anti inglese. Quali «misure» adottare, quindi, per «aggiustare» la «posizione» attuale del Regno Unito? Ogni singolo problema tra Roma e Londra, suggerisce Sir Charles, deve essere affrontato senza mai perdere di vista «i nostri interessi politici e strategici di lungo periodo». Occorre dunque «utilizzare tutta la nostra influenza a Washington» per «indurre gli statunitensi a continuare a lavorare assieme a noi sulle questioni italiane», dal momento che «gli interessi americani e britannici nel Mediterraneo sono fondamentalmente i medesimi». In altre parole, risulta necessario convincere la Casa Bianca a mollare De Gasperi, riconoscendo agli inglesi i loro diritti sull'Italia e sul Mediterraneo. Quegli stessi diritti che Churchill aveva illustrato al nunzio apostolico William Godfrey nel novembre 1944 e che ora, nel giro di poco più di un anno, Londra vede sfumare rapidamente.

Accordarsi con l'America o accettare la sua sfida? Nel nuovo governo laburista, e in particolare all'interno del Foreign Office, non tutti condividono le ansie di Porta Pia. I dissensi vengono annotati in calce alla relazione di Noel Charles. Il direttore del Western Department, Frederick Hoyer-Millar, sostiene per esempio che «è a nostro assoluto vantaggio incoraggiare gli americani a interessarsi dell'Italia». Archibald D. M. Ross, anch'egli diplomatico di lungo corso, rende ancora più esplicita la diversità dei punti di vista tra Whitehall e Porta Pia. Il Foreign Office, infatti, «ha sempre dato il benvenuto agli aiuti americani all'Italia», mentre l'ambasciata di Sua Maestà a Roma continua a essere «incline a considerare gli statunitensi come nostri rivali» nella Penisola.[3]

In effetti, sin dal 1944 si accumulano sulle scrivanie del Foreign Office i report allarmati di Noel Charles sull'espansionismo statunitense in Italia. È da allora che l'ambasciatore allerta Downing Street sull'attivismo economico americano nella Penisola e sui danni che ne potrebbero derivare per la Gran Bretagna. Nel maggio 1945 – la guerra è finita da pochi giorni –, Sir Charles invia a Londra un dispaccio Secret per informare Anthony Eden, il ministro degli Esteri, che «il crescente interesse americano verso le potenzialità economiche italiane» potrebbe trasformarsi a breve in una vera e propria «penetrazione» da parte di Washington. Sempre e quando quell'«interesse» continui a non essere sottoposto «ad alcun controllo». Non a caso, scrive, l'«atteggiamento americano verso l'Italia» è sempre stato «più empatico» di quello manifestato dal «governo britannico». «Al momento», spiega, «risulta difficile valutare l'ampiezza delle attività economico-commerciali statunitensi» nella Penisola, poiché «gran parte» di quelle dinamiche «avviene dietro le quinte». Tuttavia, dall'altra sponda dell'oceano stanno già arrivando in Italia diversi «esperti» per «studiare in loco le necessi-

[3] Tna/Pro, Fo 371/67764.

tà di materie prime e di prodotti finiti». Sono iniziative come queste, insomma, a consentire a Washington di «partire con il piede giusto». Sir Charles allega al suo rapporto «alcune note sulle attività statunitensi», consegnato all'ambasciata di Porta Pia da «una fonte confidenziale», ovvero «un ufficiale britannico a strettissimo contatto con gli italiani». Il quadro che ne emerge dovrebbe preoccupare Londra, insiste l'ambasciatore. E infatti, secondo «un ricco industriale», gli americani si stanno già attivando nella Penisola per creare nel dopoguerra «una posizione propizia alle loro compagnie di aviazione». Corre inoltre voce che potrebbero essere presto avviati dei «negoziati» sull'«aeroporto di Ciampino» in funzione delle rotte aeree transoceaniche.

Quell'imprenditore ha aggiunto di aver sostenuto in tempi recenti «una conversazione» con «uno dei direttori della Fiat». Ha così appreso che l'azienda torinese «guarda» ora agli statunitensi e «sta negoziando» con loro «il ripristino delle industrie Fiat» da attuare «al momento giusto». L'ambasciatore britannico è in ansia perché i contatti americani con la fabbrica torinese non sono un caso isolato, ma si stanno intensificando, appunto, nel quadro «generale» della «penetrazione economica» voluta da Truman. Malgrado le «proteste» avanzate da Londra già nel 1944 per l'«attivismo palese» della «componente» statunitense all'interno dell'Allied Control Commission, si danno ormai per «scontate» le «relazioni commerciali tra l'Italia e l'America nel dopoguerra». A riprova della fondatezza del pericolo che incombe sugli interessi economici del Regno Unito in Italia, Noel Charles spiega che queste informazioni sono state «ampiamente confermate» da altri industriali in contatto con l'intelligence inglese. I quali hanno fornito ulteriori dettagli sui contatti occulti in atto da tempo tra le diplomazie economiche italo-americane. È emerso, per esempio, che nell'aprile 1945, a guerra quasi finita, il sottosegretario di Stato del ministero dell'Italia occupata, Aldobrando Medici Tornaquinci, ha visitato in incognito le zone del Nord ancora in mano ai nazifascisti. Durante la sua missione ha sostenuto una serie di incontri con uomini d'affari, tra cui i «dirigenti della Fiat». Tramite Medici Tornaquinci, dunque, l'azienda della famiglia Agnelli ha inviato «un'offerta agli americani», proponendo di «convertire dalla propulsione a vapore a quella diesel» le navi da trasporto statunitensi classe Liberty, al ritmo di «cento all'anno». Per Londra, una notizia del genere è una vera e propria pugnalata alla schiena, dal momento che tra i benefici postbellici reclamati dal governo di Sua Maestà c'è anche il pieno controllo delle attività marittime nel Mediterraneo. Non si tratta di iniziative isolate, ma di piani di lungo respiro. Lo dimostra il fatto che il tutto avviene nell'ambito della «strategia espansiva» che la Banca d'America e d'Italia «sta attuando» nel Belpaese.[4]

Con i laburisti al potere, insomma, non tutti i funzionari del Foreign Office sono propensi ad assecondare sino in fondo le tendenze "antiamericane" dell'ambasciata di Porta Pia. Le informazioni che giungono da Roma inquietano invece il Board of Trade, uno dei dipartimenti strategici della Gran Bretagna. Al punto che uno dei suoi direttori, John Leckie, è costretto a intervenire sul Foreign Office

[4] Tna/Pro, Fo 371/49972.

affinché prenda in seria considerazione le notizie sull'attivismo della componente statunitense all'interno della Allied Control Commission. Scrive ad Archibald D. M. Ross, una delle colombe di Whitehall, per ricordargli che il ministero del Commercio inglese si è dato da fare «in qualche modo» per «impedire che la preminente influenza americana» sull'Acc finisca per «pregiudicare gli interessi mercantili di lungo periodo del Regno Unito» in Italia. In pratica, «gli elementi statunitensi» della Commissione alleata «condizionano fortemente» i piani italiani per la «ricostruzione industriale». Il «pericolo» da non sottovalutare, quindi, è che le «direttive specifiche» di Washington possano «vincolare in maniera decisa» i programmi economici del governo De Gasperi negli anni a venire. Perché in questo modo l'America diverrebbe la principale «fonte di approvvigionamento» per la Penisola. La «speranza» del Regno Unito, dunque, è che l'Acc «venga dissolta» il prima possibile. A rendere il quadro ancora più «allarmante», conclude Leckie, è «l'annunciato potenziamento dello staff dell'ambasciata statunitense» di via Veneto, a Roma.[5] Di fatto, la nota del Board of Trade britannico è un invito esplicito ad affilare le armi in vista dell'ormai inevitabile conflitto politico-economico contro De Gasperi e i suoi protettori di Washington.

Truman, si diceva, ha ereditato da Roosevelt un'America più consapevole del suo ruolo di prima potenza mondiale. Un'economia florida, la straordinaria forza militare, un insieme di tecnologie d'avanguardia, oltre al fascino dell'american way of life diffuso nei cinque continenti

[5] *Ibidem.*

da cinema, musica e letteratura, ne fanno a buon diritto la nazione leader dell'Occidente democratico. E, di conseguenza, l'antagonista naturale del blocco sovietico nel mondo bipolare che si va rapidamente delineando in seguito alle conferenze di Jalta e Potsdam. I venti della Guerra fredda soffiano ormai sempre più impetuosi su entrambi i lati della Cortina di ferro. La Casa Bianca incarna dunque lo spirito di una nuova superpotenza che irrompe sulla scena globale con l'ambizione di ergersi a scudo del mondo libero contro il comunismo e i nemici della democrazia. E con la certezza che gli equilibri internazionali postbellici debbano fondarsi sulla cooperazione e, dunque, su un nuovo ordine economico.

Nella visione di Truman, in perfetta continuità ideale con il suo predecessore, nulla è destinato a rimanere come prima. A cominciare dagli imperi coloniali dell'Ottocento controllati da Londra e Parigi. Sta proprio qui la radice del conflitto sotterraneo tra Washington e i settori più retrivi dell'establishment del Regno Unito, che vedono in Churchill il loro leader indiscusso. Perché il dinamismo che arriva da Oltreoceano viene percepito come una minaccia letale da quegli ambienti ancora abbarbicati all'idea che sull'Impero britannico non debba mai tramontare il sole – tra colonie, *dominions* e protettorati, si estende su un quarto del globo terracqueo – e che l'America sia soltanto il braccio armato delle ambizioni dei Windsor. Per De Gasperi, al contrario, il dinamismo yankee è un'opportunità da non perdere. Con l'obiettivo di preservare l'Italia dal pericolo comunista. Se non addirittura per tentare di svincolarsi dalla stretta soffocante del leone britannico.

La strategia della tensione degli anni 1944-1948 – dalla mancata strage del governo Bonomi al terrore scatenato dai partigiani rossi al Nord – non ha raggiunto il fine auspicato dai suoi registi occulti. Adesso, l'Italia è una nazione repubblicana e ha un'Assemblea costituente già in piena attività. Con l'appoggio dell'America, De Gasperi riesce anche a limitare i terribili guasti provocati dalla conferenza di Parigi, sia pure a caro prezzo. Le potenze vincitrici si sono riunite nel 1946 e hanno prodotto una bozza provvisoria da sottoporre alla firma delle nazioni sconfitte. Il trattato di pace viene quindi ratificato nel febbraio 1947. Se si esclude la questione di Trieste e dei confini orientali, ancora oggetto di un aspro contenzioso con la Jugoslavia di Tito, l'Italia mantiene la sua integrità territoriale. Tuttavia, come contropartita, subisce limitazioni umilianti nella politica interna e in quella estera, oltre che nel campo della difesa. Come se non bastasse, deve rinunciare anche ai possedimenti coloniali in Africa e sborsare una cifra enorme per i danni di guerra. È il costo inevitabile della guerra voluta da Mussolini al fianco della Germania nazista. I vincitori, tuttavia, hanno riconosciuto solo in parte il sacrificio di sangue della Resistenza. Per De Gasperi e le classi dirigenti forgiate nella lotta antifascista, un trattamento così duro, imposto soprattutto da Gran Bretagna, Francia e Jugoslavia, è un boccone amaro impossibile da mandar giù. Lo subiscono ma non l'accettano. D'ora in poi, l'asse delle strategie italiane ruoterà sempre più intorno a un interrogativo ben preciso: come superare i vincoli del trattato di pace senza provocare una crisi internazionale? Il Presidente del Consiglio sa bene che tra Washington e Londra è in corso una guerra segreta per il predominio economico globale e l'egemonia culturale in Occidente. E che il suo governo può sfruttarla a proprio vantaggio scegliendo la nazione più forte. L'America è dunque un paracadute, lo schermo dietro il quale ritagliarsi quei margini di iniziativa autonoma necessari alla rinascita piena di un'Italia nuova.

De Gasperi agli inglesi: «Togliatti potrebbe dare un nuovo nome al Pci, Partito del Lavoro»

Mancano ancora due passaggi strettamente collegati tra di loro per completare la transizione democratica e consolidare la scena politica postbellica, nel pieno rispetto degli accordi assunti durante la visita di De Gasperi a Washington. Il primo è l'intesa con il Pci almeno su una bozza della nuova Costituzione.

La Commissione dei Settantacinque presieduta da Meuccio Ruini (Partito Democratico del Lavoro, Pdl) – nominata dall'Assemblea costituente con il compito di stendere il testo base della Carta – conclude i suoi lavori nel gennaio 1947 approvando il Progetto di Costituzione della Repubblica Italiana. Nel mese di marzo il testo passa all'esame della presidenza dell'Assemblea, retta dal comunista Umberto Terracini. Il più è fatto. Con una Carta sostanzialmente condivisa, anche se c'è da limare ancora qualche dettaglio prima dell'approvazione definitiva – sarà promulgata a fine dicembre 1947 ed entrerà in vigore il primo gennaio 1948 –, la giovane democrazia italiana si dota di una propria rete protettiva. Ed è ora pronta per il secondo passaggio, anche se non sarà indolore. La rottura della maggioranza ciellenista e la convocazione di nuove elezioni politiche è nell'ordine delle cose, eventi in qualche modo previsti dal leader cattolico e accettati da quello comunista perché rappresentano una condizione non scritta del compromesso costituzionale, il frutto cioè di un *gentlemen's agreement*.

Nel maggio 1947 De Gasperi apre la crisi e poco dopo forma il suo primo governo centrista con democristiani, liberali, repubblicani e con i socialdemocratici di Giuseppe Saragat, nati da una scissione all'interno del Psi. Dopo tre anni di unità nazionale, comunisti e socialisti sono fuori dalle stanze del potere politico. «Ma come sono cretini!», tuona Togliatti dalle colonne de «l'Unità» il 20 maggio 1947. I «cretini» sono i politici statunitensi alla Sumner Welles, sottosegretario di Stato americano fino a qualche anno prima, il quale ha appena accusato i comunisti di prepararsi alla guerra civile con i rubli di Mosca. Gli americani non possono comprendere la situazione italiana e la politica del Pci, scrive Togliatti, «prima di tutto perché sono ancora, nell'animo, negrieri. Un tempo commerciavano con gli schiavi, ora vorrebbero mettersi a commerciare con i Paesi e i popoli interi, come se fossero partite di cotone in ribasso. Ma in secondo luogo perché sono poco intelligenti, perché mancano di preparazione culturale e storica, di finezza mentale e di capacità di comprensione umana». E infine: «Quanto al signor Welles, egli non ha capito, e forse non capirà mai, che alle ingiurie da lui lanciate contro di me farà seguito senza dubbio un nuovo afflusso al nostro partito di buoni patrioti italiani. Noi non potremmo che rallegrarcene, ma non vi pare che questo tipo di americani anticomunisti siano proprio cretini assai?». E con tale concessione alla propaganda a uso e consumo dei sovietici e della base comunista che lo accusano di essersi lasciato mettere alla porta, il segretario del Pci è ora pronto ad affrontare l'ultimo appuntamento della *road map* democratica, le elezioni politiche, già fissate per il 18 aprile 1948. È la fase più rischiosa perché il destino del Paese è nelle mani degli elettori. E il loro verdetto potrebbe rimettere in discussione l'intesa con De Gasperi. La campagna elettorale si svolge in un clima incandescente, è quasi uno scontro di civiltà, un muro contro muro tra due visioni del mondo inconciliabili. A impedire che nonostante tutto la situazione degeneri in una guerra civile, c'è ora la rete protettiva della Costituzione. Ma come usciranno dalle urne i protagonisti del compromesso politico tra democristiani e comunisti?

Il 18 aprile non determinerà soltanto i rapporti di forza tra i partiti e l'indice di gradimento per il governo centrista. In qualche modo, è anche un referendum sulla Costituzione. E per De Gasperi si rivela un plebiscito. La Dc conquista la maggioranza assoluta, mentre il Fronte Democratico Popolare delle sinistre (Pci-Psi) subisce una sonora sconfitta. Vari decenni più tardi, Giulio Andreotti se ne uscirà con una delle sue memorabili battute. Dirà che il primo a gioirne, in cuor suo, doveva essere stato il "compagno Ercoli" in persona. Un paradosso, certo. Ma in fondo, come tutti i paradossi, anche questo ha qualche elemento di verità. I comunisti sono all'opposizione e sanno che vi resteranno a lungo. Nondimeno, il patto costituzionale ha retto ancora una volta alla prova del voto. E il segretario del Pci, ora che è fuori dal governo, potrà dedicarsi ai problemi della sua agenda politica, che sono tanti e molto seri. In cima alla lista c'è l'educazione della base ai valori della democrazia. Insomma, fatta la Costituzione, occorre adesso "costituzionalizzare" l'opinione pubblica comunista. O almeno quella parte che non ha rinunciato al "Sol dell'avvenire", considera Togliatti un traditore e ribolle di passioni insurrezionaliste eccitate da una caterva di incendiari di professione. È una vera e propria traversata del deserto che il Migliore dovrà compiere anche a costo di rischi personali, portandosi dietro la sua gente lungo un sentiero stretto, irto di ostacoli e disseminato di trappole.

D'altra parte, è un leader abituato a convivere con la morte. Rientrato nel marzo 1944 da Mosca – dove si è dovuto districare in quel «covo di spie e doppiogiochisti» che era l'Hotel Lux, l'albergo in cui Stalin "ospitava" i dirigenti dei partiti comunisti esteri con una pistola puntata alla tempia –, non si può certo dire che la vita di Togliatti in Italia sia stata tutta rose e fiori.[1] Innanzitutto, nell'ottobre di quell'anno, i sessanta chili di tritolo che dovevano far saltare per aria lui, De Gasperi e tutto il governo Bonomi. Un anno più tardi, la bomba all'arsenico piazzata accanto al suo ufficio nella sede del Pci di via Nazionale, a Roma. E nel 1946 altri due attentati sventati mentre faceva campagna elettorale in Sicilia e, successivamente, nel corso di una manifestazione nella Capitale.[2] I Servizi di sicurezza del Pci avevano già intercettato a Parigi i piani segreti anglo-francesi per assassinare il segretario comunista e il Presidente del Consiglio. Quegli episodi, quindi, non erano del tutto inattesi. E nemmeno il fatidico 14 luglio 1948 arriva come un fulmine a ciel sereno. È un atto

[1] Cfr. *Sull'Urss Togliatti piegò la testa ma in Italia scelse la via democratica*, intervista rilasciata da Aldo Tortorella, storico dirigente del Pci, al giornalista Stefano Cappellini, «la Repubblica», 20 agosto 2024.

[2] M. J. Cereghino e G. Fasanella, *Le menti del doppio Stato*, cit.

terroristico ampiamente annunciato. Giusto quella mattina, il quotidiano «L'Umanità», organo del partito saragattiano (Psli, poi Psdi), scrive che non bisogna «mettere Togliatti solo metaforicamente al muro». Un messaggio sinistro che anticipa di qualche ora le pallottole non certo metaforiche che colpiscono la testa del leader comunista. L'autore di quel minaccioso editoriale è Carlo Andreoni, figura ambigua di incendiario di cui diremo tra poco. Quella mattina, il segretario del Pci esce alle 11.30 da un ingresso secondario della Camera dei Deputati, in via della Missione. Con lui c'è la sua giovane compagna, Nilde Iotti. All'improvviso, un sicario si avvicina alle spalle della coppia ed esplode alcuni colpi di pistola. Togliatti si accascia al suolo. È ferito gravemente. Viene subito trasportato all'Istituto di Patologia Chirurgica dell'Università di Roma e operato d'urgenza. L'attentatore è un giovane studente siciliano, Antonio Pallante, e non è un lupo solitario. È cresciuto negli ambienti del clandestinismo fascista ed è in rapporti con alcuni reduci della Decima Mas di Junio Valerio Borghese, l'unità navale d'élite che nell'immediato dopoguerra si è ricostituita occultamente sotto l'ala protettiva di James Jesus Angleton e dei Servizi inglesi. La notizia dell'agguato si diffonde rapidamente in tutto il Paese. Le organizzazioni periferiche del Pci e le Camere del Lavoro insorgono. La Cgil dichiara lo sciopero generale. Mentre i chirurghi tentano di strappare Togliatti alla morte, migliaia di ex partigiani in armi scendono in piazza e occupano le prefetture e le grandi fabbriche del Nord. Non si contano gli scontri tra le forze dell'ordine e i militanti comunisti, con morti e feriti da entrambe le parti. I dirigenti del partito vicini al segretario non controllano più la situazione. I suoi oppositori interni cavalcano invece la marea rivoluzionaria. Si è davvero a un passo dal punto di rottura tanto temuto sia da De Gasperi sia da Togliatti. I più facinorosi accusano il capo del governo di essere il responsabile morale dell'attentato, se non addirittura il mandante, e invocano le sue dimissioni. Il ministro dell'Interno, Mario Scelba, accusa a sua volta l'ala insurrezionalista del Pci di approfittare dell'episodio per scatenare disordini. Minaccia quindi di usare il pugno duro per sedare i tumulti. Con quei colpi di pistola esplosi da Pallante, sembra materializzarsi ancora una volta lo scenario evocato nel 1944 da Edward Scicluna, il maggiore del Soe britannico: indurre la base comunista a insorgere per giustificare un intervento armato degli Alleati.

Pare che sia ormai prossima a spezzarsi la tela pazientemente tessuta per quattro anni dal "compagno Ercoli" e dallo statista trentino. Ma De Gasperi non ci sta e lancia un appello urgente tramite la radio e i cinegiornali: «Bisogna rinunciare alla dottrina e alla pratica della violenza personale, della sopraffazione di parte. Bisogna credere, e accettare totalmente e sinceramente, che le questioni di governo e di Stato si risolvono col voto». Neanche Togliatti vuol far saltare il banco. E dal suo letto d'ospedale invita i suoi alla calma con un breve messaggio affidato ai cineoperatori della Settimana Incom: «Sono fuori pericolo e assicuro tutti i compagni che a suo tempo saprò essere di nuovo al mio posto di lavoro». Il leader c'è. Il Pci non cadrà nella trappola insurrezionalista e rispetterà il patto costituzionale. Ora, dunque, il Presidente del Consiglio può riprendere la sua navigazione.

Per gli incendiari è una sconfitta, l'ennesima. Va detto

che da quando Angleton è giunto a Roma, nell'estate del 1944, si è andato sempre più arricchendo il campionario di personaggi ambigui, doppiogiochisti di professione e provocatori senza scrupoli. Nel suo "laboratorio italiano" della strategia della tensione, il capitano del controspionaggio alleato ha riunito una fauna variopinta di elementi disposti a tutto: ex repubblichini, avventurieri, ex partigiani, criminali comuni e spioni di ogni risma. Fra i tanti, merita una menzione speciale l'uomo che la mattina del 14 luglio 1948 invoca dalle colonne del giornale «L'Umanità» la «non metaforica» fucilazione del Migliore: Carlo Andreoni. Il suo curriculum politico la dice lunga. Negli anni Venti è un militante del Pci. Una testa calda, stando a un rapporto inglese. Perché «su ordini del partito» ammazza nel 1925 «un diplomatico turco per impossessarsi dei suoi documenti». Arrestato dalla polizia fascista, si ravvede durante la detenzione e finisce per allontanarsi dal partito comunista.[3]

A partire dal 1944, Andreoni è il leader del Movimento di Resistenza Partigiana (Mrp), che gli inglesi definiscono un «movimento dissidente anticomunista» in rapporti con Bandiera Rossa, un raggruppamento insurrezionalista ostile al Pci, a Togliatti e ai governi di unità nazionale. Subito dopo la liberazione di Roma, Angleton lo incontra e lo arruola tra i suoi agenti. Nel maggio 1946, alla vigilia del referendum istituzionale e dell'elezione dell'Assemblea costituente, viene «avvicinato da alcuni neofascisti ex membri della Decima Mas [...] interessati alla sua organizzazione e desiderosi di scambiare alcune idee con lui».

[3] Tna/Pro, Fo 371/79300.

Andreoni «ha acconsentito», si legge in un rapporto scritto dal responsabile dello Sci/Z.[4]

Nel giugno 1946 scocca la scintilla che infiamma la base comunista: Togliatti, all'epoca ministro della Giustizia, concede l'amnistia. Un colpo di spugna sui crimini fascisti che innesca un'ondata di proteste in tutto il Paese e in particolare nell'Italia centro-settentrionale. Andreoni getta benzina sul fuoco e cavalca astutamente ogni possibile reazione emotiva. Un gioco in cui è diventato particolarmente abile studiando alla scuola di Angleton. E mentre l'Mrp soffia sul fuoco della "Resistenza tradita", un attentato terroristico di proporzioni immani devasta la pineta di Vergarolla a Pola, in Istria. Il 18 agosto 1946 salta in aria un deposito di materiali bellici lasciato incustodito dalle autorità militari britanniche. Esplodono nove tonnellate di tritolo causando la morte di un centinaio di civili inermi, in gran parte bambini e adolescenti che prendevano il sole nella spiaggia adiacente. Il controspionaggio militare italiano indaga e individua alcuni terroristi responsabili dell'eccidio. Tra costoro il fiumano Giuseppe Covacich, un ex milite della Regia Marina italiana passato poi al servizio dell'Ozna, la famigerata polizia segreta della Jugoslavia comunista. «Alto, magro, capelli castani, naso aquilino, occhi blu», è «uno specialista in atti terroristici nonché responsabile di numerosi crimini». L'intelligence alleata punta inoltre i suoi riflettori su «una trentina di sabotatori tedeschi» catturati alla fine della guerra dai partigiani titini. «Rieducati» dai comunisti jugoslavi in un campo di prigionia, sono stati poi arruolati dall'Ozna. Han-

[4] Tna/Pro, Kv 3/266; Wo 204/12650.

no in dotazione «fucili e materiale esplosivo». Nell'estate del 1946 vengono quindi «istruiti a unirsi ad alcune bande partigiane» e «indirizzati a compiere atti di sabotaggio» nel Nordest.[5]

Due giorni più tardi, la notte tra il 20 e il 21 agosto 1946, decine di partigiani s'impossessano di armi e automezzi ad Asti, in Piemonte, e salgono sulle montagne di Santa Libera per riprendere la loro guerra personale contro i fascisti. L'azione è stata preparata nelle settimane precedenti dal Comando Superiore Partigiano di Andreoni attraverso una capillare azione di propaganda. Il pretesto della sommossa è il licenziamento di un partigiano nei ranghi della polizia ausiliaria, Carlo Lavagnino, per aver partecipato al linciaggio di un detenuto fascista liberato dopo la promulgazione dell'amnistia Togliatti. Uno dei leader di Santa Libera si chiama Giovanni Rocca, il capo di Stella Rossa, un'altra organizzazione spuria dei comunisti anti togliattiani.

Da Asti, la rivolta si propaga nel Biellese. Ed è qui che Andreoni incita alla ribellione tutta l'Italia settentrionale, dal Piemonte al Friuli-Venezia Giulia e dalla Liguria all'Emilia Romagna. Contro «ogni compromesso». Il fuoco si propaga rapidamente alimentato anche dai Nuovi Gap, una rete composta da una miriade di comitati che si battono contro l'amnistia e la politica di pacificazione promosse da Togliatti.[6] Le forze dell'ordine conoscono bene Andreoni. In diverse informative, il suo Comando Superiore Partigiano è descritto come un'accolita di «arrivisti

[5] M. J. Cereghino e G. Fasanella, *Le menti del doppio Stato*, cit.
[6] *Ibidem.*

di pochi scrupoli», mentre lui viene dipinto come «uomo dalle idee anacronistiche, arrivista, persona politicamente ambiziosa e priva di ogni scrupolo, che per odio personale ha dichiarato di essere disposto a dare tutto sé stesso per abbreviare, anche di un solo giorno, la vita del Partito Comunista [Pci] e dei suoi funzionari».[7] I suoi obiettivi sono noti anche ai Servizi italiani, soprattutto a quell'embrione dell'intelligence che si sta lentamente formando intorno a De Gasperi. Nell'autunno del 1946 segnalano infatti che al Nord opera uno strano Movimento Partigiano (Mp) che «tende a riunire alle brigate partigiane di destra e monarchiche anche i gruppi reduci e combattenti, e quello dei comunisti libertari o anarchici che fa capo al dott. Carlo Andreoni».[8] In effetti, è proprio nell'autunno del 1946 che si intensificano le sue frequentazioni con il conte Giovanni Armenise, il condirettore della Banca Nazionale dell'Agricoltura e grande finanziatore del Movimento di Resistenza Partigiana (Mrp), insieme a un gruppo di «industriali italiani» del Nord.[9] Quando la mattina del 14 luglio 1948 appare su «L'Umanità» il suo editoriale contro Togliatti, Andreoni non solo è al corrente di ciò che accade nel sottobosco dell'eversione, ma ne è anche uno dei principali promotori. James Angleton è tornato nel frattempo negli States. Adesso lavora ai vertici della Cia, l'ex Oss. E all'interno dell'Agenzia ha iniziato a costruire nell'ombra un suo personale Servizio informazioni che passerà alla storia come "la seconda Cia", una rete composta da centinaia

[7] *Ibidem.*
[8] *Ibidem.*
[9] *Ibidem.*

di agenti clandestini che opereranno per decenni in tutto il globo. In contrasto spesso con la Casa Bianca e l'intelligence istituzionale, ma sempre in perfetta sintonia con lo spionaggio del Regno Unito e, in special modo, con gli uomini del Cambridge Spy Ring, la celebre Rete di Cambridge.[10] Non è un caso che molti asset italiani di Angleton siano stati poi arruolati dai Servizi segreti di Sua Maestà britannica. E tra questi, Andreoni. Già all'epoca dell'attentato a Togliatti è uno degli agenti d'influenza dell'Ird (Information Research Department), l'agenzia della propaganda occulta inglese. Il suo contatto diretto è Ian Alexander, un veterano della campagna italiana ora in forze al consolato britannico di Milano. I loro incontri avvengono con frequenza. In un report inviato a Londra nell'ottobre 1949, Alexander scrive di aver appena visto Andreoni, uomo «all'estrema destra» del partito di Saragat, con cui è solito mantenere «contatti stretti». La «conversazione» nella capitale lombarda è stata «lunga», annota. E dopo aver ricordato il passato comunista del direttore del giornale «L'Umanità», l'assassinio del diplomatico turco negli anni Venti e la successiva detenzione nelle carceri fasciste, il funzionario del consolato inglese sottolinea che il giornalista italiano è adesso un «anticomunista totale». Alexander gli consegna quindi «alcuni materiali dell'Information Research Department». Andreoni ringrazia e commenta che i comunisti si meritano solo «una pallottola nello stomaco».[11]

Nell'autunno del 1947 – stando al Servizio Informazioni e Sicurezza (Sis), l'intelligence italiana fedele a De Ga-

[10] *Ibidem.*
[11] Tna/Pro, Fo 371/79300.

speri –, il generale Giovanni Messe si muove per allestire a breve «un esercito di circa quattro milioni di uomini» su impulso degli «angloamericani». Sono «già pronte» anche «le liste dei caporioni comunisti da prelevare al momento opportuno e chiudere in campo di concentramento e farli poi sparire». Si tratta insomma di una potente organizzazione paramilitare clandestina, diffusa in tutto il territorio nazionale e pronta a scatenare la guerra civile per affogare Togliatti e le sue strategie in uno spaventoso «lago di sangue». In realtà, il progetto è assai più vasto e ambizioso e si sta realizzando «sotto l'egida inglese». Mira infatti ad approntare una vera e propria «organizzazione internazionale anticomunista» con sede a Parigi.[12]

Ma esiste davvero un pericolo comunista? Nelle pagine precedenti si è visto come in realtà la minaccia sia stata dilatata dalle ossessioni di Pio XII, abilmente manipolate dai settori più aggressivi dell'establishment britannico per impedire l'instaurazione della Repubblica e sabotare il compromesso costituzionale tra democristiani e comunisti. Voci su possibili colpi di mano del Pci continuano a circolare anche dopo l'appello alla pacificazione rivolto da Togliatti dal suo letto d'ospedale. In privato, tuttavia, De Gasperi non crede a quei boatos che mirano unicamente a scatenare il panico tra la popolazione. E non ci crede nemmeno Porta Pia. All'indomani della nascita del Patto atlantico, nell'aprile del 1949, l'ambasciatore britannico Sir Victor Mallet aveva infatti chiesto agli 007 di Sua Maestà di stanza a Roma di valutare la reale entità del pericolo comunista in Italia, nell'eventualità di un conflitto bellico

[12] M. J. Cereghino e G. Fasanella, *Le menti del doppio Stato*, cit.

tra la Nato e il blocco sovietico. Ed ecco cosa scrive a Ernest Bevin – il Foreign Secretary, a Londra – nel marzo del 1950, a quasi un anno di distanza da quella delicata indagine. «Si presume che i comunisti italiani» dispongano di «250.000 uomini in armi», rivela Sir Victor. Ma se anche scoppiasse la Terza guerra mondiale, potrebbero diventare un problema solo se qualcuno ordinasse loro di «insorgere» contro le istituzioni della Repubblica. A ogni modo, sottolinea l'ambasciatore, «le forze armate italiane, l'Arma dei Carabinieri e la Pubblica Sicurezza» sarebbero in grado di «sopprimere» qualsiasi genere di «disordini» che dovessero eventualmente verificarsi sul territorio nazionale. «Una ribellione armata comunista» in Italia, dunque, risulta del tutto «improbabile» in assenza di una «guerra generalizzata in Europa» e di «aiuti sostanziali in armamenti» dall'estero.[13] Eppure, una campagna martellante continua a gonfiare a dismisura la "minaccia bolscevica". C'è chi profetizza una catastrofe imminente alle prossime elezioni politiche del giugno 1953, elezioni che potrebbero sancire la clamorosa rivincita delle sinistre. E da più parti si arriva persino a invocare la messa al bando del Pci.

Il 10 luglio 1950 Sir Victor Mallet affronta l'argomento con De Gasperi nel corso di un colloquio privato al Viminale, all'epoca sede ufficiale del governo. Stando al resoconto inviato da Porta Pia al Foreign Office, il Presidente del Consiglio getta acqua sul fuoco. Se si votasse oggi, afferma De Gasperi, i comunisti perderebbero «un gran numero» di voti rispetto al 1948. Non vi è alcun «pericolo», dunque. «La messa fuorilegge del Pci», dichiara «sen-

[13] Tna/Pro, Fo 371/89733.

za esitazione alcuna», è un tema «fuori discussione». È «indubbio» comunque, ipotizza lo statista trentino, che Togliatti sarebbe capace di «formare un nuovo partito nell'immediato, ribattezzandolo con ogni probabilità Partito del Lavoro». Un «Labour Party», annota con soddisfazione l'ambasciatore nel suo report. Sir Mallet concorda con De Gasperi, aggiungendo a sua volta di non aver mai creduto alle «chiacchiere» della gente, secondo cui mettere fuorilegge il partito del Migliore sia «necessario» per salvare la democrazia. Al contrario, spiega al Presidente del Consiglio ben sapendo di sfondare una porta aperta, un simile «atto» da parte del governo finirebbe per tramutarsi in un «esperimento pericolosissimo per la nuova democrazia» italiana.[14]

[14] Tna/Pro, Fo 371/89643.

De Gasperi nella guerra della propaganda tra America e Inghilterra

Il pericolo comunista è dunque archiviato. Le cose cambierebbero solo nell'eventualità infausta di una nuova guerra mondiale e di un golpe violento nel Pci contro la leadership del segretario. Ma non ci saranno problemi fino a quando Togliatti rimarrà al suo posto, giacché è lui a garantire personalmente il rispetto del patto costituzionale. Non si contano, invece, le tensioni tra De Gasperi e gli inglesi. Ad acuirle, paradossalmente, sono proprio i segnali che preannunciano la bonaccia politica interna. Costituzionalizzando i comunisti, in effetti, il Presidente del Consiglio ha tolto una scusa verosimile alle pretese vaticane e britanniche di esercitare un controllo ferreo sull'Italia per proteggerla dall'Armata rossa. Tira una brutta aria nel Paese. Il sentimento anti inglese sta dilagando nell'opinione pubblica e quel vento, a Porta Pia, lo sentono soffiare. Eccome.

Nella tarda estate del 1949 l'ambasciatore Sir Victor Mallet è in vacanza in Inghilterra. Tocca quindi al suo «Counsellor», John Guthrie Ward, aggiornarlo da Roma sulla situazione. I dossier scottanti sono due. Uno riguarda l'atteggiamento inglese verso le ex colonie italiane, l'altro lo status da riconoscere all'Italia all'interno del Patto atlantico, istituito a Washington pochi mesi prima. Con una relazione spedita a Londra il 14 settembre di quell'anno, Ward segnala la profonda irritazione del conte Vittorio Zoppi – il segretario generale del ministero degli Esteri –, il quale «sospetta fortemente» che «noi britannici stiamo agendo in malafede» in merito alla questione della Tripolitania, la regione occidentale della Libia. In altre parole, Zoppi accusa il governo Attlee di voler recedere dalla «promessa» fatta a suo tempo di sostenere la «speranza» italiana di «conseguire una relazione economica speciale» con la futura «Tripolitania indipendente».

Per quanto riguarda l'Alleanza atlantica, il «Counsellor» ha appena saputo che Randolfo Pacciardi (ministro della Difesa) e Luigi Efisio Marras, il capo di stato maggiore dell'esercito, si recheranno a breve a Washington per partecipare a una «riunione» dei ministri della Difesa della Nato. In quel summit, ecco il punto delicato, porranno con forza la questione della presenza italiana nell'Alleanza con pari dignità rispetto alle altre nazioni che ne fanno parte. E se dovessero trovare orecchie disposte ad ascoltarli, allerta Ward, la Gran Bretagna rischierebbe di trovarsi in una posizione decisamente imbarazzante. Nel bel mezzo, cioè, di una «discussione» provocata dalla «divergenza tra la posizione di "eguaglianza"» che De Gasperi auspica di «raggiungere all'interno dell'apparato politico-militare della Nato» e lo status che le altre nazioni intendono «concedere all'Italia». Tramite un negoziato diretto con la Casa Bianca, il Presidente del Consiglio tenta insomma di aggirare i vincoli capestro del trattato di pace siglato a Parigi nel febbraio 1947. Ben sapendo che la vera questione sul tappeto è il ruolo strategico sempre più cruciale che la Penisola saprà giocare in futuro nel teatro mediterraneo, sotto l'ala protettiva degli Stati Uniti. Con l'inevitabile conseguenza di un progressivo allentamento della presa britannica sull'Italia. Nel «clima generale» che si respira nel Paese, rimarca il funzionario di Porta Pia, emerge non a caso «l'incremento» dei «commenti alquanto offensivi verso la Gran Bretagna» diffusi dalla stampa. I media italiani tendono infatti a puntare i loro riflettori sulle «difficoltà economiche» del Regno Unito. Giornali e periodici, in pratica, non perdono «occasione» di esternare un «piacere malizioso» e intriso di «rivalsa» verso le «politiche», considerate «insensibili», attuate dal «governo britannico» in Italia a partire dall'armistizio del settembre 1943. «Non vi è dubbio», commenta amaramente Ward, che «il nostro prestigio» nel Paese non smette di «andare a picco».[1]

È Carlo Sforza in persona, il ministro degli Esteri, a portare platealmente alla luce gli umori antibritannici nel governo De Gasperi. E lo fa addirittura durante una conferenza stampa, il 15 dicembre 1949. Sforza non le manda certo a dire: «Mi sono sempre impegnato con tutta l'anima e con tutte le mie energie a instaurare relazioni amichevoli con l'Inghilterra. Ma non è colpa mia se non ci sono riuscito». Un giornalista inglese gli rivolge quindi una domanda a proposito della «campagna antibritannica» scatenata dalla «stampa italiana». E il titolare degli Esteri risponde che gli articoli pubblicati dai giornali e dai periodici sono probabilmente «esagerati e scorretti», ma sono comprensibili dinanzi all'«assassinio di settanta italiani in Eritrea» nell'ultimo anno e mezzo. Omicidi giusti-

[1] Tna/Pro, Fo 371/79314.

ficati dagli inglesi e ritenuti addirittura «legittimi perché quegli italiani stavano manifestando per l'indipendenza dell'Eritrea». In segno di protesta nei confronti del governo di Sua Maestà, l'anziano ministro dichiara perciò di non avere intenzione alcuna di «incontrare Ernest Bevin», il Foreign Secretary britannico, quando «farà scalo a Roma» nei giorni successivi. Una conferenza stampa dai toni così aspri non sfugge certo alle antenne sensibili di Porta Pia. L'ambasciatore Victor Mallet ne invia un ampio resoconto al Foreign Office. Nel commentare quel report, un alto funzionario del Western Department annota che Sforza ha inteso dire una cosa molto semplice: «Mi avete sempre respinto con sdegno» e, dunque, è ormai «troppo tardi» per tentare di riannodare l'«amicizia» tra Roma e Londra.[2]

La partita eritrea fra Italia e Regno Unito ha una posta molto alta. È in gioco l'influenza nel Corno d'Africa, dove i due Paesi hanno interessi antichi. E, attraverso il Corno, il controllo dell'intera Africa orientale e del Mar Rosso, chiave di accesso al mondo islamico. Dopo la sconfitta bellica e la rinuncia alle colonie, De Gasperi tenta di mantenere una presenza nell'area (e in Libia) con l'appoggio degli Stati Uniti, allo scopo di reimpostare in tempi rapidi la politica estera italiana. Londra punta invece a smembrare l'Eritrea per farne omaggio all'Etiopia e al Sudan, pedine decisive, assieme all'Egitto, per le sue strategie imperiali. Il governo inglese, dunque, fiuta l'insidia italiana in quell'area e pensa bene di rimangiarsi gli accordi tra Bevin e Sforza. Quando il ministro degli Esteri italiano parla alla stam-

[2] Tna/Pro, Fo 371/79353.

pa, a metà dicembre 1949, il tradimento si è già consumato: il primo ottobre l'Onu ha respinto l'intesa anglo-italiana. Per un solo voto, quello del rappresentante di Haiti. Da quel giorno, l'Eritrea diventa un protettorato britannico e tale rimarrà fino al 1952. Uno schiaffo potente a De Gasperi, dunque, che si ritorce però come un boomerang contro gli inglesi. Perché, dopo il voto alle Nazioni Unite, «la stampa italiana» non fa altro che «attaccare il Regno Unito con astio crescente», scrive Sir Mallet al Foreign Office nel gennaio 1950. L'ambasciatore non nasconde la sua ansia per le «frizioni» e «il deterioramento delle relazioni» tra Londra e Roma, a causa della questione delle «ex colonie» italiane in Africa. In buona sostanza, osserva con sdegno, la «campagna stampa» allestita dai giornali della Penisola contro la Gran Bretagna è stata «quantomeno tollerata dalle autorità italiane, se non addirittura ispirata» dall'esecutivo guidato da De Gasperi. Un astio, rimarca il diplomatico di Porta Pia, che viene fomentato persino dai quotidiani americani e da settimanali prestigiosi come il «Newsweek».

Ma non c'è solo il tema spinoso delle ex colonie a infiammare gli animi. Londra, allerta Victor Mallet, continua a essere «criticata» dagli italiani per la sua «presunta opposizione a un ulteriore sviluppo dell'unità dell'Europa occidentale». Perché il Regno Unito punterebbe soltanto a «dominare» il Vecchio continente, serbando gelosamente «la propria libertà d'azione». *Divide et impera*, insomma. «In maniera analoga», afferma stizzito l'ambasciatore, la Gran Bretagna viene sempre ritenuta «responsabile degli sviluppi» che risultano dalle «discussioni» all'interno della Nato sul tema delle «carenze» di cui l'Italia continua a soffrire a cinque anni dalla fine del conflitto mondiale.[3]

Dopo aver mancato tutti gli obiettivi della sua "campagna italiana" tra il 1944 e il 1948, e sentendosi sfuggire il controllo sulla Penisola, il governo britannico cerca di correre ai ripari. Come arginare le strategie degasperiane e le sue iniziative corsare in politica estera? Dal 1947 c'è un nuovo ambasciatore a Porta Pia, Sir Victor Mallet. Ma il suo predecessore, Sir Noel Charles, non è stato richiamato in patria. Londra gli ha chiesto di rimanere a Roma per compiere una missione davvero speciale. Un incarico sensibile nel campo delle «questioni informative e cinematografiche». In altre parole, dovrà riavviare la macchina della propaganda occulta dei Servizi di Sua Maestà, potenziandone la rete nelle aree destinate ad assumere un'importanza strategica in una fase in cui, terminata la guerra guerreggiata, i conflitti economici e geopolitici si combattono sul piano delle idee e del controllo delle menti. Una guerra non convenzionale che si svilupperà in forme sempre più sofisticate nel corso del secondo Novecento.

Il target è De Gasperi. E Sir Charles mette subito sotto accusa la sua politica culturale, in particolare quella cinematografica, considerata troppo filoamericana e antibritannica. «Risulta chiaro», scrive nel luglio 1949 al ministero del Commercio inglese, «che vi è un certo sentimento ostile verso le pellicole britanniche. E questo deriva dai rancori politici che gli italiani serbano ancora nei nostri confronti». E siccome «il risentimento italiano tenderà ad

[3] Tna/Pro, Fo 371/89634.

aumentare e potrebbe provocare una diminuzione delle vendite dei nostri film», occorre trovare un modo per «rafforzare la nostra posizione».[4] Londra invia una nota di protesta al Presidente del Consiglio italiano. Che però respinge le accuse, rispedendole al mittente: perché lamentarsi della scarsa diffusione delle pellicole inglesi nella Penisola, dal momento che «sono pochissimi i film italiani distribuiti in Gran Bretagna»?[5]

Il messaggio è fin troppo esplicito: Roma è la capitale di uno Stato sovrano, non di una provincia dell'Impero britannico, e dunque concepisce i rapporti bilaterali con le altre nazioni su un piano di uguaglianza. È evidente che la linea espressa da De Gasperi con toni così brutali mina alla base la "dottrina italiana" illustrata da Churchill al nunzio apostolico William Godfrey, nel novembre 1945. Arriva come una picconata, l'ennesima, alle pretese di dominio su una nazione che gli inglesi pensavano di aver acquisito una volta per tutte dopo la firma dell'armistizio, nel settembre 1943. Il Foreign Office reagisce inviando a Porta Pia l'ordine di intensificare gli sforzi della propaganda occulta contro le politiche degasperiane, con l'obiettivo di ricondurre l'Italia all'interno della sfera d'influenza britannica. Il Belpaese è una pedina alla quale il Regno Unito non può rinunciare. E dunque «l'Italia è un'area chiave» in questa guerra della propaganda e dell'informazione, a causa specialmente «della sua posizione di frontiera» tra l'Europa e il Mediterraneo e tra l'Occidente e l'Oriente. Senza dimenticare «i tanti malintesi che hanno

[4] Tna/Pro, Bt 64/4472.
[5] *Ibidem.*

oscurato i rapporti angloitaliani a partire dalla Seconda guerra mondiale».[6]

Un conflitto che Londra combatte contro De Gasperi, certo. Ma anche se non soprattutto, come si è visto, contro chi sostiene il Presidente del Consiglio – gli Stati Uniti d'America –, la superpotenza che sta rapidamente erodendo l'influenza inglese sull'Italia, al punto da averla quasi annullata. Un primato conquistato grazie al cinema, l'arma mediatica più efficace di cui Washington dispone assieme alla musica e alla carta stampata. Ed è a questo punto che entra in scena un personaggio sul quale vale la pena spendere qualche parola. Si chiama Pilade Levi ed è un produttore torinese di origini ebraiche fuggito dall'Italia all'epoca delle leggi razziali promulgate dal fascismo. Torna a casa nel 1944 con il grado di capitano della Quinta Armata americana, al seguito delle truppe alleate. Subito dopo la liberazione di Roma, nel giugno di quell'anno, comincia a lavorare nei ranghi del Psychological Warfare Branch (Pwb), l'organismo angloamericano per la propaganda e la guerra psicologica. Gli viene quindi assegnato l'incarico di rifondare il cinema italiano e di promuovere le meraviglie della Settima arte hollywoodiana. Il suo ufficio di via Veneto, giusto nella sede dell'ex Minculpop fascista, diventa così lo snodo strategico del proficuo interscambio artistico e culturale tra l'Italia e gli States. Levi porta a Roma le grandi case di produzione statunitensi e apre le porte dell'America ai produttori, ai registi e agli attori italiani. Allo stesso tempo, l'aristocratica fiorentina Carol Guadagni Levi (sua consorte) diventa rapidamente

[6] Tna/Pro, Fo 953/918.

la "gran dama" degli agenti cinematografici nella Capitale. Lavora prima ai vertici dell'influente William Morris Agency per poi mettersi in proprio e fondare la Carol Levi and Company, che avrà tra i suoi clienti i registi, gli attori e gli sceneggiatori più celebri dell'epoca d'oro del cinema italiano.[7]

È totale e incondizionato il sostegno garantito da De Gasperi all'inedita *entente cordiale* siglata dalle cinematografie di Hollywood e Cinecittà. Perché il governo le offre ogni genere di supporto legislativo. Sir Noel Charles accusa il colpo. L'influenza inglese vacilla, segnala con preoccupazione nei suoi dispacci riservati. Perché il «veleno anti inglese» che intossica gran parte dell'opinione pubblica italiana si è diffuso a causa della «sconfitta bellica e della perdita delle colonie». Lo sanno bene i funzionari, i consulenti e i diplomatici di Porta Pia.[8] L'umore nei confronti del Regno Unito è pessimo, scrive Sir Mallet in un rapporto inviato al Foreign Office nel marzo 1950. Perché «sono indubbiamente molti gli italiani che vogliono male alla Gran Bretagna». Ma ciò che più lo angustia è che non sono soltanto quelli influenzati dalla propaganda del Pci, «il nostro avversario più scontato».

Soffiano sul fuoco anche i «falsi patrioti» che si annidano nella pubblica amministrazione, nella diplomazia e nelle classi benestanti. Personaggi affetti da un «complesso di inferiorità» generato dalla sconfitta bellica che trova sfogo in una «rabbia» irrazionale verso l'Inghilterra.

[7] Mario José Cereghino e Giovanni Fasanella, *Colonia Italia. Giornali, radio e tv: così gli inglesi ci controllano. Le prove nei documenti top secret di Londra*, Chiarelettere, Milano 2015.
[8] Tna/Pro, Fo 953/1336.

Anche se è un rancore che finisce per renderli «ridicoli ai nostri occhi». Ne sono consapevoli e questo non fa che «rinfocolare la loro ansia», rafforzando così «il veleno che hanno in corpo». I «falsi patrioti» assicurano infatti che il Regno Unito «non fa altro che paralizzare l'Italia, al contrario delle politiche messe in campo» dall'America di Truman. «Amanti del benessere», insomma, «aborriscono l'esempio spartano inglese e sognano Hollywood».[9]

Eppure, in quelle prime settimane del 1950 Sir Victor Mallet è costretto ad ammettere che, in realtà, quel «veleno anti inglese» è una benzina potente nel motore italiano. In meno di un lustro dalla fine della guerra, De Gasperi è riuscito infatti a ridurre sensibilmente il divario che separava la Penisola dalle altre nazioni libere. L'Italia, osserva sconsolato l'ambasciatore in una lettera al Foreign Office, ha fatto il suo ingresso come membro fondatore nel Consiglio d'Europa e nella Nato, ponendo fine così al «semi isolamento» sofferto dal Paese nell'immediato dopoguerra. «Su base paritaria», dunque, l'Italia «ha riacquistato il suo posto tra le nazioni libere dell'Occidente». Per il Regno Unito è un boccone difficile da mandar giù. Perché De Gasperi e Sforza hanno brigato non poco per entrare a far parte a pieno titolo dell'Alleanza atlantica, pur essendo «ben consapevoli» che il governo britannico era «contrario» all'«adesione» dell'Italia. L'opposizione inglese, afferma Sir Mallet, è stata insomma schivata dal governo De Gasperi accampando «motivi di sicurezza» nazionale. La «minaccia» rappresentata dal Pci di Togliatti, si lamenta l'ambasciatore, ha finito comunque per rivelarsi «meno

[9] Tna/Pro, Fo 953/916.

grave» rispetto al passato. Tant'è che i «leader comunisti» affrontano ora la lotta politica con «metodi palesemente democratici».[10]

Già, «ancora una volta le relazioni anglo-italiane» attraversano «un brutto momento». E la ragione è «molto semplice». Il Regno Unito non è per niente «popolare», giacché gli italiani sono ormai convinti che il governo britannico «abbia lavorato in modo sistematico contro i loro interessi». Con l'eccezione dei socialisti di Nenni, gli unici che continuano ad «amare» i laburisti e in generale la politica anglosassone. Nondimeno, la «tradizionale amicizia» tra Roma e Londra non può limitarsi a «vivere d'aria». È un quadro della situazione crudo e spietato, tratteggiato senza fronzoli da un giovane diplomatico di Porta Pia, John Wriothesley Russell, in una lunga «lettera informale» datata 5 ottobre 1951 e indirizzata a George Peregrine Young, il direttore del Western Department al Foreign Office.[11] De Gasperi è appena rientrato a Roma dal suo secondo viaggio in America. Una missione così proficua per gli interessi della giovane Repubblica italiana da aver oscurato persino il suo viaggio trionfale negli States del gennaio 1947. Prima tappa in Canada, a Ottawa, dove lo statista trentino ha partecipato da protagonista e non da semplice comparsa all'assemblea del Consiglio atlantico. Londra e Parigi sono ora obbligate a riconoscere il ruolo della Penisola nella Nato e il suo diritto a essere ammessa all'Organizzazione delle Nazioni Unite. E, di conseguenza, ad accettare una revisione parziale delle clausole del

[10] Tna/Pro, Fo 371/89634.
[11] Tna/Pro, Fo 371/96245.

trattato di pace. Il Presidente del Consiglio ha raggiunto poi Washington, dove ha ricevuto un'accoglienza superiore a ogni aspettativa. Ad accoglierlo alla Union Station è arrivato a sorpresa il presidente Truman in persona e i due hanno improvvisato un breve comizio dinanzi alla folla. De Gasperi ha parlato anche al Congresso per illustrare i grandi passi compiuti dall'Italia nella ricostruzione postbellica, grazie soprattutto al Piano Marshall. Ha chiesto e ottenuto, pertanto, nuovi aiuti economici. Ed è rientrato in patria con l'aura dello statista di una nazione che ha ritrovato sé stessa ed è quindi destinata a giocare un ruolo determinante sulla scena europea e mediterranea.

Per un curioso scherzo del destino, i progressi dell'Italia – una nazione di terzo rango, stando al giudizio sprezzante dell'establishment inglese – avvengono quando sono ormai molteplici i segnali che preannunciano il declino inesorabile dell'Impero britannico. E non è casuale che proprio nell'ottobre del 1951 gli elettori riportino al potere Churchill, l'anziano leader conservatore che ha guidato il Regno Unito alla vittoria contro le potenze dell'Asse nel Secondo conflitto mondiale. Con mano ferma, astuzia e spregiudicatezza. I destini di Sir Winston e De Gasperi tornano ora a incrociarsi. E questa volta per un duello all'ultimo sangue.

La Gran Bretagna – scrive Russell nel suo report – continua a suscitare tra la popolazione i soliti sentimenti di «diffidenza, invidia e risentimento», giacché sono tutti convinti che miri unicamente a «pugnalare alle spalle» l'Italia. La carta stampata – il diplomatico inglese cita in particolare il quotidiano romano «Il Tempo» – non perde inoltre occasione di «rivangare le antiche, putride fobie» che dal 1935, l'anno dell'aggressione mussoliniana all'Etiopia, continuano a «guastare le relazioni» tra Roma e Londra. Sarebbe dunque «pericoloso» ostinarsi a «ignorare» la situazione. Perché le «tempeste» scatenate dai media, sebbene provocate «in modo artificiale», sono certamente in grado di «risvegliare sentimenti a lungo dormienti nelle menti» dell'opinione pubblica italiana. De Gasperi «lo sa bene» ed è quindi «pronto» a trarne vantaggio, osserva Russell. I «sospetti» di Porta Pia si concentrano infatti sul «conte Carlo Sforza» e sui «classici giochi italiani» che l'ex titolare degli Affari Esteri starebbe attuando sottobanco contro la Gran Bretagna. «Nell'Italia odierna», non a caso, «stanno risorgendo con forza sia il nazionalismo naturale dell'estrema destra sia quello camuffato dell'estrema sinistra». Oltre a pretendere la «restituzione» di Trieste e la «revisione del trattato di pace», gli italiani nutrono al momento «una forma piacevole di cinica soddisfazione nei confronti del declino apparente dell'Impero britannico». Di questo stato d'animo si fa portavoce, per giunta con il «sorriso sulle labbra», anche la «stampa quotidiana» di «ogni colore politico o quasi». Nella vulgata popolare in voga nella Penisola, insomma, «gli insolenti e arroganti britannici hanno fatto cadere il nostro Mussolini, evirato le forze armate, consegnato l'Istria ai comunisti e a Tito, oltre ad averci espulso dal nostro posto al sole» in Libia, Eritrea e Somalia. Il governo inglese, allerta il diplomatico, si trova dunque ad affrontare «pressioni» di ogni genere, «discorsi aggressivi» e «ricatti veicolati dalla stampa». Senza contare le manovre infide promosse da De Gasperi per trarre «vantaggi» dalle «divergenze» in atto «tra noi inglesi e gli americani». Gli «obiettivi» del Presidente del Consiglio «sono alti e nobili», ammette Russell. Ma nell'agone politico egli è «una sorta di gesuita» e «non esiterà affatto» a ricorrere a ogni mezzo pur di «raggiungere i suoi fini». Nel suo codice genetico, tra l'altro, si riscontrano tracce evidenti di anglofobia. Perché lo statista trentino è stato «un deputato del parlamento austriaco» ai tempi degli Asburgo, prima della Grande guerra, quando le relazioni tra Londra e Vienna erano «ben lontane dall'essere tranquille».

De Gasperi, insomma, sa di avere dinanzi a sé «molti anni di servizio pubblico» nel ruolo istituzionale di Presidente del Consiglio e, in parallelo, come leader carismatico del «suo partito», la Democrazia Cristiana. «Non c'è quindi da aspettarsi», ammonisce il diplomatico di Porta Pia, che egli decida di «sacrificarsi per cause impopolari di qualsiasi genere», tantomeno «per i nostri *beaux yeux*». È indubbio, sottolinea infine Russell, che il premier italiano sia tornato dalla sua recente visita a Washington con in tasca «un mucchio di belle promesse». Ma è proprio questo il «vero pericolo» che minaccia la stabilità del suo governo, poiché «quel Vaso di Pandora» americano è in realtà pieno zeppo di «Cavalli di Troia».[12]

[12] *Ibidem.*

Churchill e la guerra del petrolio al tramonto dell'Impero

Chi meglio di Winston Churchill può risollevare le sorti di un impero sull'orlo del baratro? È lui che all'inizio del Novecento, nel ruolo di Primo Lord dell'Ammiragliato, aveva riarmato e convertito dal carbone al petrolio la Royal Navy, la flotta da guerra più potente che abbia mai solcato gli oceani. Quando alla fine di ottobre del 1951 si insedia nuovamente a Downing Street, benché sia ormai alle soglie degli ottant'anni, il leader conservatore è determinato a portare a termine la sua missione. Costi quel che costi. Per la Gran Bretagna, i combustibili fossili sono una risorsa necessaria quanto l'aria che respiriamo. La grande isola non può farne a meno, costretta com'è a far viaggiare vascelli e bastimenti a gran velocità per raggiungere il più rapidamente possibile le colonie e i *dominions* sparsi nei cinque continenti. Una questione di vera e propria sopravvivenza. Ai primi del secolo, il passaggio al petrolio era stata una scelta imposta dall'esigenza di contenere l'espansionismo aggressivo della Germania guglielmina. Senza contare che nelle miniere inglesi si stavano rapidamente esaurendo le riserve di carbone. In un futuro prossimo, quindi, Londra non sarebbe stata in grado di sostenere un conflitto bellico di lunga durata. In seguito alla riconversione della flotta, il Regno Unito era andato a caccia dell'oro nero per mezzo secolo e un po' ovunque. Ora, però, sui giacimenti controllati dalla Corona dei Windsor stanno crescendo gli appetiti di altre nazioni. I pozzi più ricchi si trovano in Medio Oriente, in Persia e nell'Africa settentrionale. La Gran Bretagna ha combattuto ben due conflitti mondiali per assicurarsi quelle risorse. Ed è curioso che a insidiare quel tesoro energetico in mano agli inglesi siano adesso gli Stati Uniti d'America – l'alleato più potente di Londra, indispensabile per la sicurezza dell'intero Occidente – e l'Italia, un Paese che ha perso la guerra e su cui Downing Street intende far valere i (presunti) diritti dell'Impero britannico. È una partita complicata che Churchill dovrà gestire alternando la flessibilità diplomatica di Whitehall al pugno duro dello spionaggio e delle forze armate di Sua Maestà.

Il Medio Oriente, dunque. Il controllo totale di quegli immensi territori è un obiettivo inglese già in tempo di guerra. Nel 1943, quando nella Palestina britannica diventano sempre più marcate le ostilità tra gli immigrati israeliti e la popolazione araba locale, Churchill riunisce il War Cabinet per discutere la situazione. È preoccupato: «Non è necessario sottolineare l'importanza strategica permanente che il Vicino Oriente ricopre per l'Impero britannico. Ciò è chiarissimo soprattutto in Palestina», dice. E ne spiega le ragioni, se mai ce ne fosse il bisogno. Lì, in Palestina, sorge il porto di Haifa – il più importante nel Mediterraneo orientale, con le sue raffinerie di petrolio – e ci sono le basi aeree di Lydda, Ramla e del Mar Morto. Da lì partono inoltre sia l'oleodotto per l'Iraq sia la strada e la ferrovia che portano al Canale di Suez, la chiave di tutte le strategie imperiali. Ecco perché «è necessario esercitare il controllo su quest'area per un periodo indefinito, dopo la guerra». Occorre insomma «mantenere una considerevole forza militare nel territorio» e, di conseguenza, «prolungare l'occupazione della Palestina».[1] Ma ad angustiare Londra non vi sono soltanto le preoccupazioni per i conflitti che, in prospettiva, potrebbero minare la Pax Britannica nella regione. Comincia infatti a serpeggiare il nervosismo per le prime incursioni degli Stati Uniti in Medio Oriente. Non a caso, gli americani «hanno già evidenziato il loro interesse per il petrolio del Golfo Persico», riferisce al War Cabinet Anthony Eden, il ministro degli Esteri inglese. Come se non bastasse, gli Yankees sospettano «l'esistenza di petrolio in alcune aree arretrate dell'Arabia Saudita», dove è stata appena inaugurata un'ambasciata a stelle e strisce. Idem in Bahrein, dove è sorto un consolato Usa in concomitanza con la costruzione di una raffineria. «Senza dimenticare che truppe statunitensi stazionano già in Iraq e in Persia», sottolinea Eden. Ma ad accrescere le ansie inglesi è un concetto ben preciso: l'infiltrazione degli States in quell'area tende ad assumere i tratti di un disegno geopolitico in competizione aperta con gli interessi strategici di Londra. Dopo aver spedito «per la prima volta» un ambasciatore americano anche in Afghanistan, si lamenta il Foreign Secretary britannico, il Dipartimento di Stato «ha inviato istruzioni ai suoi rappresentanti affinché intervengano a scapito dei nostri interessi». Nell'intera area, insomma, la linea antibritannica di Washington tende a manifestarsi in modo sempre più esplicito. «Uno dei pregiudizi americani nei nostri confronti»,

[1] Tna/Pro, Cab 66/38/15.

allerta infatti Eden, è che «la Gran Bretagna ha sfruttato il Vicino Oriente per i suoi obiettivi imperialisti, ritardandone in tal modo il progresso politico in opposizione ai desideri delle popolazioni indigene». E questo «pregiudizio» è destinato a pesare non poco nell'intera regione. Al punto che «in futuro», afferma il responsabile della diplomazia britannica, «avremo certamente grosse difficoltà a tenere gli americani lontani dal Medio Oriente».[2]

«La situazione è molto seria», telegrafa al War Cabinet il visconte di Halifax, l'ambasciatore inglese a Washington. È il febbraio 1944. La questione mediorientale sta intossicando i rapporti tra Londra e Washington. Urge dunque un accomodamento. Una qualche intesa, insomma, per stabilire i confini delle rispettive influenze nel mondo postbellico. È in programma una conferenza sul petrolio e il governo Roosevelt ha già fatto sapere agli inglesi che vuole essere presente. Gli americani «intendono rivendicare un'ampia porzione dei nostri interessi petroliferi in Medio Oriente», insiste Halifax. Che è in allarme anche per alcuni «articoli pilotati» apparsi sulla stampa Usa, in cui si sostiene senza mezzi termini che Washington intende mettere le mani su «una grossa fetta del nostro petrolio kuwaitiano» e su una «parte delle nostre riserve irachene». In effetti, gli statunitensi pretendono che il «rifornimento per i loro oleodotti sia pari a quello britannico» e, dunque, che Londra «ceda le sue compagnie in Kuwait». Ipotesi da non prendere nemmeno in considerazione, suggerisce l'ambasciatore.[3] Il War Cabinet è d'accordo: «Non vi saranno

[2] Tna/Pro, Cab 66/39/1.
[3] Tna/Pro, Cab 66/47/9.

compromessi di sorta sul tema» e «nessun trasferimento di concessioni petrolifere agli americani», dal momento che sono in gioco i «nostri interessi militari». E anche qualcosa di più.[4]

Al memorandum preparato dal War Cabinet per la conferenza angloamericana è allegata una dichiarazione solenne sull'indissolubilità del legame tra petrolio e sopravvivenza dell'Impero. «Ciò che vogliamo è la sicurezza», si legge nel documento. Ma «il tema della sicurezza – ossia della nostra sussistenza come nazione – non può passare in secondo piano. Al contrario, deve essere la questione numero uno». E ancora: «La guerra ha insegnato al nostro popolo che il petrolio è essenziale alle operazioni belliche. È più importante dell'acciaio. Se non possedessimo risorse petrolifere permanenti, verrebbe meno tutta la nostra capacità di difenderci. Senza il petrolio, la Gran Bretagna morirebbe». Dunque, «i rifornimenti petroliferi devono adattarsi alle nostre esigenze. In terra, mare e cielo». E tali esigenze «non si limitano alla difesa delle Isole britanniche e alle comunicazioni marittime che ad esse conducono», perché «noi dobbiamo difendere anche i *dominions* e le colonie di Sua Maestà» e «ci preoccupiamo soltanto del nostro diritto alla vita».[5]

Assodata la dipendenza dell'Impero dal petrolio mediorientale, il governo inglese è costretto tuttavia a fare i conti con un problema di non facile soluzione. Secondo le stime del ministero dell'Energia, infatti, la produzione di greggio è destinata a quadruplicare nel giro di pochi anni

[4] Tna/Pro, Cab 66/47/26.
[5] Tna/Pro, Cab 66/52/44.

in tutto il Vicino Oriente. Un immenso serbatoio che fornirà la maggior parte dell'oro nero presente nel globo e che finirà quindi per attrarre una gran quantità di appetiti, amici e nemici. Dal momento che si assisterà anche alla «crescita degli interessi statunitensi», come mantenere il predominio strategico, economico e militare del Regno Unito in quell'area senza urtare troppo la suscettibilità del potente alleato?[6]

Il fatto è che sta rapidamente mutando il ruolo dell'America nel nuovo contesto globale, ora che la guerra è praticamente terminata in Europa, nell'Africa settentrionale e nel Mediterraneo. Washington si è accollata il peso della sicurezza in Occidente. Una responsabilità pesante che richiede uno sforzo economico-militare gigantesco. Serve energia, dunque. Il petrolio, così com'era accaduto alla Gran Bretagna all'alba del Novecento, diventa perciò una risorsa strategica irrinunciabile. Alla vigilia del suo ingresso nel conflitto mondiale, nel dicembre 1941, l'America era autosufficiente. Ma a partire dal 1944 si è vista obbligata a importare il greggio e a trovare nuove fonti energetiche oltre i confini dell'Unione. Il petrolio dei Caraibi è una prima scelta, ma è scarso. Washington è costretta a guardare al Medio Oriente. Lì, nelle zone di caccia dell'Impero britannico, la minaccia degli States va quindi ad aggiungersi alle altre insidie con cui Londra dovrà fare i conti nel dopoguerra. Che sono, nell'ordine, «la disintegrazione degli Stati dell'area mediorientale dovuta all'arretratezza e all'instabilità politica», «la tensione tra Israele e gli Stati arabi» e le «opportunità» che quel quadro incerto offre

[6] Tna/Pro, Cab 129/16.

alla «penetrazione» sovietica. Il Regno Unito è spossato dalla guerra, al punto che la sua economia «non è più in grado di sostenere» le politiche imperiali. Di conseguenza, è necessario «il nostro allineamento alle strategie degli Stati Uniti», senza che ciò implichi «necessariamente la perdita della nostra posizione speciale nell'area». Il che significa «trasferire i nostri obblighi sulle spalle degli americani, in maniera graduale e impercettibile», arrecando al contempo «il minor danno possibile alla posizione e all'influenza della Gran Bretagna nel mondo».[7]

E l'Italia? Se l'America è la nuova superpotenza a cui non si può dire di no – anche se si può cercare di utilizzarla come banca e braccio armato dell'Impero di Sua Maestà –, come comportarsi con l'Italia degasperiana, la nazione sconfitta che pretende ora di rialzare la testa? La linea resta quella indicata da Churchill e da Eden alla fine della guerra: «Nel nostro approccio alla questione italiana, emerge un conflitto insanabile». Il Paese continua infatti a nutrire «ambizioni da grande potenza», mentre «noi inglesi abbiamo interessi strategici nel prevenire» il suo ritorno nel Mar Rosso.[8] Un ritorno che finirebbe inevitabilmente per creare grane non indifferenti alle rotte strategiche dell'Impero tra il Mediterraneo, il Golfo Persico e l'Oceano indiano, e il cui futuro «si è fatto nuovamente incerto a causa dei rivolgimenti in atto nel mondo arabo». Da qui la necessità di impedire una ripresa delle iniziative italiane in Libia e in Somalia, le ex colonie che Roma potrebbe utilizzare per insidiare il Canale di Suez e il Corno

[7] Tna/Pro, Cab 129/36; Cab 129/53.
[8] Tna/Pro, Cab 66/67/14.

d'Africa, l'accesso meridionale al Mar Rosso. La questione italiana va insomma risolta in modo definitivo, con l'obiettivo di impedire che «si riproponga il pericolo» contro cui l'Impero ha dovuto battersi «nel corso delle due ultime guerre mondiali». Il governo britannico dovrà quindi affrontare il problema rappresentato dall'attivismo della Penisola. Gli Yankees sembrano infatti disinteressarsene, giacché «il Mediterraneo non è vitale per loro» e «la difesa degli interessi strategici britannici nel Vicino Oriente non rientra nelle loro politiche».[9]

Il Paese chiave è l'Egitto, la cerniera millenaria tra il Maghreb e l'Africa nera, nonché tra l'Europa mediterranea, il mondo arabo e l'Islam. Una nazione cruciale per il Regno Unito, che è fermamente intenzionato a mantenere la sua egemonia nell'area. A ogni costo. E per l'Italia, che aspira a tornare nel grande gioco internazionale dopo l'umiliante conclusione dell'esperienza fascista. Occupata dagli inglesi negli anni Ottanta dell'Ottocento, l'antica terra dei faraoni diventa un protettorato de facto agli ordini di Londra, benché continui a far parte dell'Impero ottomano. Allo scoppio della Grande guerra contro i turchi, nel 1914, l'Egitto si trasforma in un protettorato inglese anche de jure. E nel 1936 ottiene l'indipendenza dal Regno Unito, ma solo sulla carta. Perché le forze armate britanniche rimangono sul territorio in maniera massiccia. Insieme a Parigi, inoltre, Londra continua a esercitare un controllo assoluto sul Canale di Suez. È una situazione di instabilità che non smette di fomentare il disprezzo e l'odio delle popolazioni locali verso l'Impero di Sua Maestà in tutto il

[9] Tna/Pro, Cab 129/2.

teatro mediorientale. Tensioni che vanno ad aggiungersi alle inquietudini e alle violenze scatenate dal conflitto tra arabi ed ebrei, in seguito alla nascita dello Stato di Israele nel 1948. Sono turbolenze che Londra fatica a governare. Ed è in questo scenario in ebollizione che le strategie degasperiane di lungo periodo si insinuano a partire dall'immediato dopoguerra. In che modo? Facendo leva su uno dei vincoli più mortificanti del trattato di pace siglato a Parigi nel febbraio 1947: la rinuncia alle colonie africane. Ora, infatti, l'Italia viene percepita dagli Stati arabi e dai loro popoli come una nazione amica, non certo come una potenza coloniale. Un vantaggio non da poco, insomma, sulle politiche promosse dall'Impero britannico e avvertite sempre come arroganti e liberticide tra la Valle del Nilo, il Mar Rosso e il Golfo Persico.

L'ambasciata inglese al Cairo è ovviamente consapevole dell'arduo contesto in cui si trova a operare. E drizza le antenne. Nell'aprile 1949 comunica all'African Department del Foreign Office, a Londra, che la legazione italiana e i suoi consolati «stanno lavorando alacremente e non senza successo» per «ripristinare il prestigio italiano in Egitto». Il soft power italiano è «decisamente attivo» e ha invaso gioiosamente il Paese arabo con tournée di «opere liriche», «esibizioni tennistiche» e «mostre pittoriche». In questa offensiva della simpatia, a dare una mano c'è anche il nunzio apostolico (un prelato «gallese», nientemeno), il quale «promuove indirettamente la causa italiana tramite l'abile rappresentanza degli interessi papali» in Egitto, ricorrendo al contempo alla strategia dell'«adulazione» verso il monarca Farouk e la sua corte. Senza contare che persino i «numerosi membri dell'ex famiglia reale» dei Savoia (risiedono ad Alessandria) esercitano «un'influenza considerevole» sulla popolazione della città. E i risultati si vedono, commenta stizzita l'ambasciata britannica: il comandante in capo delle forze navali egiziane ha appena compiuto «una seconda visita» a Roma «per comperare armamenti», mentre l'aeronautica militare «ha acquistato», e continua a farlo, aerei da guerra fabbricati dalla Fiat e dalla Macchi. I commenti finali sono da antologia: «Noi inglesi guardiamo con una certa apprensione» a ciò che sta accadendo, poiché si tratta di «sforzi» che «mirano chiaramente a ristabilire l'influenza italiana in Africa». Il comportamento del governo De Gasperi viene definito «stravagante» e «inappropriato» per una nazione uscita «sconfitta» dalla guerra. In ogni caso, «stiamo tenendo d'occhio gli eventi in corso».[10] L'effetto della segnalazione giunta dal Cairo è immediato. Su richiesta del Foreign Office, il ministero della Difesa ordina alle reti d'intelligence britanniche in Italia di raccogliere informazioni sulla «quantità di equipaggiamenti militari» fabbricati nella Penisola e destinati ai mercati esteri.[11] E in particolare a quello egiziano. È un nervo, questo, decisamente sensibile nel Regno Unito, dal momento che il governo Attlee ha già decretato un embargo sull'export di armi al Cairo.

Pochi giorni più tardi, il 30 maggio 1949, il Joint Intelligence Bureau (Jib) invia a Whitehall un report che si rivela ben più allarmante del previsto. Per le notizie che contiene sul volume della produzione italiana di arma-

[10] Tna/Pro, Fo 371/73489.
[11] *Ibidem.*

menti, ma soprattutto per quanto riguarda gli acquirenti stranieri, fra i quali spicca proprio l'Egitto. «I materiali bellici che vengono esportati» dall'Italia nei mercati esteri provengono da «tre fonti», attesta il Jib. La prima è quella dei «depositi di equipaggiamenti militari angloamericani» che gli italiani hanno «rottamato» nel dopoguerra. Materiali che risultano essere stati «venduti illegalmente all'estero in cambio di grosse somme in dollari». Si riscontrano poi «giacenze di armi italiane» svincolate dal ministero della Difesa (è la seconda fonte) allo scopo di «ripristinare le fabbriche» della Breda e dell'Isotta Fraschini», consentendo in tal modo a quelle aziende di «rientrare nel mercato dell'export» delle armi. La terza fonte, infine, è costituita dalle «nuove produzioni» di materiali bellici italiani. Il documento sostiene che l'Egitto ha già acquistato «un centinaio di cannoni anticarro da 75 mm» e che seguita a comperare «velivoli militari» dalla Macchi e dalla Fiat. Ed è presumibile che riceva a breve anche «navi da guerra» costruite nei cantieri navali Baglietto (a Varazze, in Liguria) nonché «munizioni per armi di piccole dimensioni» fabbricate dall'azienda Bombrini Parodi-Delfino di Colleferro, in provincia di Roma, per un valore di «due miliardi di lire». Sono in corso poi «transazioni» per esportare in Egitto «macchinari per la fabbricazione di armi» appartenenti ad alcune «imprese» italo-svizzere. La previsione dell'intelligence militare britannica è fosca: l'export di armamenti «finanziato dallo Stato italiano» finirà per «creare una seria concorrenza» ai «fabbricanti britannici». Anche perché, conclude il Joint Intelligence Bureau, «la stretta aderenza alle clausole dell'embargo sugli armamenti» decretato da Londra verso Il Cairo, sta causando «un pessimo effetto» sulle «esportazioni britanniche» di materiali bellici verso il Paese arabo, soprattutto per quanto concerne «gli aerei da guerra» di fabbricazione inglese.[12]

Quando il dossier segreto sulle armi italiane all'Egitto arriva nelle stanze del governo laburista, al numero 10 di Downing Street, i circoli politici, diplomatici, militari e dei Servizi d'intelligence di Sua Maestà cominciano a preoccuparsi seriamente. Dove vuole arrivare il governo di Roma? La sensazione è che De Gasperi si appresti a superare la linea rossa tracciata dal governo britannico con l'armistizio di Cassibile. Sempre e quando non l'abbia già oltrepassata. «Le aziende italiane che producono armi stanno sviluppando un commercio importante» nell'ambito dell'export di materiali bellici «verso i Paesi del Medio Oriente, del Sud-Est asiatico e dell'Asia meridionale», scrive il diplomatico Alan Desmond Frederick Pemberton-Pigott (Western Department) in un promemoria inviato nell'agosto 1949 ai suoi colleghi del Foreign Office. Non c'è solo l'Egitto, dunque, nei disegni del Presidente del Consiglio. La strategia italiana punta ormai ai possedimenti dell'Impero britannico a est del Canale di Suez. E come se non bastasse, «quei traffici considerevoli» e «del tutto illeciti» sono appoggiati «attivamente» dal governo De Gasperi. Illeciti? All'Italia, spiega Pemberton-Pigott, «non è consentito l'export di armi» giacché ha il «divieto» di «fabbricarle o possederle», con l'eccezione di quelle destinate «alle sue forze armate», come stabilisce l'«articolo 53» del trattato di pace siglato a Parigi nel 1947. Roma

[12] Tna/Pro, Fo 371/73559.

tenta insomma di aggirarlo, ma il governo Attlee è seriamente intenzionato a imporne il rispetto eliminando «quei traffici», allo scopo di «tutelare i nostri esportatori di armi dalla concorrenza» italiana. Nell'eventualità, poi, che si riscontrino «congiunture speciali nella situazione internazionale» tali da «precludere alla Gran Bretagna» la possibilità di «esportare armi» in determinate aree del globo, Londra si attiverà per «impedire agli italiani di penetrare e conquistare quei mercati». Perché «una nazione amica» ha l'obbligo di astenersi dal fare «concorrenza sleale» al Regno Unito, commenta Pemberton-Pigott con assoluta ipocrisia. Il quale rammenta, tra l'altro, che nel 1948 l'Onu aveva chiesto al governo italiano di «impegnarsi a osservare il divieto» di inviare armi «ai Paesi coinvolti nella guerra in Palestina», il primo conflitto tra arabi e israeliani scoppiato subito dopo la proclamazione dello Stato ebraico. De Gasperi però, evidenzia con disappunto il diplomatico inglese, «non ha tenuto fede a quella promessa».[13]

Che fare, dunque, con questa «nazione amica» ma «sleale» e indisciplinata? L'allarme suscitato dalle iniziative italiane nelle aree d'interesse della Gran Bretagna è ormai al livello di guardia. Londra non può dunque limitarsi a esprimere la propria indignazione. Occorre reagire. Ma come? Con il pugno di ferro o con un *gentlemen's agreement*? Nell'establishment inglese si apre così il dibattito tra falchi e colombe. Ed è Sir Victor Mallet, l'ambasciatore di Porta Pia, ad auspicare la linea morbida. Nel marzo 1950 scrive a Ernest Bevin, il ministro degli Esteri, che almeno «in apparenza» il premier Attlee è riuscito «final-

[13] Tna/Pro, Fo 371/79437.

mente a convincere» De Gasperi in merito all'«insensatezza dei metodi» messi finora in campo dal suo governo in Libia, Eritrea e Somalia. «Metodi» che hanno a lungo causato «ansie considerevoli» nel Regno Unito. Questo è dunque il «momento giusto», suggerisce, per «valutare quali politiche dovrebbe adottare» Londra nei confronti delle «aspirazioni italiane nel Vicino e Medio Oriente». L'Italia, spiega Sir Mallet, «è una potenza cattolica fortemente e naturalmente interessata a tutto ciò che accade in Palestina», mentre è plausibile che il Medio Oriente sia «una delle ultime regioni del globo» a cui Roma guarda per svilupparvi «una qualche forma di espansione economica». Non è detto tra l'altro, evidenzia l'ambasciatore, che in quei territori ricchissimi di risorse naturali «le politiche italiane debbano necessariamente assumere una piega antibritannica» o in qualche modo «sgradevole» per Londra, al punto da provocare un vero e proprio «conflitto tra gli interessi italiani e quelli britannici». Invita pertanto Bevin a non esagerare: «Dobbiamo deciderci a concedere agli italiani un'occasione ragionevole [...] affinché possano riscattarsi mondialmente» dopo cinque anni di conflitto bellico, evitando in parallelo di «incoraggiare il complesso di inferiorità» di cui potrebbe soffrire «il governo De Gasperi». È «auspicabile» comunque, propone Sir Mallet, che il Regno Unito cerchi di «scoprire quali siano al momento» gli obiettivi italiani in Medio Oriente e «in che misura siano conciliabili con i nostri».[14]

Già, quali sono gli obiettivi del governo De Gasperi? In seguito al corposo report stilato dall'ambasciatore di Por-

[14] Tna/Pro, Fo 371/89649.

ta Pia – con l'invito pressante a moderare i toni e a trovare una soluzione «pacifica» ai dissidi italo-britannici –, cominciano a giungere a Londra decine di relazioni sulla penetrazione italiana in Medio Oriente compilate dalle ambasciate, dalle legazioni e dai consolati del Regno Unito presenti in quel fondamentale quadrante geopolitico. Quanto è grave il pericolo? Le informative illustrano nei dettagli il quadro generale. «L'Italia ha indubbiamente recuperato gran parte del terreno politico che aveva perso durante la guerra», scrivono da Beirut. Negli ultimi anni, poi, l'export italiano verso l'Iraq «è cresciuto in modo considerevole», al punto che gli scambi sono aumentati di ben sette volte, fanno sapere da Baghdad. La «crescita» dell'export italiano verso la Siria «è costante», confermano anche da Damasco. La presenza delle imprese della Penisola, spesso con posizioni di eccellenza, è segnalata in tutti i settori produttivi e in particolare per quanto concerne gli armamenti. La «minaccia» italiana è dunque ampia e profonda. Sembra insomma ben lungi dal voler arrestarsi. E giustifica le ansie londinesi. Non sono univoci, tuttavia, i punti di vista delle varie legazioni inglesi in Medio Oriente sulle azioni di contrasto da intraprendere contro De Gasperi. C'è chi la pensa come l'ambasciatore Victor Mallet e invita il premier Attlee a non seguire il metodo del muro contro muro. Si comprende la necessità di non agevolare gli interessi economici italiani, ma senza spingersi al punto da dichiararli «illegittimi». Al contrario, c'è chi segnala i gravi rischi che finirebbe per correre l'Impero britannico in assenza di risposte adeguate. Da Amman, non a caso, i diplomatici inglesi allertano che Roma sta inviando in Giordania «tecnici e consulenti» tra i «più qualificati». La «gratitudine» verso l'Italia «è cresciuta in modo considerevole» e, dunque, «nelle attuali circostanze» non è da escludere che possano infiltrarsi nel Paese arabo «elementi sovversivi sotto la copertura degli interessi commerciali» della Penisola. In buona sostanza, gli inglesi accusano De Gasperi di utilizzare le imprese italiane come un Cavallo di Troia per inviare in Medio Oriente un gran numero di spie, agit-prop, agenti segreti e istruttori militari. Sotto copertura e con la missione strategica di soffiare sul fuoco dei sentimenti antibritannici delle popolazioni locali.

Oltre alla Giordania, dunque, i Paesi più a rischio «nelle attuali circostanze» sono soprattutto la Persia e l'Egitto. Ed è proprio da Teheran e dal Cairo che arrivano a Londra le segnalazioni su come De Gasperi stia ormai superando la fatidica linea rossa. «Con discrezione ma in assoluta coscienza», scrivono i diplomatici inglesi dalla capitale iraniana, è «indubbio» che l'Italia tenta di «riacquistare la posizione che occupava in Persia» fino al 1940, l'anno della dichiarazione di guerra a Gran Bretagna e Francia pronunciata da Mussolini dal balcone di Piazza Venezia. Ed è altrettanto certo che tali «sforzi stanno avendo successo». È in aumento, non a caso, il numero dei «tecnici italiani» che operano in diverse aziende commerciali, sottolinea l'ambasciata inglese a Teheran. Ecco quindi che potrebbe ben presto rivelarsi necessario «opporre resistenza alla concorrenza economica italiana» in Persia, se «i legittimi interessi britannici» finissero per essere «minacciati» dalle politiche del governo De Gasperi in Medio Oriente.

Il tono è il medesimo in un rapporto spedito a Londra dall'ambasciata inglese al Cairo: «Il ripristino dell'influenza italiana in Egitto» è «l'effetto naturale del ritorno alla pace» dopo anni di conflitto bellico, leggiamo. Al punto che, nell'ambito «commerciale», gli «sforzi» messi in campo dagli italiani sono a dir poco «impressionanti». Le «esportazioni» italiane in Egitto sono infatti sestuplicate negli anni 1945-1949, in rapporto al periodo d'anteguerra. La «concorrenza italiana» è ormai «fortissima». E quel che è peggio, stando ai diplomatici del Regno Unito, è che i «prezzi» stabiliti dalle aziende italiane «per un gran numero di merci» sono «più bassi» di quelli fissati «dalle imprese britanniche». Quei «prezzi competitivi» costituiscono dunque una «minaccia» con cui il Regno Unito deve decidersi a «fare i conti». Tanto più che la «comunità italiana» è ormai diventata «una delle più numerose e importanti» tra le collettività straniere che risiedono in Egitto. Per Londra, in sintesi, la presenza italiana in Medio Oriente si sta trasformando in una vera e propria ossessione.[15]

[15] *Ibidem.*

«Un disastro se dovesse capitare qualcosa a De Gasperi»

Quando torna al numero 10 di Downing Street alla fine di ottobre del 1951, Churchill deve dunque affrettarsi a puntellare l'egemonia inglese in Medio Oriente. E ad affrontare l'*affaire* De Gasperi, quel fastidioso granello di sabbia che si è infilato nel complesso ingranaggio di un Impero britannico ormai in declino. La crisi nei due Stati chiave dell'area, Egitto e Iran, esplode tra il 1951 e il 1952. A Teheran, il nuovo primo ministro, il nazionalista laico Mohammed Mossadeq, crea la National Iranian Oil Company (Nioc) e ordina l'espulsione dei tecnici inglesi della raffineria di Abadan. Per tutta risposta, il premier laburista britannico Clement Attlee decide di congelare i capitali iraniani depositati nelle banche inglesi. Al contempo, rafforza la presenza della Royal Navy nel Golfo Persico, attua il blocco navale al fine di impedire l'esportazione del petrolio iraniano (Attlee lo considera «proprietà rubata» al Regno Unito) e dispone l'embargo commerciale contro Teheran. Mossadeq rompe quindi le relazioni diplomatiche con Londra. Il vento persiano soffia impetuoso anche al Cairo, dove Muhammad Nagib e Gamal Abdel Nasser – esponenti del movimento dei "Liberi ufficiali" delle forze armate che mirano a eliminare una volta per tutte l'ingerenza britannica in Egitto – depongono con un colpo di

Stato il monarca Farouk e annunciano che tra i loro propositi vi è la nazionalizzazione del Canale di Suez.

A Londra si aspettano la solidarietà degli alleati europei. Ma De Gasperi la pensa diversamente e nell'ottobre 1951 pronuncia al Senato un discorso che per gli inglesi equivale a una pugnalata alla schiena. L'ambasciatore Victor Mallet ne annota i passaggi più delicati e li trasmette al Foreign Office. Il Presidente del Consiglio, riferisce Porta Pia, ha affermato a chiare lettere che l'Italia ha una lunga tradizione di «amicizia e di rapporti culturali, politici e commerciali con tutti i Paesi mediorientali». Roma segue gli eventi con «grande attenzione», badando specialmente agli «interessi italiani», e non può quindi esimersi dal «simpatizzare con i popoli del Medio Oriente che lottano per migliorare il loro tenore di vita».[1]

La reazione britannica è immediata. Il viceministro degli Esteri, William Strang, convoca l'ambasciatore italiano a Londra, Tommaso Gallarati Scotti. Il clima è teso, al limite dell'incidente diplomatico. Strang afferma che il discorso di De Gasperi «è stato accolto con sfavore» a Whitehall. L'«impressione» è stata addirittura «deplorevole». «Non si comprende», insomma, perché «un membro della Nato» abbia scelto di assumere «una linea ostile» al Regno Unito. La «conclusione» logica è che De Gasperi «stia tornando ai cattivi metodi di un tempo», sbotta il diplomatico al colmo dell'indignazione, alludendo all'entrata in guerra dell'Italia fascista contro Londra e Parigi nel giugno 1940. L'«attitudine ostile o freddamente neutrale» espressa da De Gasperi «sulla questione mediorientale», conclude

[1] Tna/Pro, Fo 371/96235.

Strang, finirà certamente per «minare alla radice le relazioni anglo-italiane». Per evidenziare quanto la situazione sia a rischio, Anthony Eden (appena tornato a dirigere la politica estera della Gran Bretagna) invia a Roma un resoconto di quella conversazione, rivelando a Sir Mallet di sentirsi «alquanto turbato» dalla piega che sta assumendo il caso De Gasperi.[2]

E a essere in ansia è soprattutto l'ambasciatore di Porta Pia, la "colomba" dell'establishment britannico. Al punto da precipitarsi a rendere visita al conte Carlo Sforza, l'ex ministro degli Esteri ormai ottantenne e costretto a letto da una flebite. Sir Mallet va a trovarlo nella sua dimora per cercare di capire chi sia veramente Alcide De Gasperi. Per gli inglesi è ancora un essere misterioso, sfuggente e difficilmente incasellabile nella galleria dei politici del Belpaese a cui sono abituati sin dai tempi del Risorgimento. In effetti, qual è il "tasso di italianità" di questo leader cattolico suddito degli Asburgo d'Austria e poi formatosi all'ombra del cupolone di San Pietro? Fino a che punto, insomma, è disposto a rischiare la propria carriera per difendere gli interessi vitali della giovane Repubblica? Il Presidente del Consiglio, spiega Sforza con il tono dell'anziano e saggio maestro che si rivolge all'allievo inesperto, è «molto diverso dalla maggior parte dei suoi ministri» cattolici, poiché costoro sono stati allevati da «genitori e nonni» che in passato guardavano al Papa come al «monarca» dello Stato pontificio. Il «retroterra» di De Gasperi è invece «molto diverso». I suoi familiari erano «italiani» che vivevano sì «nell'impero austro-ungarico», ma proprio

[2] *Ibidem*.

per questo avevano «idealizzato» la Penisola. Erano dei «buoni cattolici», insomma, ma la «loro italianità è sempre stata più forte del loro cattolicesimo». Non sappiamo come l'ambasciatore britannico replichi alle parole del vecchio combattente antifascista. Ma nel rapporto inviato al Foreign Office, Sir Mallet scrive che, prima di congedarlo, Sforza ha descritto «in termini eccelsi» la figura di De Gasperi «sia come leader politico sia come uomo», arrivando a dire che sarebbe «un disastro se dovesse capitargli qualcosa». Perché «in verità non esistono altri leader democristiani del suo calibro».[3]

Se la conversazione con Sforza doveva servire all'ambasciatore per convincere Churchill ad abbassare i toni dell'aspra disputa anglo-italiana, la sua missione di pace non ha certo ottenuto gli effetti sperati. Nei circoli oltranzisti della capitale britannica, De Gasperi continua a suscitare un disprezzo che rasenta la sfera personale. «Non ho ricevuto un'impressione felicissima» dal «contegno» tenuto dallo statista trentino verso il Regno Unito e in generale verso gli «affari internazionali», annota Pearson J. Dixon, il viceministro vicario del Foreign Office per gli Affari politici, subito dopo un vertice dell'Alleanza atlantica a Roma. Perché nei summit internazionali, afferma stizzito, gli italiani cercano sempre di trarre «qualche vantaggio per sé stessi». E il Presidente del Consiglio non sfugge a questa regola. Il suo comportamento «è stato realmente deprecabile», insiste Dixon con livore. Al punto che, durante una cena con Eden, non ha fatto altro che «difendere per tutta la sera gli interessi dell'Italia» su temi «scottanti» come

[3] Tna/Pro, Fo 371/96226.

la «questione di Trieste» e l'«ingresso» del Paese «nell'organizzazione delle Nazioni Unite».[4] In realtà, per De Gasperi risulta intollerabile il doppio registro che caratterizza il comportamento britannico verso l'Italia. Da un lato, Londra pretende che l'Italia si comporti da nazione amica e alleata in merito alle questioni mediorientali. Dall'altro, però, quando entrano in gioco gli interessi fondamentali della Repubblica, gli inglesi reputano del tutto naturale sostenere le rivendicazioni della Jugoslavia comunista sul confine orientale o porre il veto all'ingresso dell'Italia nei principali organismi internazionali creati dopo il 1945. Comunque vada, è poco ma sicuro che la reazione inglese non tarderà a farsi sentire. Sono oltremodo impertinenti, infatti, il dinamismo e la sagacia che il leader democristiano si ostina a mettere in campo per difendere gli interessi nazionali italiani. E Londra è pur sempre il centro nevralgico di un grande impero, anche se in crisi irreversibile. Vista dall'Inghilterra, quindi, Roma altro non è che la capitale di una provincia piccola e riottosa. Ecco perché George Peregrine Young, il responsabile del Western Department al Foreign Office, annuncia perentorio nell'autunno del 1951 che De Gasperi non è affatto in grado di «mandare seriamente all'aria i nostri piani». E «per quanto concerne l'Egitto», minaccia il diplomatico da Londra, il Presidente del Consiglio «la pianterà» una volta per tutte di ricorrere al «fattore sgarbo» non appena il Regno Unito si deciderà finalmente ad affrontarlo nella veste che gli è più consona, ovvero quella di «potenza mediterranea».[5]

[4] Tna/Pro, Fo 371/96245.
[5] *Ibidem.*

Nell'autunno del 1951, dunque, Winston Churchill torna finalmente a muovere le leve del potere, dopo sei anni di assenza dal numero 10 di Downing Street. Ora però deve affrettarsi a completare la riforma dei Servizi segreti attivi nei cinque continenti, uno strumento indispensabile al rilancio delle nuove strategie imperiali. È un progetto ambizioso che ha avviato lui stesso nel 1944, affidando ai suoi uomini di fiducia l'arduo compito di riordinare lo Special Operations Executive in vista della fine imminente del conflitto mondiale. Il Soe è una sua creatura, ideata nell'estate del 1940 per «appiccare il fuoco all'Europa» occupata dalle armate hitleriane. Ne è sempre andato fiero, e a ragione, visti i risultati straordinari ottenuti sul campo in cinque anni di guerra. Ma adesso occorre ripensarlo per il tempo di pace. A partire dal 1945, benché i laburisti fossero al potere, gli uomini di Churchill sono riusciti nell'impresa di ridefinirne obiettivi e modalità operative. Così, il nuovo Soe è già in piena attività quando Sir Winston torna a ricoprire l'incarico di premier della Gran Bretagna. Ma è un'entità che mostra ancora delle carenze. Dovrà quindi essere integrata da un apparato d'intelligence più sofisticato e adatto ai nuovi obiettivi imperiali, che sono la guerra politico-economica in tempo di pace per la difesa degli interessi globali del Regno Unito. Una guerra clandestina da combattere contro i nemici dichiarati, primi fra tutti i regimi comunisti europei e asiatici nonché i movimenti nazionalisti e anticoloniali. Ma anche contro gli Stati alleati o le singole personalità nei Paesi amici che risultano inaffidabili e sleali agli occhi di Londra. E in cima a quest'ultima lista, manco a dirlo, c'è l'Italia degasperiana. I nuovi manuali operativi prevedono una tipologia di «operazioni speciali» in crescendo, a seconda della gravità della minaccia. Si va dallo strumento della «corruzione», da utilizzare al livello più basso di pericolosità, sino al «sabotaggio» contro le cose e l'eliminazione fisica dei singoli individui, a cui ricorrere in situazioni di massima allerta. E poi c'è la "macchina del fango", da scatenare contro il bersaglio prescelto una volta falliti i tentativi più blandi e prima di ricorrere all'omicidio politico. Va da sé che «in tempo di pace, le operazioni speciali di natura violenta o eversiva non devono essere identificabili». Per nessun motivo, insomma, il governo britannico «dev'essere implicato». Le azioni occulte servono in pratica a «screditare i pubblici ufficiali e i cittadini riluttanti» ad assecondare gli interessi britannici. Ma come? Nei manuali operativi è previsto l'uso massiccio di dossier compilati mescolando notizie autentiche e fake news create ad arte, da diffondere «pubblicamente» utilizzando soprattutto la stampa anglofila. Oppure «in via privata», fomentando cioè ricatti e maldicenze di ogni genere contro la vittima designata.[6]

La macchina del fango e tutte le altre «operazioni sporche», tuttavia, sono destinate all'insuccesso se non si amalgamano con la propaganda, un'arma letale che Churchill si appresta a scatenare anche contro l'Italia. Uno strumento indispensabile in questa guerra occulta per la sopravvivenza dell'Impero e della Corona dei Windsor. Non basta infatti disinnescare una minaccia proveniente dall'interno di un determinato Paese straniero. Occorre soprattutto spingere l'attività di quel governo verso una direzione fa-

[6] M. J. Cereghino e G. Fasanella, *Le menti del doppio Stato*, cit.

vorevole agli interessi britannici di lungo periodo. È uno sforzo gigantesco, dal momento che i nuovi 007 al servizio di Sua Maestà devono ora operare su scala globale e a tutto campo. L'apparato da allestire deve quindi essere all'altezza di una missione al limite dell'impossibile.

Nell'estate del 1952 Churchill approva la proposta di Eden di istituire una Commissione d'inchiesta indipendente sui servizi d'informazione destinati all'estero. I lavori iniziano in autunno. Ha il compito di effettuare un'attenta ricognizione e proporre le misure necessarie per aumentarne l'efficienza. La compongono otto personalità di cui l'anziano premier si fida ciecamente. Oltre al legame personale con Sir Winston, hanno in comune altre peculiarità. A cominciare da una solida esperienza operativa negli ambienti dell'intelligence e da un rapporto stretto con il mondo della comunicazione di massa, con quello economico-finanziario e con le compagnie petrolifere più importanti del Regno Unito. I loro profili professionali, insomma, dicono molto sugli obiettivi strategici che il premier intende raggiungere. Costi quel che costi.

La «Commissione Drogheda» prende il nome dal capofila del gruppo degli otto, Henry Charles Ponsonby Moore, decimo Lord Drogheda. Tra il 1942 e il 1945 è stato il responsabile del ministero della Guerra economica. Dal suo ufficio, da cui dipendeva anche il Soe, ha diretto molte delle operazioni per minare l'economia della Germania nazista tramite lo spionaggio, i sabotaggi e i bombardamenti mirati. Ora presiede il Cinematograph Film Council, l'ente per la promozione del cinema britannico nel mondo. Il figlio Charles Garrett, studi a Eton e al Trinity College di Cambridge ed ex capitano di artiglieria durante la guerra, è «managing director» del prestigioso quotidiano «Financial Times». Nei decenni successivi dirigerà inoltre le holding «Economist Newspapers Ltd» e «Times Newspapers Ltd».

Gli altri membri della commissione dei "magnifici otto" sono lo scrittore ed ex capitano dell'esercito Gervas Huxley, l'uomo che nel 1939 ha contribuito a creare il ministero dell'Informazione; Donald McLachlan, ex agente della Naval Intelligence Division (Nid) e celebre reporter del «Times», dell'«Economist» e del «Daily Telegraph»; la scrittrice e conduttrice radiofonica Mary Stocks; James W. Platt, il direttore della Royal Dutch Shell; Vic Feather, il vicesegretario dei sindacati britannici (Trade Union Congress). Un famoso appartenente alla commissione è il giornalista e scrittore Robert Bruce Lockhart. Lo troviamo in Russia tra il 1912 e il 1918 nel ruolo di diplomatico del Foreign Office e soprattutto in quello di agente del Secret Intelligence Service (Sis). Durante il Secondo conflitto mondiale è il responsabile del Political Warfare Executive (Pwe) e dopo il 1945 collabora con vari giornali e con la Bbc, oltre a dirigere il quotidiano «Evening Standard».

Da citare infine Sir James Laurence Heyworth e soprattutto la potente multinazionale anglo-olandese da lui diretta, la Unilever. Grazie alla sua tentacolare presenza in ogni angolo del globo nei settori dell'alimentazione, delle bevande, dei prodotti per l'igiene e in generale dei beni di largo consumo, è una vera e propria istituzione imperiale sin dall'Ottocento. Braccio economico dell'espansione coloniale britannica, è la punta di un iceberg costituito da interessi bancari, petroliferi, minerari, compagnie di assicurazioni e agenzie di informazione che, a partire dall'era vittoriana, si sono via via consolidati intorno all'establishment e a Buckingham Palace. La Unilever giocherà un ruolo importante nella fase finale della vicenda De Gasperi-Guareschi, quando entrerà in azione un importante collaboratore di Sir Heyworth: Arthur Desmond Bonham Carter, il capo della divisione «Human Resources» della multinazionale. Lo ritroveremo nell'*affaire* delle false lettere attribuite a De Gasperi dal settimanale «Candido».[7]

Nel luglio 1953, dopo quasi un anno di analisi, ricerche e discussioni, la Commissione Drogheda consegna a Churchill una relazione Top Secret di un centinaio di pagine. Con l'approvazione del premier, le proposte dei "magnifici otto" entrano quindi a pieno titolo nei manuali dell'intelligence britannica. Finora, scrive il rapporto, le strategie dell'Impero sono state supportate dalle attività messe in campo dalle legazioni diplomatiche del Regno Unito sparse nei cinque continenti, allo scopo di promuovere all'estero l'immagine della Corona dei Windsor. In passato, insomma, ai diplomatici inglesi «bastava occuparsi del ristretto mondo dei funzionari [stranieri] con i quali intrattenevano relazioni personali». Tuttavia, quelle attività «antiche quanto la diplomazia stessa» non sono più sufficienti. Perché «la novità sta ora nella propaganda e nella contro propaganda» e nella «necessità di allargare l'orizzonte» con gli strumenti della «comunicazione di massa». Sono «metodi», dunque, «che possono essere utilizzati da un governo allo scopo di influenzare la pubblica opinione di altri Paesi, in funzione della propria politica estera». Tra

[7] Tna/Pro, Prem 11/691. Cfr. anche M. J. Cereghino e G. Fasanella, *Colonia Italia*, cit.

le due guerre mondiali, prosegue il documento, «le potenze totalitarie hanno enormemente sviluppato la propaganda. Nel corso dei due conflitti, poi, tutti i belligeranti ne hanno fatto uso su vasta scala». Ora, però, «il governo britannico riconosce che la propaganda destinata all'estero è necessaria anche in tempo di pace» per raggiungere una «serie di obiettivi tra loro connessi». Eccoli: «Sostenere la politica estera del Regno Unito. Difendere e rafforzare il Commonwealth e l'Impero britannico. Promuovere gli scambi commerciali e proteggere gli investimenti della Gran Bretagna nel mondo».

Stabilita la cornice strategica, il rapporto Drogheda passa dunque alle modalità operative dei servizi d'informazione e delle loro reti d'influenza. Devono costituire un tutt'uno con gli apparati diplomatici e «la loro missione dev'essere estesa al punto di inglobare un campione delle personalità più importanti di una comunità», ossia quelle in grado di «plasmare la pubblica opinione e orientare le politiche» di un Paese. Il condizionamento delle strategie di uno Stato straniero passa insomma attraverso il controllo delle sue élite, ovvero delle «poche personalità influenti» tramite le quali «raggiungere i più». È l'«iniziativa privata» di giornali, agenzie di stampa, case di produzione cinematografica, imprese commerciali e centri culturali a costituire la fonte primaria delle informazioni da trasmettere all'estero per promuovere una determinata immagine dell'Impero. Perché «gli stranieri giudicano il Regno Unito» in primo luogo attraverso le «impressioni che ricavano» dalle imprese private. Ma a queste devono essere abbinate le reti occulte governative, affinché siano sempre in grado di indicare la «posizione ufficiale» della

Corona. «È facile sovrastimare o sottovalutare le potenzialità della propaganda», avverte il rapporto, ed «è plausibile che nel corso degli eventi i suoi effetti siano poco più che marginali». Anche se «in talune circostanze può essere decisiva, in grado cioè di decretare successi o fallimenti». Affinché la propaganda riesca nei suoi intenti, insomma, «occorre innanzitutto definire in modo chiaro l'obiettivo da raggiungere in un determinato Paese». Quindi, «selezionare i gruppi di persone che si desidera influenzare». E infine, «dopo un'attenta analisi della situazione locale, mettere in campo i metodi in grado di condizionare un genere peculiare di pubblico». In altre parole: «Se la propaganda vuole essere efficace, dev'essere iniettata nel sistema circolatorio di un Paese con la massima discrezione».[8]

La propaganda occulta e la macchina del fango sono dunque le armi letali che il nuovo Soe sta accumulando nei suoi arsenali. Nel frattempo, le reti d'influenza si stanno ricomponendo intorno alle ambasciate e ai consolati. L'opera di riorganizzazione è già molto avanti a Roma. Dal 1947 c'è un nuovo ambasciatore a Porta Pia, Sir Victor Mallet. Il suo predecessore, Noel Charles, non è stato tuttavia richiamato in patria. È rimasto nella Capitale in una posizione più defilata, lo abbiamo visto nei capitoli precedenti, per dedicarsi unicamente alla promozione del cinema inglese. D'altra parte, quando a Londra già si ventilava il «ritiro completo» dello Special Operations Executive dalla Penisola, era stato proprio Sir Charles a richiamare l'attenzione di Downing Street sulla necessità di mantenere in attività la rete del Soe, ridandole nuova vita per il

[8] *Ibidem.*

tempo di pace. Tant'è che pressioni in tal senso erano state esercitate anche dal ministro per la Guerra economica, Lord Selborne. Nel 1945 aveva scritto a Churchill e a Eden allertandoli sul fatto che, in vista dei conflitti futuri da combattere con metodi non ortodossi, le operazioni speciali dovevano assumere «un carattere decisamente clandestino» con l'obiettivo di «neutralizzare gli elementi ostili» all'Impero britannico.[9] Nell'immediato dopoguerra, dunque, era stato richiamato in servizio un gran numero di elementi italiani che aveva lavorato per l'intelligence inglese tra il 1940 e il 1945. Agenti operativi che avevano già dato prova della loro efficienza ed erano perciò abilitati a «sostenere la causa britannica» anche «nella fase postbellica».[10]

Occorre ora accendere i riflettori su un altro personaggio fondamentale in questa storia, il giovane conte piemontese Edgardo Pietro Andrea Sogno Rata del Vallino di Ponzone, l'ex capo partigiano di idee liberali e anticomuniste su cui Londra decide di investire nel dopoguerra per riconfigurare la sezione italiana del nuovo Soe. Decorato con la medaglia d'oro al valor militare per le azioni leggendarie dei suoi commandos, guidava l'«Organizzazione Franchi», la brigata "bianca" che rispondeva agli ordini degli 007 di Sua Maestà negli anni della Resistenza. Nell'autunno del 1943 Sogno era già in contatto con il colonnello Cecil L. Roseberry a Berna – sede della centrale Soe in Svizzera –, mentre da Londra era Kim Philby a dirigere le attività del

[9] Tna/Pro, Cab 80/94; Cab 80/98; Fo 1093/198. Cfr. anche M. J. Cereghino e G. Fasanella, *Le menti del doppio Stato*, cit.
[10] Tna/Pro, Hs 6/804, Reel Hs 6/803-805 (microfilm), Drawer 50. Cfr. anche M. J. Cereghino e G. Fasanella, *Le menti del doppio Stato*, cit.

comandante della «Franchi». A partire dal 1944, dunque, Philby ed Angleton (il responsabile del controspionaggio alleato a Roma) affidano a Sogno e ai suoi uomini due operazioni molto speciali. Una mira a infiltrare le brigate partigiane comuniste per indurle a commettere azioni efferate, portandole in tal modo all'autoannientamento. Secondo i princìpi della "guerra sporca" elaborati dal maggiore Scicluna: «Forzare» lo scoppio dell'«insurrezione comunista» per legittimare la repressione violenta per mano degli Alleati. L'altra missione, più complessa anche per le sue implicazioni di natura morale, consiste nel riciclare negli apparati dell'intelligence britannica gli elementi compromessi con il Ventennio e la Repubblica Sociale Italiana (Rsi). Un piano concepito in vista delle sfide che il nuovo Soe si troverà ad affrontare a breve. Sono migliaia gli agenti segreti, i funzionari pubblici, i militari, gli artisti, gli intellettuali, i giornalisti, i docenti universitari e i politici ai quali viene donata una nuova verginità. E a molti di loro anche un passato (mai esistito) di partigiani e antifascisti, affinché siano pronti a servire sotto altre bandiere. Nell'ambito di questa articolata operazione di ripulitura e riciclaggio, l'acquisizione dell'intero archivio dell'Ovra (la polizia segreta del regime mussoliniano) produrrà effetti nefasti sul lungo periodo. Perché l'enorme quantità di fascicoli raccolti durante il Ventennio finirà per alimentare il dossieraggio e la macchina del fango nel dopoguerra e nei decenni successivi.[11]

[11] In merito ai ruoli giocati dall'«Organizzazione Franchi» di Edgardo Sogno nelle operazioni del Soe e da James Jesus Angleton (Oss e Ssu) sui fronti delle formazioni paramilitari neofasciste e dell'insurrezionalismo comunista negli anni 1944-1948, cfr. i seguenti volumi di Mario José Ce-

Nel giugno 1945, due mesi dopo la fine della guerra in Italia, Sogno torna nella sede del Soe a Berna. Vuole mettere a punto un progetto a cui tiene moltissimo: l'acquisizione del «Corriere Lombardo», la testata giornalistica appena nata con la benedizione del Psychological Warfare Branch (Pwb), l'ufficio per la propaganda e la guerra psicologica dei Servizi alleati durante il conflitto. Al suo vecchio amico, il colonnello britannico Roseberry, l'ex capo della «Franchi» chiede di intervenire presso la centrale londinese dello Special Operations Executive per ricevere i fondi necessari. «È un giovane brillante, democratico e molto amico nostro» e potrebbe quindi «giocare un ruolo nell'Italia futura. [...] Abbiamo maledettamente bisogno di gente così in Italia», scrive il colonnello al Political Information Department affinché dia luce verde alle richieste dell'ex comandante partigiano. E aggiunge: «Sarebbe un peccato se a questi giovani di idee liberali non fosse offerta questa occasione», giacché «sono molto legati» al Regno Unito. L'ambasciata di Porta Pia è d'accordo: «Lo zelo e l'energia» di Sogno, se opportunamente sfruttati, «potrebbero spronare la gioventù idealista dell'Italia setten-

reghino e Giovanni Fasanella, basati principalmente su documentazione proveniente dai National Archives di Kew Gardens (Tna/Pro, Regno Unito di Gran Bretagna): *Il golpe inglese*, cit.; *Colonia Italia*, cit.; *Le menti del doppio Stato*, cit. Sul tema, cfr. anche Mario José Cereghino e Giovanni Fasanella, con Rosario Priore, *Il libro nero della Repubblica italiana. La guerra clandestina e la strategia della tensione dalla fine del fascismo all'omicidio di Aldo Moro*, Chiarelettere, Milano 2021; Giovanni Fasanella e Sabina Rossa, *Guido Rossa, mio padre*, Rizzoli, Milano 2006; Giovanni Fasanella, *Il puzzle Moro. Da testimonianze e documenti inglesi e americani desecretati, la verità sull'assassinio del leader Dc*, Chiarelettere, Milano 2018.

trionale ad abbracciare la causa liberale».[12] L'ex capo della «Franchi» ottiene quindi la tanto agognata sovvenzione grazie a una generosa colletta realizzata tra le famiglie industriali più influenti del Nord. I Rizzoli, gli Agnelli, Giorgio Valerio della Edison e molti altri. Con quei soldi e la benedizione del Soe, il «Corriere Lombardo» di Sogno riesce così a mettere insieme uno stuolo di ottimi giornalisti. Grandi firme, innanzitutto. Altri invece destinati a carriere folgoranti. Altri ancora di dichiarata fede antifascista o provenienti dalla stampa e dagli apparati propagandistici del Ventennio. Mezzo secolo dopo, ecco cosa rivelerà il conte piemontese al giornalista Aldo Cazzullo in un libro intervista uscito postumo: «Fui l'unico ad accogliere senza riserve i giornalisti che avevano collaborato con la Repubblica sociale. [...] Io gli offrivo un posto senza chiedere abiure».[13] Fra le brillanti penne di Salò riciclate dal «Corriere Lombardo» c'è anche quella di Alessandro Minardi, un reporter emiliano molto amico dello scrittore Giovannino Guareschi. Per un breve periodo cura l'edizione mattutina del quotidiano di Sogno, per passare poi al «Candido», il settimanale diretto proprio dal celebre inventore di personaggi immortali come Peppone e Don Camillo. È lì che Minardi lavorerà negli anni successivi come caporedattore.

Conclusa l'esperienza al «Corriere Lombardo», Sogno fonda nei primi anni Cinquanta un ambiguo movimento battezzato Pace e Libertà. Lo finanziano alcuni gruppi industriali del Nord. A cominciare dalla Fiat, dove nel frat-

12 Tna/Pro, Fo 371/49848.

13 E. Sogno e A. Cazzullo, *Testamento di un anticomunista*, cit.

tempo è arrivato l'ex maggiore del Soe Edward Scicluna nel ruolo di "responsabile della sicurezza" nell'azienda torinese. Anche Pace e Libertà pullula di elementi ripescati dalla nomenclatura del vecchio regime. Tutti specializzati nella macchina del fango. Nelle grandi fabbriche e sui muri delle città dell'Italia settentrionale, non a caso, cominciano a spuntare volantini e manifesti apocrifi con accuse infamanti nei confronti di vari esponenti comunisti e democristiani. La fonte di quelle notizie – raramente autentiche, il più delle volte verosimili se non addirittura inventate di sana pianta – è la miniera delle maldicenze rappresentata dalle veline dell'ex Ovra. Una miniera che si trova adesso nelle mani dei propagandisti occulti dei Servizi segreti del Regno Unito.

Ecco. È questo il clima che si respira in Italia quando è in incubazione l'atto finale della guerra segreta scatenata da Churchill contro De Gasperi. E il contesto, ancora una volta, è l'ennesima crisi mediorientale.

Andreotti: «I Lords del Mare non ammettono che si possa essere scottati dall'Italia»

Anche i sismografi degasperiani rilevano la criticità estrema delle scosse nei rapporti tra Roma e Londra. Il quadro della situazione, ormai ben oltre i livelli di guardia, emerge chiaramente da un «appunto» di due pagine stilato dal trentenne Giulio Andreotti, il sottosegretario alla Presidenza del Consiglio. Si tratta di un promemoria dattiloscritto – porta la data del 20 novembre 1949 – che viene affidato a una personalità in procinto di recarsi in Gran Bretagna. Non se ne conosce il nome, ma è plausibile che si tratti di un diplomatico che gode dell'assoluta fiducia del governo, inviato nella capitale britannica per assolvere a una missione certamente delicata: convincere i circoli "amici" a intervenire presso Downing Street affinché tenga conto della legittimità degli interessi italiani nel Mediterraneo e in Medio Oriente.

È un momento difficile in un contesto di per sé già complicato. Pochi mesi prima, in aprile, l'Italia ha partecipato alla creazione della Nato a Washington in qualità di membro fondatore, assieme ad altre undici nazioni. Uno smacco per gli inglesi, che si erano sempre opposti all'ingresso della Penisola nell'Alleanza atlantica con uno status di pari dignità. E ora – con la doppia protezione speciale che gli garantiscono il Patto e il presidente americano Truman –

De Gasperi sente di poter affermare più agevolmente gli interessi italiani, proponendosi addirittura come un «ponte» tra l'Occidente e il mondo arabo. Un ruolo per il quale l'Italia si sente storicamente votata. Che Londra però non le vuole riconoscere, giudicandolo troppo ambizioso e velleitario per un Paese uscito sconfitto dalla guerra. Soprattutto perché potrebbe rivelarsi alquanto rischioso per il futuro già traballante dell'Impero britannico. Il Regno Unito fa dunque di tutto per sbarrare al Presidente del Consiglio l'accesso ai vertici della comunità internazionale. Senza riuscirvi, tuttavia. La vendetta inglese non si fa attendere. I socialdemocratici italiani ritirano i loro ministri ai primi di novembre del 1949, mettendo così in crisi il quinto governo De Gasperi. Una decisione bizzarra, dal momento che il loro leader Giuseppe Saragat è uno strenuo atlantista, assai più di tanti esponenti della stessa Dc. Ma Andreotti non ha dubbi: dietro la crisi politica italiana c'è la mano di Downing Street e degli apparati della propaganda occulta della Gran Bretagna. Proprio così, il sottosegretario alla Presidenza del Consiglio punta l'indice contro l'Information Research Department (Ird), creato a Londra appena un anno prima. Con durezza inusitata, accusa quindi il Regno Unito di tenere un contegno arrogante verso le strategie politiche di De Gasperi.

Ecco come Andreotti esordisce nel suo «appunto»:

Il dissidio italo-britannico, che dura con crescendo quasi costante da oltre un anno, è la risultante del risentimento inglese contro l'Italia per la guerra fascista, della perdita dell'egemonia [dell'Impero britannico] in quasi tutti i settori, di considerazioni di strategia navale e imperiale (scien-

za complicatissima), di politica di partito [il Labour] e degli impegni inerenti al Commonwealth.

E aggiunge, sarcastico:

Infatti, l'Italia non sembra aver scontato le sue offese contro l'impero inglese; la perdita dell'India, di Singapore e dell'Egitto deve essere compensata da Tobruk, dalla Cirenaica, dalle rive del Mar Rosso ed in generale da una massima sicurezza nel Mediterraneo; i Lords del Mare non ammettono che si possa essere scottati una seconda volta in questo settore e da noi; economicamente, il Commonwealth sembra per ora più importante dell'Europa; ed infine i Laburisti non amano la Democrazia Cristiana e si direbbe quasi che cominciano ad invidiarne i successi.

Elenca poi gli sgarbi che De Gasperi continua a subire da parte inglese:

I torti da noi subiti sono: Patto Atlantico, Oece [Organizzazione Europea per la Cooperazione Economica], Unione Europea, Colonie [Libia, Eritrea e Somalia]. Ma gli inglesi, sentendoseli addebitare [i torti subiti dagli italiani], hanno sempre da opporre delle ragioni ottime e convincenti. Discutendo con loro, si ha l'impressione che essi siano solidamente convinti di aver ragione; ma, considerando i motivi addotti, si è colpiti dalla poca comprensione e dalla assenza di immaginazione in gente storicamente e geograficamente così vicina [all'Italia]. E si conclude spesso che sono ipocriti. In generale, diffidano ancora di noi; né capiscono né conoscono l'Italia.

Andreotti prosegue così:

Con alcune eccezioni che vanno ora aumentando di numero, gli inglesi sono convinti che siamo noi ad essere in difetto. Difficilmente ammetteranno i propri torti quando questi si riferiscano a quanto in loro non desiderano confessare: interessi imperiali (egoismo) e ostilità preconcetta (faziosità). Ad esempio, non confesseranno le esigenze strategico-navali [dell'Impero britannico]; non ammetteranno mai di avercela con noi per lo storico pregiudizio anti-cattolico o per l'attuale sentimento anti-democristiano; potranno a malapena riconoscere che non vogliono l'Europa [unita] perché preferiscono il Commonwealth. Diranno invece che l'Italia ha scelto l'Inghilterra come capro espiatorio per tutti i mali che ci affliggono; che dimentichiamo di essere nazione vinta; che l'Inghilterra agisce con logicità ma con sincerità, a differenza di altri [gli Stati Uniti d'America] che sono più sentimentali ma meno sinceri; e che – questo soprattutto – la nostra stampa strilla, nel peggior tono di un tempo, l'antifona fascista, rivangando tutti i motivi della propaganda ventennale anti-fascista [in realtà, fascista]. In particolare, se la prendono con gli articoli degli Zingarelli e dei Santi Savarino, specie quelli in cui si toccano gli interessi imperiali [britannici]; gravissima per loro [per gli inglesi] è stata la richiesta di restituzione (da parte di Savarino e non si sa, per il vero, con quanta opportunità) di Hong Kong ai cinesi (quali?).

L'articolo di Italo Zingarelli s'intitola *Compagni di tutto il mondo* ed esce sul quotidiano «Il Tempo» il 18 dicembre 1948, mentre «Il Giornale d'Italia» pubblica *Restituire Hong Kong* il 19 ottobre 1949, a firma Santi Savarino.

Il sottosegretario di De Gasperi mette a questo punto a fuoco il ruolo ambiguo giocato dai laburisti:

Importante oggi è la propaganda laburista che direttamente o indirettamente si rivolge contro di noi [italiani]. Sul piano di governo [l'esecutivo britannico guidato dal laburista Clement Attlee], nei punti concreti già noti; sul piano di partito [il Labour], con la propaganda non certo in buona fede in tema di riforma agraria, delle condizioni sociali dei meridionali, del governo [De Gasperi] servo del Vaticano, tutti insuccessi di una politica reazionaria [italiana] non dirigista. A questa azione dei laburisti si oppone quella dei cattolici [inglesi], in ispecie conservatori, in generale molto più obiettiva e comprensiva [di quella promossa dai laburisti inglesi]. Esponente conservatore molto amico [dell'Italia] è [Harold] Macmillan: se lo incontri [a Londra], tieni presente che è sempre stato molto affezionato all'Italia e che ha preso apertamente partito per De Gasperi.

Ed ecco l'affondo sulla propaganda occulta:

Altro elemento importante di questi giorni è l'azione di corridoio contro Saragat, sia pure smentita dalle sfere ufficiali laburiste, ma fatto assai concreto. Istigatore di questa [azione di corridoio] è [Denis] Healey; motivo, oltre all'ostilità [del governo laburista Attlee] contro la collaborazione democristiana, è la supposizione che Saragat rappresenti interessi americani in Italia; giuoca forse anche il rancore per essere Saragat sostenitore del Patto Atlantico, eccetera, mentre i socialisti [laburisti] inglesi erano – stra-

no contrasto – contrari per ragioni imperialiste all'adesione dell'Italia [alla Nato].

Un consiglio prezioso, infine, al personaggio in partenza per Londra:

Conviene con essi [inglesi] essere assai sinceri nel contestargli i loro torti [all'Italia]; sempre però nella dovuta forma e senza esagerare. Si fanno più volentieri convincere da ciò che non sa di esagerato o di forzato.[1]

Secondo Andreotti, dunque, è Denis Healey l'esponente laburista che ha aizzato i socialdemocratici contrari alla linea atlantista di Saragat, con l'obiettivo (riuscito) di provocare la caduta del quinto governo De Gasperi. Alla verde età di 32 anni, Healey è già deputato alla House of Commons nonché responsabile del dipartimento internazionale del Labour. Ma ricopre allo stesso tempo il ruolo ben più inquietante di agente dell'Information Research Department (Ird), uno strumento mediatico tra i più insidiosi nella guerra politico-economica scatenata da Londra contro i nemici dell'Impero britannico. Nell'ambito, va da sé, della riorganizzazione dei Servizi clandestini che vedrà presto la luce grazie ai lavori della Commissione Drogheda.[2]

[1] Giulio Andreotti, *Appunto*, documento dattiloscritto di due pagine, 20 novembre 1949. L'Archivio personale di Giulio Andreotti è consultabile presso l'Istituto Luigi Sturzo, Roma.
[2] M. J. Cereghino e G. Fasanella, *Il golpe inglese*, cit.; Paul Lashmar e James Oliver, *Britain's Secret Propaganda War 1948-1977*, Sutton Publishing, Stroud (Gloucestershire) 1988; John Jenks, *British Propaganda and News Media in the Cold War*, Edinburgh University Press, Edinburgh

Il tentativo inglese di destabilizzare le strategie del governo fallisce miseramente. Almeno per ora. All'interno del Psli prevale infatti la componente filoamericana e Saragat rientra nell'esecutivo alla fine di gennaio del 1950, con la nascita del sesto governo De Gasperi. I liberali, gli elementi più anglofili della maggioranza, decidono invece di restarne fuori. Segno che la partita tra Roma e Londra è tutt'altro che conclusa. Non a caso, il ritorno di Churchill a Downing Street nell'ottobre 1951 ha come effetto la recrudescenza delle tensioni tra il Presidente del Consiglio e Pio XII. Assistito dai gesuiti, Pacelli è l'alleato più prezioso del premier britannico nella guerra segreta al capo del governo italiano. E non potendo sottrarre a De Gasperi la protezione di Washington, il Papa manovra per privarlo della tutela di don Sturzo. Nella primavera del 1952 (Sir Winston è al potere da sette mesi), il Pontefice utilizza il prestigio politico dell'anziano sacerdote per lanciare un ultimatum allo statista trentino. Si avvicinano le elezioni comunali di Roma e il Vaticano teme la vittoria del Pci e del Psi nel centro mondiale della cristianità. Richiamato all'ordine da Pacelli, don Sturzo lancia quindi la proposta di un listone che comprenda i neofascisti dell'Msi e i monarchici del Pnm, oltre naturalmente alla Dc e agli altri tre partiti dell'area governativa (Pri, Psli, Pli). Il Pontefice ordina a De Gasperi di adeguarsi alle direttive della Santa Sede. Ma il Presidente del Consiglio si rifiuta di sostenere quel brusco spostamento a destra dell'asse politico italiano.

2006; Andrew Defty, *Britain, America and Anti-Communist Propaganda 1945-1953: The Information Research Department*, Routledge, New York 2005.

Una scelta che finirebbe inevitabilmente per incrinare il patto costituzionale da lui siglato con Togliatti. In realtà – lo abbiamo già visto nei capitoli precedenti –, è un obiettivo strategico che Pacelli e Churchill perseguono sottotraccia sin dai tempi dei due governi Bonomi, negli anni 1944-1945. Il no di De Gasperi al Papa è secco e senza appello. La Dc si presenta al voto da sola e riesce a formare il nuovo governo del Comune di Roma assieme a repubblicani e liberali. Ma i rapporti tra Pio XII e il Presidente del Consiglio si guastano in modo definitivo. Un evento che provocherà l'accelerazione della resa dei conti tra Churchill e De Gasperi. Difficile dire se il leader democristiano ne sia consapevole. Probabilmente sì, stando alla testimonianza che Andreotti consegnerà alla storia nell'estate del 1954, come vedremo più avanti. Archiviate le elezioni romane, De Gasperi si appresta a percorrere adesso l'ultimo miglio della sua parabola di uomo di Stato e di leader di partito. E della sua esperienza terrena. La fase finale sarà anche la più dolorosa. I grandi interessi petroliferi in Medio Oriente, la crisi politica italiana e la macchina del fango finiranno per intrecciarsi inesorabilmente, plasmando così lo scenario che vedrà consumarsi l'ultimo atto di questa storia.

Nell'autunno del 1952 si registra un aggravamento ulteriore del conflitto anglo-persiano: il premier iraniano Mossadeq rompe i rapporti diplomatici con Londra. Churchill decide quindi di passare all'azione. A Washington, il Secret Intelligence Service britannico propone alla sezione «Medio Oriente e Africa» della Cia, al cui interno opera una forte componente anglofila, di aprire una «discussione congiunta» per allestire dei «piani bellici e di stay behind» da attuare in Iran, con l'obiettivo di deporre Mossadeq. Gli americani si limitano a replicare che intendono «studiare nel dettaglio le azioni politiche proposte dall'intelligence britannica».[3]

All'inizio del 1953, intanto, esplode anche l'*affaire* italiano. Londra sospetta che De Gasperi abbia stipulato sottobanco nuovi accordi petroliferi con la Persia di Mossadeq. L'Italia, insomma, sembra intenzionata a rompere il blocco navale inglese decretato dal governo Attlee nel settembre 1951 per impedire l'esportazione del petrolio iraniano. In tal senso, il Secret Intelligence Service (Sis) ha già raccolto un gran numero di informazioni che mandano Churchill su tutte le furie. Una nave cisterna italiana – la *Miriella* della ditta Supor – si accinge infatti a caricare ad Abadan, in Iran, cinquemila tonnellate di greggio. Trasportato nella Penisola, sarà raffinato e venduto all'estero. Ma la notizia, riferiscono gli 007 al servizio di Sua Maestà, ha un retroscena ancora più inquietante. Il greggio è stato acquistato con uno sconto del cinquanta per cento, un prezzo di favore che, se diventasse la regola, finirebbe per sollevare gli appetiti affaristici di molte nazioni europee. Nel procurarsi una merce preziosa come il petrolio «sottratta alla Gran Bretagna» a un prezzo così basso, dunque, l'Italia metterebbe certamente a rischio la stabilità dei mercati petroliferi internazionali. Uno sgarbo imperdonabile agli occhi della Corona dei Windsor. Ma prima di decidere quali ritorsioni mettere eventualmente in campo contro De

[3] Central Intelligence Agency (Cia), *Overthrow of Premier Mossadeq of Iran. November 1952 - August 1953*. Il documento è consultabile in formato pdf nel sito del National Security Archive (Washington DC, United States of America), www.nsarchive.gwu.edu.

Gasperi, Churchill chiede al servizio informazioni della British Petroleum di aprire un'indagine «strettamente confidenziale» sul tema. Il rapporto della Bp arriva a Downing Street il 14 gennaio 1953 e conferma i peggiori sospetti del premier. Il risultato delle indagini, afferma il documento, «combacia» con altre informazioni provenienti da «varie fonti». E a suggellarne l'attendibilità troviamo Basil Dyson (il direttore della Bp a Roma) e i vertici dell'ambasciata britannica di Porta Pia. La ditta italiana Supor, evidenzia la relazione, si è inserita abilmente nel mercato iraniano approfittando del contenzioso legale tra Londra e Teheran, una disputa sorta all'indomani della nazionalizzazione del petrolio decisa da Mossadeq. Il «contratto» per la fornitura del greggio è stato quindi siglato direttamente tra la Supor e la National Iranian Oil Company (Nioc), quando gli inglesi erano momentaneamente fuori gioco. In buona sostanza, scrivono le spie della British Petroleum, quell'atto legale costituisce un modello per il «big business italiano», il cartello delle aziende che ha già in programma di importare nella Penisola «due milioni e mezzo di tonnellate di greggio all'anno». Ne fanno parte la Fiat (Torino), la Pirelli (pneumatici), la Montecatini (industria chimica), la Finmeccanica e l'Ansaldo (Genova). Il governo De Gasperi «ha dato il suo assenso al progetto», conferma il rapporto della Bp. Una notizia di estrema gravità per Churchill e l'establishment conservatore britannico. «Ora si spiega», sottolinea il documento, perché il Presidente del Consiglio italiano continua a «rassicurare» Londra sul fatto che Roma non intende concedere «le licenze per l'importazione del petrolio persiano». Adesso infatti – nelle more del conflitto legale tra l'Iran e il Regno Unito e in assenza di regole certe nell'ambito del diritto internazionale –, le aziende italiane possono stipulare qualsiasi genere di contratto in assoluta libertà. Direttamente con il Paese produttore del greggio e, soprattutto, senza l'obbligo di renderne conto a Londra.[4]

Furbizia e sfacciataggine. Virtù, se associate alle strategie imperiali britanniche. Imperdonabili difetti, invece, se ispirano le politiche mediterranee e mediorientali delle nuove classi dirigenti italiane. È così che vedono le cose in Inghilterra. Anche nella crisi egiziana che sta deflagrando parallelamente a quella iraniana. Dopo aver messo a segno un colpo di Stato nel luglio 1952, il generale Muhammad Nagib e il colonnello Gamal Abdel Nasser – esponenti di primo piano del movimento dei "Liberi ufficiali" in Egitto – si apprestano ora, nell'estate del 1953, a sferrare il colpo definitivo all'influenza anglofila, abolendo la monarchia e proclamando la Repubblica. È solo questione di settimane, insomma, prima che Il Cairo metta le mani sul Canale di Suez. A Londra lo sanno bene. In attesa della resa dei conti finale, la strategia di Churchill punta intanto a soffocare economicamente il nascente regime egiziano e a privare il suo esercito di armi e munizioni di ultima generazione. L'embargo è in atto già da tempo. Ma ancora una volta è De Gasperi a mettere il bastone tra le ruote ai piani di Downing Street. Con la benevolenza americana, per giunta. Il 20 gennaio 1953 – una settimana dopo l'informativa redatta dalle spie della Bp sulle trame persiane del governo De Gasperi –, l'ambasciatore britannico a Porta Pia, Sir Victor Mallet, scri-

[4] Tna/Pro, Fo 371/104617.

ve al Foreign Office di aver appreso da fonti confidenziali che il ministro della Difesa italiano, Randolfo Pacciardi, visiterà l'Egitto ai primi di febbraio. Il diplomatico chiede dunque «indicazioni» su come affrontare il tema. Dalla capitale inglese gli risponde a stretto giro Sir Reginald James Bowker, il responsabile del dipartimento per il Medio Oriente e l'Africa settentrionale a Whitehall. Gli comunica di aver appena incontrato il marchese Alberto Theodoli di Sambuci, «Counsellor» dell'ambasciata italiana a Londra. E che questi ha escluso che al Cairo possano svolgersi «colloqui su temi militari o della difesa» nel corso della missione di Pacciardi. L'Italia, ha garantito Theodoli, «non ha alcuna intenzione di vendere armi» all'Egitto. La visita imminente del ministro della Difesa italiano non è dunque un «pretesto» per promuovere «relazioni ostili nei confronti delle potenze occidentali e in particolare verso il Regno Unito». Sir Bowker, però, non si fida affatto di Theodoli e invita Sir Mallet a chiedere un incontro urgente con Pacciardi, a Roma, per rammentargli con «enfasi» che Churchill «si oppone strenuamente a qualsivoglia, ulteriore rifornimento di armi» italiane all'Egitto. Perché il nuovo regime del Cairo farà di tutto per «spingere Pacciardi» e, tramite lui, De Gasperi, ad «autorizzare la vendita di armi» italiane al Paese arabo. Il motivo è palese: il governo del generale Nagib potrebbe «riprendere la guerriglia nella Zona del Canale di Suez» se Londra decidesse di «non ritirare le truppe britanniche» da quell'area, stimate attorno alle settantamila unità. Eventuali rifornimenti di armi ai nazionalisti egiziani da parte italiana, dunque, sarebbero giudicati «nocivi non solo agli interessi del Regno Unito, ma anche a quelli dell'Occidente» nel suo complesso. Di conseguenza, taglia corto Sir Bowker, «non vedo perché» De Gasperi debba «vendere armi» all'Egitto, una nazione araba che potrebbe «utilizzarle» contro la Gran Bretagna, «uno degli alleati occidentali dell'Italia».[5]

Uno scenario del tutto ipotetico che finisce tuttavia per materializzarsi nel giro di poche ore. Con una nota manoscritta datata 21 gennaio 1953, un funzionario del Foreign Office a Londra non nasconde il suo disappunto nell'informare i suoi colleghi che, «per motivi industriali», i «fabbricanti italiani» di armi e munizioni «sono impazienti» di vendere i loro prodotti all'Egitto di Nagib. Occorre dunque, allerta il dirigente del ministero degli Esteri britannico, «comunicare con forza» al governo De Gasperi «le nostre opinioni» sul tema.[6] Due giorni dopo, il 23 gennaio, arriva una conferma anche dall'ambasciata di Porta Pia. Sir Victor Mallet informa il Foreign Office di aver appreso un'informazione preziosa da Giulio Del Balzo di Presenzano, il direttore generale degli Affari politici al ministero degli Esteri, nel corso di un colloquio a Palazzo Chigi. Dopo aver smentito recisamente che l'Italia sia intenzionata a «vendere armi o munizioni all'Egitto», Del Balzo si è lasciato sfuggire che Roma potrebbe comunque «vendere dei jet militari» al regime del Cairo. È troppo anche per una colomba come Sir Mallet, un diplomatico solitamente ben disposto nei confronti del nostro Paese. Anche per lui, il no alle armi italiane ai nazionalisti egiziani è ormai un tema «fuori discussione».

[5] Tna/Pro, Fo 371/107750.
[6] *Ibidem*.

C'è una linea rossa, insomma, che De Gasperi non deve assolutamente oltrepassare.[7]

L'*affaire* delle armi italiane al Cairo è ormai incandescente. Che fare, dunque? Il governo inglese s'interroga. Mentre è in navigazione nell'Oceano Atlantico a bordo della *Queen Mary*, Churchill riceve pressanti richieste di chiarimenti da parte di Eden, il suo Foreign Secretary. Con un telex inviato a Whitehall, il premier lo invita quindi a sospendere ogni iniziativa. Preferisce che l'argomento sia «discusso accuratamente» al suo «ritorno» a Londra, poiché i dossier sul tavolo sono ormai tanti e decisamente spinosi. C'è il problema di Nagib e Nasser, i due leader che non accennano a mitigare la propaganda antibritannica dell'Egitto rivoluzionario, facendo così traballare l'egemonia inglese sul Canale di Suez. E c'è De Gasperi, l'alleato infido che arma i nemici di Londra, oltretutto con l'avallo americano. Come se non bastasse, si è aggiunto anche il dossier dei «jet inglesi» che, nonostante l'embargo, sono già stati promessi all'Egitto da altri Paesi alleati che li fabbricano su licenza del Regno Unito. Eden scalpita, insiste con Churchill. Ma il premier gli invia un secondo telex «Personal and Secret», invitandolo ancora una volta a non intraprendere alcuna iniziativa «fino a quando tu e io non avremo affrontato il tema insieme e in ogni suo aspetto».[8] Fra gli aspetti da esaminare *face to face*, tra l'altro, c'è anche la crisi iraniana e il piano per rovesciare Mossadeq, una situazione che divampa contestualmente a quella egiziana. Occorrono decisioni nette, certo. Ma non precipitose.

[7] Tna/Pro, Fo 371/102878.
[8] *Ibidem*.

Intanto, mentre si avvicina la data della visita di Pacciardi al Cairo – è in programma dall'1 all'8 febbraio 1953 –, la tensione tra Roma e Londra non accenna a diminuire. Ed è a questo punto che entra in scena un nuovo personaggio, Paolo Canali, il Segretario particolare di De Gasperi per gli Affari Esteri e, in parallelo, il Capo ufficio stampa della Presidenza del Consiglio dei Ministri. Un diplomatico italiano giovane e brillante (ma inglese di nascita) che giocherà presto un ruolo decisivo nella vicenda Guareschi-De Gasperi. Di lui diremo più diffusamente nei prossimi capitoli. Ora è sufficiente soffermarsi sul suo incontro con i corrispondenti esteri al Viminale, il 28 gennaio, in piena crisi anglo-italiana. In quell'occasione, mette subito in chiaro che l'Italia «segue con particolare simpatia il programma di sviluppo sociale che il governo del generale Nagib intende promuovere» in Egitto. Perché Roma, aggiunge, «mira a rafforzare i rapporti di amicizia con le nazioni più importanti che si affacciano sul Mediterraneo orientale». Canali evidenzia che le relazioni tra l'Egitto e l'Italia «non sono dirette contro qualsiasi altra» nazione terza, un'allusione evidente al Regno Unito. Precisa tuttavia che «le attuali divergenze» tra Il Cairo e «alcuni Paesi occidentali» (leggi Gran Bretagna) non possono «escludere» che si instaurino «rapporti di amicizia speciale tra l'Egitto e altre nazioni dell'Occidente» come il Belpaese. Parole chiare e definitive. Porta Pia le annota puntualmente e le trasmette a Londra, dove suscitano ancora una volta allarme.[9]

[9] Tna/Pro, Fo 371/107750.

Qualche giorno dopo, mentre Pacciardi è al Cairo, il «Manchester Guardian» pubblica un articolo redatto dal «corrispondente da Roma» del quotidiano britannico. Chiaramente ispirato dal Foreign Office, e più precisamente dall'Information Research Department, porta la data del 3 febbraio 1953. Il titolo è tutto un programma: «Il nuovo ruolo dell'Italia in Medio Oriente, un ponte tra gli Stati Uniti d'America e i Paesi arabi». I colloqui tra il ministro della Difesa italiano e il generale Nagib, scrive il quotidiano, godono dell'«approvazione» e dell'«incoraggiamento» del nuovo presidente degli Stati Uniti d'America, Dwight Eisenhower. Il viaggio di Pacciardi, leggiamo, rappresenta quindi «un approccio nuovo alla questione della sicurezza del Medio Oriente nel suo complesso». Perché è in gioco «la difesa del Canale di Suez», chiave di volta degli equilibri dell'intera area. Senza dimenticare che i rifornimenti all'Egitto di armi «fabbricate in Italia» avvengono nel quadro dell'«assistenza militare americana» e della «partecipazione» italiana «alle intese mediorientali». Questo significa, sottolinea il «Manchester Guardian», che la Penisola è stata «accreditata dagli Stati Uniti d'America» come «il ponte più credibile» tra Washington e i Paesi arabi, visto che De Gasperi può contare certamente sulle «ampie schiere di emigrati» che hanno sempre «lavorato duramente in Egitto e in Medio Oriente». Soprattutto adesso che Roma non dispone più delle sue «colonie africane». De Gasperi, insomma, «è decisamente grato» ad Eisenhower per tale «riconoscimento». Non è casuale infine, osserva il reporter britannico, che alla vigilia della sua partenza per Il Cairo Pacciardi abbia «incontrato» John Foster Dulles, nell'ambito della prima visita a Roma del nuovo segretario di Stato americano.[10]

Ma davvero la Casa Bianca intende accreditare l'Italia come il «ponte» tra l'America di Eisenhower e il mondo arabo-islamico? A Londra sono in molti a nutrire dei dubbi. Anche perché l'articolo del «Manchester Guardian» ha tutta l'aria di essere solo un pretesto per costringere Washington a fornire ulteriori chiarimenti. Nel frattempo, le ambasciate e i consolati del Regno Unito in Medio Oriente cercano conferme tramite le loro fonti. E le ottengono. Al punto che il Foreign Office non può esimersi dall'ironizzare sulle versioni ufficiali fornite da De Gasperi in seguito alla visita di Pacciardi al Cairo, stando alle quali i militari egiziani «non hanno chiesto armi di alcun genere» all'Italia. Si tratta però di rassicurazioni fornite nel più classico stile «Biancaneve e i sette nani», commenta beffardo un funzionario di Whitehall.[11] De Gasperi, insomma, racconta frottole. Non a caso, anche l'ambasciata di Sua Maestà a Beirut conferma che Pacciardi abbia effettivamente discusso con Nagib il tema delle forniture di «armi» di cui necessita Il Cairo, commesse decise di comune accordo con gli statunitensi. I diplomatici inglesi in Libano citano inoltre alcune importanti informazioni raccolte dal comandante William Stephen Richard King-Hall (Royal Navy), secondo le quali il ministro della Difesa italiano non solo ha «offerto» a Nagib di consegnare «armamenti italiani» all'Egitto, ma lo ha fatto «enfatizzando» gli aiuti militari che Il Cairo

[10] *Ibidem.*
[11] *Ibidem.*

riceve già «dall'Occidente». Con il pieno consenso di Washington, appunto. Dopo aver letto il rapporto giunto da Beirut, un funzionario del Foreign Office non riesce a trattenere un commento stizzito. Con una nota a lapis in calce al documento, si lamenta infatti che «gli italiani» si ostinano a negare che Pacciardi abbia discusso con Nagib «la questione delle armi».[12]

Nonostante le evidenze, a Londra prevale ancora lo scetticismo. Possibile che gli Stati Uniti abbiano deciso a cuor leggero di elevare l'Italia al ruolo cruciale di cerniera tra l'Occidente e il mondo arabo, ridimensionando così l'influenza del Regno Unito in tutta l'area mediorientale? La signora J. C. Petrie, una funzionaria di alto rango al Foreign Office, ha molti dubbi in proposito: «Non bisogna attribuire troppa importanza» alla missione di Pacciardi in Egitto, minimizza in una nota interna classificata Secret. «Per quanto ne sappiamo», infatti, gli americani non intendono «in alcun modo riconoscere l'Italia come un ponte autoproclamato tra i Paesi occidentali e gli Stati arabi». Non potrebbero mai assegnare un ruolo del genere a De Gasperi, spiega, ben sapendo per esempio che Londra e Parigi sono contrarie ad «accogliere l'Italia nella Middle East Defense Organization», la Medo.[13]

Ma i dubbi e le speranze residue degli inglesi svaniscono del tutto quando l'ambasciata della Nuova Zelanda a Washington (è stata incaricata dal Foreign Office britannico di chiedere spiegazioni a nome del Commonwealth) ottiene

[12] *Ibidem.*
[13] *Ibidem.*

dagli americani la più sgradita delle risposte. Al Dipartimento di Stato, infatti, i vari funzionari dei desk «Italia» e «Medio Oriente» spiegano ai diplomatici neozelandesi che l'America sta dalla parte di De Gasperi. Roma, in sintesi, nutre «un interesse naturale» verso l'area mediorientale. È quindi legittima l'aspirazione del Presidente del Consiglio italiano a entrare nella Medo, assumendo così un ruolo di primo piano in quel fondamentale scacchiere. In un report classificato Secret inviato a Londra subito dopo la visita al ministero degli Esteri statunitense, i neozelandesi riferiscono con una punta di sdegno che il direttore del desk «Italia» è «chiaramente bendisposto nei confronti delle vedute italiane» sul Medio Oriente e segue «con favore lo sviluppo di ogni genere di relazioni tra un Paese arabo e un Paese occidentale». Ossia, tra l'Egitto e l'Italia. Per gli Stati Uniti d'America, in buona sostanza, «è certamente nell'interesse dell'Occidente mantenere al potere il governo De Gasperi».[14]

[14] *Ibidem.*

Churchill: «Deve pur esserci un modo per far capire agli italiani quanto ci disturbano certe iniziative»

La data del 10 febbraio 1953 segna il punto di non ritorno nella guerra italo-britannica per il petrolio. Quel giorno nasce l'Ente Nazionale Idrocarburi (Eni) di Enrico Mattei per volere del governo De Gasperi. È uno schiaffo al Regno Unito e soprattutto al suo anziano premier, Sir Winston Churchill. A Londra mal sopportano l'idea che l'Italia disponga ora di una compagnia di Stato capace di tenere testa ai colossi privati angloamericani, francesi e olandesi sui mercati internazionali. Nella primavera del 1945, non a caso, il Governo Militare Alleato (Gma) al comando di Charles Poletti si era mosso affinché Mattei sciogliesse l'Azienda Generale Italiana Petroli (Agip), subito dopo la sua nomina a commissario liquidatore dell'impresa petrolifera creata dal regime fascista. Ora però, a distanza di una manciata di anni dalla fine della guerra, gli Alleati si ritrovano a dover fare i conti con l'Eni, un nuovo ente statale che gode di un'autonomia assoluta. Ha carta bianca nella Pianura Padana, in Sicilia e in Basilicata, le aree energetiche più promettenti. Controlla l'Agip e altre imprese e si configura sempre più come un gruppo integrato capace di operare nella ricerca, nella produzione e nella distribuzione. Perché «promuove e intraprende iniziative di interesse nazionale» anche all'estero. Sempre sotto l'ala protettiva del governo. Senza contare che l'Eni gestisce una sua rete diplomatica e persino un proprio servizio d'intelligence. Per come è stato concepito e per i poteri che gli sono stati attribuiti, è destinato a trasformarsi in una sorta di "partito" con influenze innegabili sulle dinamiche politico-parlamentari e sulle relazioni internazionali della giovane Repubblica. È uno strumento, insomma, ideato per contrastare le potenti spinte anglofile all'interno dei confini nazionali e, allo stesso tempo, per affrontare gli aspri conflitti economici che si combattono in un mondo da poco uscito dalla tragedia della Seconda guerra mondiale.

È nel vortice della crisi anglo-iraniana che avviene il battesimo del fuoco dell'Eni. «Il vuoto creatosi nel mercato petrolifero persiano attrae le imprese italiane», segnala un rapporto Secret inviato dall'ambasciata di Porta Pia al Foreign Office nel marzo 1953. A Londra monta l'indignazione per i lauti affari che Roma sta facendo con Teheran, alle spalle della Gran Bretagna. Perché «il greggio persiano, acquistato dagli italiani con uno sconto del cinquanta per cento, viene sottoposto a raffinazione negli stabilimenti della Penisola. A sua volta, quindi, il petrolio depurato in Italia viene nuovamente esportato in cambio di valuta pregiata».[1] Dalla fine della guerra, scrive Eden a Churchill negli stessi giorni, l'Italia «ha fortemente sviluppato le sue raffinerie di petrolio. Di conseguenza, ora è in grado di utilizzare al meglio il greggio persiano». C'è però un grosso problema, evidenzia il Foreign Secretary, dal momento che l'Italia non solo lo esporta dopo averlo lavora-

[1] Tna/Pro, Fo 371/104619.

to, ma lo rivende pure sul mercato interno rifornendo le sue industrie a prezzi stracciati. Turbativa di mercato e concorrenza sleale, insomma. «Negli ultimi quindici mesi», afferma Eden, il governo De Gasperi «ci ha più volte rassicurato sul fatto che non autorizzerà l'importazione del greggio persiano per uso interno». Tuttavia, «ha dato segni di debolezza in proposito». A Roma, rammenta il ministro, l'ambasciatore Mallet «ha già chiesto con forza» al Presidente del Consiglio di «non concedere licenze per l'importazione» e di condannare pubblicamente «il commercio del greggio persiano "rubato"» al Regno Unito dal governo Mossadeq. «Fino a questo momento», però, «la reazione dell'esecutivo italiano è stata equivoca».[2] De Gasperi, infatti, non ha accolto l'invito britannico a «rendersi utile», disapprovando pubblicamente «le transazioni petrolifere con la Persia».[3] Con tutta evidenza, commenta con sarcasmo una scheda del Foreign Office, «tirare la coda al leone» inglese «è uno sport molto popolare» nell'Italia attuale.[4] In buona sostanza, gli inglesi non tollerano i «traffici» realizzati dalle imprese private italiane. Sono infatti convinti che quel petrolio appartenga a loro e non all'Iran di Mossadeq. Giudicano che quel viavai di «navi cisterna» che fanno la spola tra Abadan e i porti della Penisola sia in realtà la punta dell'iceberg di un vero e proprio schema piratesco. E ne attribuiscono la responsabilità totale a De Gasperi e a Mattei, le menti strategiche della politica energetica dell'Eni.

[2] Tna/Pro, Prem 11/501.
[3] *Ibidem.*
[4] Tna/Pro, Fo 371/107753B.

Rientrato a Downing Street dalla crociera a bordo della *Queen Mary*, Churchill perde letteralmente le staffe: «Questa faccenda delle navi che trasportano il petrolio persiano in Italia dimostra fino a che punto gli italiani riescono ad essere amici ed alleati di infimo valore». E batte i pugni sul tavolo: «Deve pur esserci un modo per far loro capire quanto ci disturbano simili iniziative!».[5] Già, ma come? Nella primavera del 1953, dunque, il premier incarica il suo ministro degli Esteri di compiere l'estremo tentativo di indurre De Gasperi a «rendersi utile». E Eden informa immediatamente Churchill che vedrà il Presidente del Consiglio italiano il 17 aprile, a Roma, per discutere la questione del petrolio che gli italiani hanno «sottratto» alla Anglo Iranian Oil Company (Aioc), la compagnia britannica espropriata da Mossadeq. Ma dubita fortemente che le cose possano andare per il verso giusto: «Stiamo facendo tutto il possibile. Ho paura tuttavia che la vicenda sia ormai fuori controllo».[6] Di fronte alla «insofferenza» che De Gasperi continua a manifestare nei confronti di Londra, qualsiasi iniziativa diplomatica sembra insomma vana.[7] Il Foreign Office getta la spugna e consegna la patata bollente a Churchill: «A questo punto, urge un vostro messaggio personale a De Gasperi», poiché gli sviluppi della situazione «potrebbero danneggiare gravemente le relazioni anglo-italiane».[8]

Ed eccoci a un nuovo, intricato capitolo di questa storia. D'ora in avanti, gli eventi subiscono una accelerazio-

[5] Tna/Pro, Prem 11/501.
[6] *Ibidem*.
[7] Tna/Pro, Fo 371/102879.
[8] Tna/Pro, Prem 11/501.

ne improvvisa. Grazie soprattutto all'uso spregiudicato, per non dire criminale, dei meccanismi perversi della macchina del fango. Conflitti internazionali e crisi politica interna finiscono così per mescolarsi con la cronaca nera e giudiziaria, contribuendo a determinare un epilogo che si rivelerà drammatico per le sorti dell'Italia nei decenni a venire.

L'inizio della fine della carriera politica e della vita terrena di Alcide De Gasperi ha una data ben precisa. L'11 aprile 1953 è un sabato. Su una spiaggia del litorale laziale, a Torvaianica, viene trovato il corpo senza vita di Wilma Montesi, una ragazza scomparsa due giorni prima. All'Istituto di Medicina Legale di Roma gli anatomopatologi che hanno eseguito l'autopsia dichiarano che la morte è avvenuta per annegamento, in seguito a una probabile «sincope dovuta a un pediluvio». Si tratta insomma di una «disgrazia». La polizia chiude il caso. Troppo in fretta, secondo alcuni. Al punto da far sospettare che la vicenda sia tutt'altro che risolta. La giovane lavorava saltuariamente come comparsa a Cinecittà. Le sue presunte frequentazioni nel mondo del cinema e negli ambienti della dolce vita romana, dunque, alimentano sin da subito la curiosità morbosa della stampa scandalistica. Cominciano a girare voci su un'orgia di sesso, droga e alcol finita nel peggiore dei modi. I boatos parlano di un decesso avvenuto in un luogo diverso da quello in cui è stato rinvenuto il corpo senza vita di Wilma. Occultamento di cadavere, dunque. Forse persino omicidio. Deve esserci un assassino o comunque qualcuno che ha organizzato la messinscena della «sincope da pediluvio» nelle ore successive alla tragedia. E alla fine quel qualcuno spunta fuori. A rivelarlo è il quotidiano napoletano «Roma», il 4 maggio 1953. L'articolo è intitolato *Perché la polizia tace sulla morte di Wilma Montesi?* ed è firmato dal giornalista di estrema destra Riccardo Giannini. Corre voce, vi si legge, che «il figlio di una nota personalità politica governativa» frequentasse la Montesi a Torvaianica. Di chi si tratta? Un nome viene suggerito il giorno dopo, 5 maggio, dal periodico satirico «Il Merlo Giallo», in una vignetta in cui è ritratto un «piccione» con un reggicalze sul becco. La didascalia recita così: «Dopo tutto, le note personalità a cui allude il "Roma" non sono poi tante e non possono sparire senza lasciare tracce, come piccioni viaggiatori». No, non sono così tante. Il pizzino è ben mirato e non lascia adito a dubbi. Quel nome lo fa l'agenzia di stampa Kronos nei giorni successivi. Si tratta del giovane musicista jazz Piero Piccioni, molto noto nella Capitale con il nome d'arte di "Piero Morgan". Ma è soprattutto il figlio di Attilio Piccioni, vicepresidente del Consiglio ed esponente di punta della Dc, nonché pupillo ed erede designato di Alcide De Gasperi alla guida del governo. La notizia è ghiotta e lo scandalo esplode su giornali e rotocalchi. Intanto, però, subiscono un colpo terrificante l'immagine e la reputazione del notabile democristiano più vicino al Presidente del Consiglio.

Occorre a questo punto spendere qualche parola sui quotidiani, i periodici e i reporter che hanno acceso la miccia dello scandalo. Il «Roma», innanzitutto. È il giornale di proprietà dell'armatore monarchico napoletano Achille Lauro, una delle avanguardie del vasto e agguerrito fronte politico-mediatico ostile alle strategie degasperiane. Il «Roma», ecco il punto, figura tra i «clienti» dell'Information Research Departement (Ird), lo strumento della propaganda occulta dell'intelligence britannica in tutto il globo. A dirigerlo troviamo Alfredo Signoretti. Il suo nome compare in una lista segreta compilata nel giugno 1940 dal ministero dell'Informazione britannico, quando era alla testa del quotidiano «La Stampa», a Torino. Ma non è tutto, perché dello stesso giro fa parte anche Riccardo Giannini, l'autore dell'articolo pubblicato dal «Roma» il 4 maggio 1953. È lui a scrivere il primo pezzo in assoluto sullo scandalo Montesi. E Giannini, guarda caso, è anche il direttore de «Il Merlo Giallo», il foglio che pubblica il 5 maggio la vignetta del «piccione» con il reggicalze sul becco. È un settimanale satirico di area monarchica – si fregia del titolo di «disintegratore del malcostume politico» – nato nel 1946 per volere di un altro Giannini (dinastia prolifica!), Alberto. Giornalista dalla biografia tortuosa quest'ultimo, come tanti suoi colleghi ripescati dal retrobottega del regime mussoliniano, riciclati e reimmessi poi nei circuiti infidi della macchina del fango in salsa italica. Redattore de «Il Messaggero», massone e antifascista di idee radicali, Alberto Giannini raggiunge la Francia alla fine degli anni Venti. A partire dal 1934 collabora con la polizia segreta del Duce, l'Ovra, per promuovere dalle pagine de «Il Merlo» (un periodico da lui fondato a Parigi) una serie di campagne diffamatorie nei confronti degli esuli italiani in terra francese. Rientra in Italia nel 1938. Arrestato dagli Alleati nell'estate del 1944 con l'accusa di collaborazionismo con i nazifascisti, torna in libertà l'anno successivo e pubblica un libro di memorie, *Io, spia dell'Ovra.*[9] La Kronos (la futura Adnkronos), infine, è l'agenzia giornalistica che rilancia i pizzini del «Roma» e de «Il Mer-

[9] Cfr. la voce *Giannini, Alberto* in *Dizionario Biografico degli Italiani,*

lo Giallo» e che per prima fa esplicitamente il nome di Piero Piccioni. Qui è sufficiente evidenziare che viene fondata nel 1951 da Felice Fulchignoni, giornalista fascista divenuto socialista nel dopoguerra. Patron del cabaret "Il Bagaglino", negli anni Cinquanta e Sessanta risulta collegato al Sifar, il servizio segreto militare.

Lo scandalo Montesi infuria mentre i partiti cominciano a scaldare i motori in vista della campagna elettorale per le elezioni politiche del giugno 1953. Sono un banco di prova decisivo per De Gasperi, alla guida del governo da più di sette anni. Eppure è un clima inquinato dai fetori di quello scandalo nonché scosso dalle polemiche sulla nuova legge elettorale maggioritaria, ribattezzata dalle opposizioni "Legge truffa" perché prevede un premio di maggioranza per la coalizione che riesca a superare il cinquanta per cento dei voti. È il Presidente del Consiglio ad averla promossa con forza. Desidera che la stabilità istituzionale e politica diventi un bene prezioso per un Paese che ha appena iniziato a elaborare il suo futuro. Una nazione che ha bisogno di visioni strategiche di ampio respiro, di programmi non improvvisati e di classi dirigenti giovani e preparate. Coesione e continuità, dunque, sono requisiti indispensabili non solo per lo sviluppo interno dell'Italia, ma soprattutto per la sua proiezione sulla scena internazionale. De Gasperi, peraltro, lo ha imparato a proprie spese. Sanguina ancora la ferita aperta dalla crisi cagionata dagli apparati della propaganda occulta del Regno Unito, appena quattro anni prima. E ora, nella primavera dell'anno

volume 54, Istituto dell'Enciclopedia Italiana, 2000. Scheda redatta da Simona Urso.

elettorale 1953, il leader cattolico mette in gioco la sua stessa permanenza alla guida del governo. Ecco perché ha già designato il suo eventuale successore, l'amico Attilio Piccioni. Tuttavia, quel cadavere rinvenuto sulla spiaggia di Torvaianica e i gossip sempre più insidiosi propagati da una martellante campagna mediatica, rendono ancora più ansiosa e incerta la vigilia del voto. Ben più pesanti, tuttavia, sono le complicazioni delle crisi in atto in Egitto e in Persia. Vediamo allora come finiscono per riflettersi sul teatro italiano il groviglio mediorientale e il nervosismo crescente che si respira nelle stanze del potere nel Regno Unito.

Il «contegno italiano sul petrolio persiano» non fa che «incoraggiare» Il Cairo a «rivolgersi» a Roma per chiedere nuovi aiuti militari, avverte una nota del Foreign Office nel maggio 1953.[10] Ed è un fatto ancora più inaccettabile, sostiene Eden, poiché le forze armate «regolari» e le bande «partigiane» si stanno «addestrando senza sosta» in Egitto in vista del possibile «scoppio delle ostilità» con le truppe britanniche presenti «nella zona del Canale di Suez».[11] Roma non si limita a vendere armi, dunque, ma osa persino incitare alla rivolta popolare contro gli inglesi sulle rive del Nilo. Gli italiani continuano a negare, certo. È un giochino, però, che rende sempre più insofferenti gli 007 al servizio di Sua Maestà. Stando ai loro report, infatti, la recente visita di Pacciardi al Cairo (febbraio 1953) ha prodotto effetti rilevanti sulle relazioni tra l'Egitto e l'Italia. Non a caso, sono in corso nuovi «negoziati» per in-

[10] Tna/Pro, Fo 371/102870.
[11] Tna/Pro, Fo 371/102879.

viare «velivoli militari, pezzi di ricambio e armamenti aeronautici» al regime di Nagib, riferisce l'intelligence inglese. Tant'è che «una delegazione militare egiziana», composta da una decina di alti ufficiali e funzionari delle forze armate, renderà presto visita a De Gasperi. La missione sarà guidata dal «comandante in capo dell'Aeronautica militare». L'intensificarsi dei rifornimenti di armi italiane all'Egitto, nonostante il nuovo embargo appena decretato da Londra, preoccupa gli inglesi oltre ogni misura. Anche alla luce delle notizie riportate dalla stampa italiana, secondo cui il generale Nagib – che oltre alla carica di capo del governo sta per assumere anche quella di presidente della repubblica – è intenzionato a visitare Roma «a breve». La reazione di Churchill è immediata: ordina ai suoi diplomatici di raccogliere «ogni genere di informazioni» sullo scenario italiano.[12]

Qualche giorno più tardi, il 30 maggio 1953, l'ambasciatore Victor Mallet (Porta Pia) invia un lungo rapporto a Sir Winston. È un'analisi della situazione da cui emerge l'ennesima conferma di una realtà che Londra conosce da lungo tempo, ma che si rifiuta ostinatamente di accettare, convinta com'è che una nazione come l'Italia non meriti di essere accolta nella comunità internazionale e, allo stesso tempo, che la Casa Bianca non debba assecondarne le ambizioni sempre più velleitarie. È un documento che vale la pena di esaminare nella sua interezza.

Il diplomatico inglese allerta che sono «gli Stati Uniti d'America» a esercitare «l'influenza più forte sull'orientamento complessivo della politica estera italiana». È «del

[12] Tna/Pro, Fo 371/102870.

tutto indubbio», insomma, che la posizione di De Gasperi sia ora «decisamente filoamericana». Nelle «questioni internazionali di rilevanza cruciale», infatti, il suo governo non esprime mai una «linea dissimile da quella statunitense». Di conseguenza, «la nostra influenza sulla politica estera italiana» è ormai «marginale». All'Italia insomma, commenta Sir Mallet, giova certamente intrattenere un rapporto privilegiato con gli States. Perché ne ricava vantaggi innanzitutto sul piano «psicologico». Per Roma, infatti, è «importante» apparire come una nazione che «gioca un ruolo sulla scena internazionale», nonostante sia stata «sconfitta» nel corso dell'«ultima guerra». Le aspirazioni di De Gasperi, sottolinea l'ambasciatore, sono comunque troppo alte per le possibilità reali della Penisola, poiché questa «non è un membro dell'Onu». E l'Alleanza atlantica, di cui fa parte, è in ogni modo un'organizzazione «troppo ampia» per concedere a ogni suo membro di «esprimere la propria individualità». Un privilegio riservato unicamente alle «grandi potenze» come l'Inghilterra e l'America. Anche nell'europeismo degasperiano emerge un aspetto di mera convenienza, osserva l'uomo di Porta Pia. È certamente vero che nel processo federalista del Vecchio continente l'Italia vede la possibilità di realizzare «il giusto obiettivo» delle sue «strategie». Nondimeno, De Gasperi tenta soprattutto di cogliere in quel processo «un'opportunità per acquisire crediti» dal presidente Eisenhower, per il quale l'unità europea è un elemento essenziale nell'equilibrio internazionale postbellico. Nella visione del Presidente del Consiglio, dunque, commenta con malizia Sir Mallet, «convinzioni e convenienze» vanno certamente «di pari passo».

Il report affronta poi il punto dolente delle «strategie italiane nel Mediterraneo e in Medio Oriente». Il diplomatico inglese scrive che sono «un tantino più nazionaliste» di quelle promosse da Roma in altre aree del globo. Perché De Gasperi è «alquanto sensibile» al tema della «perdita di territori e di egemonia» nel Maghreb e nella Mezzaluna fertile. Subisce infatti l'«influenza» dei «gruppi di pressione» che si ostinano a rappresentare gli interessi italiani ormai «perduti». Gruppi composti da «nazionalisti insofferenti» e da «ex coloni» provenienti da Libia, Eritrea e Somalia. È dunque «naturale» che il capo del governo «tenti di ravvivare» la posizione della sua nazione nel Mediterraneo orientale e nel Vicino Oriente.

Fedele al suo ruolo di colomba tra i falchi dell'establishment di Sua Maestà, Sir Mallet prova comunque a smussare qualche angolo. A Roma, afferma, «si sente dire spesso» che Londra «non prende abbastanza sul serio l'Italia». In qualche misura, ammette, «ciò è indubbiamente vero». Perché, ad esempio, «noi non guardiamo all'Italia come a un partner nello stesso modo in cui guardiamo alla Francia». E se l'uso di questo doppio registro è «abbastanza naturale per noi», non lo è sicuramente per gli italiani e per De Gasperi. I quali «sono inclini a pensare che il nostro atteggiamento sia alquanto sgarbato se non addirittura ingiurioso». Di conseguenza, scrive, «noi dovremmo [...] smorzare la tendenza ad agire in modo opportunistico che si manifesta talvolta» nelle strategie degasperiane. Al contempo, però, sarebbe opportuno «appagare di tanto in tanto l'appetito degli italiani per le lodi, oppure, in certi casi, andare oltre e fingere di considerare l'Italia alla stregua di un partner» della Gran Bretagna. «A mio parere», suggerisce l'ambasciatore a Churchill, il Regno Unito non dovrebbe «mostrarsi offeso» da De Gasperi e tantomeno «sprezzante» nei suoi confronti, poiché è «improbabile» che i suoi disegni possano «danneggiare seriamente» gli «interessi» britannici. Almeno fino a quando le strategie del Presidente del Consiglio rimarranno confinate alle «sfere» commerciali e culturali. «Prevedo comunque grane», ammonisce Sir Mallet, se gli italiani decidessero di spingersi oltre. Se prevarrà insomma l'«ambizione di giocare un ruolo nella difesa militare del Medio Oriente» da parte di De Gasperi.[13]

Il fatto, però, è che siamo già a questo punto, se non addirittura ben oltre il limite. L'Italia non solo arma i regimi nazionalisti egiziano e iraniano, proponendosi con un profilo strategico e una postura geopolitica coordinati direttamente da Roma in un'area in cui Londra non tollera concorrenti. Rivendica pure il diritto di entrare a far parte degli organismi di difesa del Medio Oriente. E mentre a Roma, con le elezioni del giugno 1953, si sta per decidere la sorte del governo De Gasperi, a Downing Street vengono messi a punto gli ultimi dettagli dei piani britannici per rovesciare il leader iraniano Mossadeq. Per una curiosa congiuntura astrale, dunque, anche i destini personali del capo del governo italiano e del premier nazionalista di Teheran finiscono per incrociarsi.

In Persia, Churchill non vuole e non può fare tutto da solo. Se agisse di testa propria e senza un qualche avallo forte, rischierebbe di mettere a repentaglio gli equilibri globali, dal momento che sul Medio Oriente si sta accenden-

[13] Tna/Pro, Fo 371/107749.

do anche l'interesse dell'Urss. Sir Winston decide quindi di coinvolgere Washington o perlomeno i settori anglofili dell'amministrazione Eisenhower. E per convincerli fa leva sulla paura del comunismo, ben sapendo di toccare un nervo sensibile in un'America che sta sprofondando nella follia maccartista. Prospetta il rischio di infiltrazioni sovietiche in quell'area così ricca, instabile e preziosa per l'Occidente. E dipinge il leader laico iraniano come una sorta di Cavallo di Troia, al cui interno si nascondono le ambizioni espansioniste di Mosca.

L'Iran sta diventando «un Paese comunista», è solito dire. Negli States, Churchill gode di amicizie importanti e disposte ad ascoltarlo. Anche perché sua madre, l'americana Jeanette "Jennie" Jerome, apparteneva a un'agiata famiglia di New York. E un sodale di Sir Winston tra i più influenti negli Usa è certamente il neodirettore della Cia, Allen W. Dulles. Si conoscono dai primi decenni del Novecento. L'americano è nipote del magnate del petrolio John Davison Rockefeller (il proprietario della Standard Oil Company), che è in affari con la Anglo Iranian Oil Company, la compagnia britannica messa sotto scacco dalle politiche nazionaliste di Mossadeq. Uomo d'intelligence sin dai suoi anni giovanili, nel 1916 Dulles viene iniziato alle tecniche dello spionaggio da un istruttore del Secret Intelligence Service, il Sis britannico, mentre si trova a Washington. A partire dal 1917, in piena Grande guerra, lo troviamo a Berna e a Vienna con incarichi diplomatici. Realizza poi importanti missioni a Parigi, in Palestina, a Istanbul e in Persia. Missioni incentrate principalmente su temi legati all'estrazione del petrolio negli ex possedimenti dell'Impero turco. Ha così modo di approfondire i suoi rapporti con Churchill e con il cerchio magico della Corona dei Windsor. Durante il Secondo conflitto mondiale, è il responsabile delle operazioni dell'Oss nel teatro europeo con base a Berna (1942-1945), dove opera a stretto contatto con il Soe britannico. In Svizzera ritrova così molti diplomatici e agenti segreti con cui aveva lavorato tra il 1914 e il 1919 in Europa e in Medio Oriente. In buona sostanza, Allen Dulles è il referente di lungo corso di una vera e propria filiera anglofila all'interno dell'intelligence statunitense. Una posizione di potere trasversale che lo rende effettivamente intoccabile, soprattutto quando il presidente Eisenhower decide di nominarlo direttore della Central Intelligence Agency nel febbraio 1953. Il suo braccio destro ai vertici della Cia è James Jesus Angleton, un personaggio già visto nei capitoli precedenti. L'allievo prediletto di due super spie della Rete di Cambridge come Kim Philby e Victor Rothschild. Negli ambienti dell'intelligence statunitense vicini all'establishment del Regno Unito, troviamo anche un nipote di Theodore Roosevelt, il presidente degli Stati Uniti dal 1901 al 1909. Il suo nome è Kermit Roosevelt Junior, ufficiale dell'Oss durante la guerra e poi responsabile della «Near East and Africa Division» della Cia. Come Dulles ed Angleton, anche Kermit coltiva da sempre un legame speciale con Londra. È un sodale di Sir Hubert Howard, il rampollo di una delle dinastie più blasonate del Regno Unito, imparentata con i Windsor e con i duchi di Norfolk. L'amicizia tra Kermit e Hubert, nata negli anni Trenta a New York, si rinsalda in Finlandia durante la "Guerra d'inverno" del 1939-1940 contro l'Unione Sovietica, a cui partecipano entrambi come volontari. Sir Howard è un agente del Soe dal 1941 e all'indomani dello sbarco in Sicilia opera in Italia anche nei ranghi del Political Warfare Executive (Pwe) britannico. Nel 1951 sposa Lelia Caetani, figlia del principe Roffredo e dell'americana Marguerite Gilbert Chapin. Lelia è l'ultima discendente dall'antica famiglia patrizia. E grazie a quel matrimonio, Hubert si trasforma nei trent'anni successivi nel *dominus* di Palazzo Caetani. Una splendida dimora cinquecentesca nel centro storico dell'Urbe, attorno alla quale, già a partire dal 1919, si è andata formando una potente rete d'influenza controllata occultamente dai Servizi di Sua Maestà.[14]

Insieme agli agenti inglesi, Kermit Roosevelt si dedica adesso ai piani per deporre Mossadeq. I dettagli operativi vengono esaminati nel maggio 1953 nel corso di una serie di riunioni in Libano e a Cipro, e in giugno la Cia e il Sis approvano il progetto definitivo. La data del colpo di Stato viene fissata per metà agosto. «Il personale statunitense sul campo» agirà «per conto del Regno Unito» allo scopo di «fornire istruzioni» ai golpisti e «garantire le comunicazioni» fra Teheran, Londra e Washington. Gli inglesi metteranno a disposizione degli americani tutti i loro «contatti» in Persia. Al fine di preparare il terreno, la Cia e il Sis condurranno «un intenso sforzo propagandistico» utilizzando «la stampa, i volantini e il clero [sciita] di Teheran». La «cooperazione dello Shah» Reza Pahlavi viene

[14] M. J. Cereghino e G. Fasanella, *Nero di Londra*, cit.; M. J. Cereghino e G. Fasanella, *Colonia Italia*, cit.; Giovanni Fasanella e Giuseppe Rocca, *La storia di Igor Markevič. Un direttore d'orchestra nel caso Moro*, Chiarelettere, Milano 2014; Giuseppe De Rita, con Lorenzo Salvia, *Oligarca per caso. Il racconto della vita di un italiano alla ricerca degli italiani*, Solferino, Milano 2024.

naturalmente considerata «essenziale» per la buona riuscita del complotto, anche se il monarca è sempre stato un «indeciso»: soffre infatti di un «terrore patologico verso la mano occulta dei britannici». Il successore di Mossadeq sarà il generale Fazlollah Zahedi.[15]

Mentre in Iran i progetti inglesi procedono speditamente, sul fronte egiziano Churchill deve fare i conti con una situazione assai più contorta. L'America frena gli ardori britannici. Il Canale di Suez non è Teheran. È un nervo decisamente più sensibile, la chiave di volta degli equilibri nell'intera area mediorientale e mediterranea. A Washington, insomma, temono che un eventuale colpo di mano contro il regime dei "Liberi ufficiali" possa cagionare effetti incontrollabili. Almeno per il momento, dunque, Londra è costretta ad accantonare l'idea di un intervento militare diretto o di un golpe per rovesciare il regime nazionalista del Cairo. Nelle more, quindi, si allargano ulteriormente gli spazi per le strategie italiane di lungo periodo. De Gasperi sfrutta abilmente il momento e intensifica le iniziative a sostegno di Nagib e Nasser. Nonostante i diktat del Regno Unito, il governo italiano si rifiuta di bloccare i contratti per le forniture di armi all'Egitto. Churchill è furente e non smette di «serbare rancore» verso il Presidente del Consiglio, scrive il Foreign Office in una nota del giugno 1953. Di fronte a un comportamento a dir poco «sleale», il premier britannico decide pertanto di «interdire i mercati» internazionali dell'export all'«industria aeronautica italiana e, in generale, a quella delle armi».

[15] Central Intelligence Agency (Cia), *Overthrow of Premier Mossadeq of Iran*, cit. Cfr. anche M. J. Cereghino e G. Fasanella, *Colonia Italia*, cit.

Una ritorsione bella e buona, non c'è che dire.[16] Una dichiarazione di guerra economica a una nazione "amica" che giunge oltretutto all'indomani delle elezioni del 7-8 giugno 1953, finendo per dilatarne le conseguenze politiche. L'esito delle urne si rivela disastroso per De Gasperi, che subisce la sua prima, grande sconfitta. La Dc ottiene il 40 per cento dei voti, ben 8 punti in meno rispetto al 1948. Le liste apparentate di Dc, Psdi, Pli e Pri si fermano al 49,85 per cento, mancando seppur di poco la soglia introdotta dalla nuova legge elettorale per ottenere il premio di maggioranza. La delusione per il risultato è forte e i partiti alleati ne attribuiscono l'esclusiva responsabilità al Presidente del Consiglio. È lui a essere sotto accusa. Ecco quindi che i settori anglofili dei partiti laici cominciano ad affilare le armi per la resa dei conti finale.

Il clima è davvero pessimo. Politica interna italiana, tensioni al Cairo e a Teheran, relazioni italo-britanniche: sono ormai incandescenti i molti dossier redatti dal Secret Intelligence Service che si accumulano da settimane sul tavolo di lavoro di Churchill. Tanto da consigliare un incontro *vis-à-vis* tra il Presidente del Consiglio e l'anziano premier del Regno Unito. Quando lo statista italiano giunge a Londra, il 23 giugno 1953, i rapporti tra i due Stati sono ai minimi storici. In Italia e in Inghilterra, tuttavia, c'è chi spera ancora in un appianamento degli attriti che affliggono le relazioni tra i due Paesi, augurandosi che quella visita inizi sotto i migliori auspici. Ufficialmente, il leader democristiano si trova in Inghilterra per ricevere il giorno successivo,

[16] Tna/Pro, Fo 371/102880.

24 giugno, la laurea *honoris causa* conferitagli dall'Università di Oxford. De Gasperi sarà pertanto insignito del titolo di «Doctor of Civil Law». C'è quindi un po' di tempo per un colloquio a due nella Cabinet Room di Downing Street, nel pomeriggio del 23 giugno. Difficile dire quali siano le aspettative di De Gasperi. Possiamo supporre che egli intenda discutere i temi più urgenti e spinosi. E invece, stando al «verbale dell'incontro» redatto dagli inglesi, la conversazione non va oltre le pure formalità di rito. Ed è anche molto sbrigativa. Si protrae infatti per una mezz'ora scarsa. Giusto il tempo per una panoramica sui rapporti tra l'Occidente e l'Unione Sovietica, sulla «Comunità Europea di Difesa» e la «questione di Trieste». Senza dimenticare il Pci di Togliatti, ovviamente. Tutti argomenti di grande rilievo, certo. Ma non così impellenti come la crisi politica italiana e le tensioni al limite del conflitto armato tra il Regno Unito e i due grandi Stati mediorientali, l'Egitto e la Persia. È curioso insomma che in quel documento di due pagine non compaia neppure un commento sull'esito delle elezioni italiane avvenute quindici giorni prima. Ed è ancora più stupefacente che da parte di Sir Winston non vi sia neanche un accenno minimo alle simpatie di De Gasperi verso i regimi di Nagib e Mossadeq. Simpatie così forti da indurre il capo del governo italiano a violare l'embargo inglese contro la Persia, rischiando persino di bruciare in modo irreparabile le relazioni diplomatiche tra Roma e Londra.[17] L'unica spiegazione ragionevole è che Churchill abbia già le idee chiare su come risolvere l'«Italian Issue» una volta per tutte.

[17] Tna/Pro, Prem 11/467.

Quando il Presidente del Consiglio torna a Roma nei giorni successivi, il suo governo è già virtualmente in crisi. I partiti laici non intendono rinnovargli la fiducia. Il Capo dello Stato, Luigi Einaudi, si vede comunque obbligato ad affidargli il reincarico. E non può essere altrimenti, visto che la Dc ha ottenuto il 40 per cento dei voti qualche settimana prima. De Gasperi vara il suo ottavo governo a metà luglio, un monocolore Dc. Al suo fianco c'è sempre l'inseparabile Attilio Piccioni, il vicepresidente del Consiglio, sebbene giornali e rotocalchi continuino ad accanirsi furiosamente contro la sua famiglia per lo scandalo Montesi. Il 28 luglio 1953 l'esecutivo si presenta alla Camera, ma non ottiene la fiducia a causa dell'astensione di socialdemocratici, repubblicani e liberali. Il Quirinale affida quindi a Piccioni il preincarico di formare un nuovo governo. «Credo sia più adatto di me a superare nuove complicazioni», dichiara De Gasperi prima di raggiungere le montagne del suo Trentino per un periodo di riposo. Ma forse c'è già chi spera in un suo ritiro definitivo dalla vita politica.

A Porta Pia tirano un sospiro di sollievo per l'esito della crisi. C'è soddisfazione perché il leader cattolico è stato costretto a gettare la spugna. Ma al tempo stesso prevale l'ansia giacché il testimone è passato nelle mani del suo clone politico, Attilio Piccioni. Il quale, di fronte all'intransigenza dei partiti laici, arriva a prospettare l'eventualità di un monocolore Dc con la benevola astensione della destra moderata. A questo proposito, risultano certamente interessanti le considerazioni che il 6 agosto 1953 l'ambasciatore Sir Victor Mallet invia a Robert Arthur James Gascoyne-Cecil, Quinto Marchese di Salisbury, il Segretario di Stato per le relazioni del Commonwealth, a Whitehall. È un esponente dei falchi dell'establishment conservatore, un membro della House of Lords noto soprattutto per essere un convinto assertore dell'Impero britannico. Sir Mallet sottolinea uno degli effetti positivi delle elezioni di giugno e del successivo dibattito sulla fiducia alla Camera: «Hanno svelato un'inclinazione distante dalla politica estera» attuata per anni dagli esecutivi guidati da De Gasperi. È una nuova «tendenza», insomma, che è andata via via manifestandosi «nell'opinione pubblica» e tra i membri del «Parlamento». Anche il «centro», afferma l'ambasciatore, è sembrato «meno entusiasta di prima nell'appoggiare i disegni di De Gasperi». Il suo «ottavo governo», dunque, è ormai «defunto». Cosa augurarsi a questo punto, allora? La colomba di Porta Pia va subito al sodo e delinea al falco del Foreign Office lo scenario più conveniente per gli interessi britannici. Eccolo.

Il prossimo «governo italiano», scrive il diplomatico, subirà «pressioni» per «rallentare» sul tema dell'Alleanza atlantica, inserendo allo stesso tempo la «retromarcia» sul progetto della «Comunità Europea di Difesa», la Ced. Due dossier sui quali i punti di vista di Roma e Londra divergono radicalmente, come si è visto nei capitoli precedenti. Adesso, quindi, sta alla politica e alla diplomazia del Regno Unito cogliere l'occasione per ridimensionare drasticamente le ambizioni italiane verso la Nato e il progetto di esercito europeo. Le «pressioni», spiega, giungeranno prevalentemente «dalla sinistra e dalla sinistra-centro». E vanno in qualche modo alimentate, suggerisce Sir Mallet. Perché vi sarebbe senz'altro «meno entusiasmo per le spese militari» se Attilio Piccioni dovesse «fallire» nel suo tentativo di formare un nuovo esecutivo e il governo successivo finisse per spostarsi «lievemente a sinistra», guadagnando così la «cooperazione dei socialdemocratici» di Saragat e «l'astensione dei socialisti» di Nenni. E a quel punto sarebbe la Gran Bretagna a ricavarne un beneficio. Perché potrebbe manifestarsi una «propensione generale» da parte dei prossimi capi di governo italiani verso i «disegni» inglesi a scapito di quelli statunitensi, specialmente per quanto riguarda «l'Europa e l'Estremo Oriente». In tal modo, insomma, l'Italia sarebbe finalmente in grado di «liberarsi dall'abbraccio dello Zio Sam». Un amplesso certamente «generoso e redditizio» ma anche «eccessivamente paternalistico e intimo». Per contro, insiste l'uomo di Porta Pia, se Piccioni riuscisse nel suo intento di «formare un gabinetto appoggiato dalla destra», il Regno Unito finirebbe per avere a che fare ancora una volta con un governo «intransigente, sciovinista e ostinato». Proprio come gli esecutivi capitanati da De Gasperi tra il 1945 e il 1953.[18]

Occorre insomma sbarazzarsi di Piccioni e, allo stesso tempo, favorire un nuovo equilibrio politico che sia anglofilo e "antiamericano". Il 12 agosto 1953 il delfino di De Gasperi rinuncia al tentativo di formare un nuovo governo e rimette il mandato nelle mani di Einaudi. Poche ore più tardi, il Capo dello Stato affida l'incarico a un democristiano ritenuto più sbiadito e controllabile, Giuseppe Pella, il ministro del Tesoro. Il suo governo – un monocolore Dc appoggiato esternamente da monarchici, liberali e repubblicani (i socialdemocratici si astengono) – si insedia quattro giorni dopo, il 17 agosto. È un gabinetto "tecni-

[18] Tna/Pro, Fo 371/107749.

co", il primo della storia politica italiana. Ne fanno parte diverse personalità senza tessera di partito. E per le sue caratteristiche, viene salutato come un commissariamento della Dc. Con favore o risentimento, a seconda dei punti di vista. «Governo amico», lo liquida sprezzantemente De Gasperi in un articolo pubblicato dal settimanale della Dc, «La Discussione». Giudizio gelido e tagliente che tradisce non solo l'atteggiamento distaccato dell'ex Presidente del Consiglio nei confronti del nuovo esecutivo, ma anche l'intenzione malcelata di liquidarlo al più presto. La partita, dunque, è tutt'altro che chiusa.

La fine di De Gasperi

No, la partita non è chiusa. De Gasperi si è ritirato in Trentino, ma la sua influenza sulla politica italiana è ancora molto forte. Gli inglesi temono di rivederlo nella Capitale. Anche Attilio Piccioni è ancora in gioco, nonostante la banditesca campagna mediatica scatenata contro i suoi familiari. Nell'estate del 1953 si chiude invece il capitolo Mossadeq. Tra il 16 e il 19 agosto scatta l'Operazione Ajax, il nome in codice del golpe angloamericano. Il primo ministro iraniano viene deposto e sale al potere il generale Fazlollah Zahedi. Tutto si compie mentre Reza Pahlavi, lo Shah di Persia, si trova a Roma. Si è allontanato da Teheran in fretta e furia per la sua nota diffidenza verso i Servizi britannici, e vi fa ritorno solo quando ottiene l'assicurazione che le redini del governo sono ormai nelle mani di Zahedi. Un iraniano, in fondo, benché golpista. Dopo aver portato a termine la sua missione per conto del governo di Sua Maestà, l'americano Kermit Roosevelt (Cia) lascia Teheran e vola a Londra per brindare al successo del colpo di Stato assieme ai vertici del Secret Intelligence Service. E il 26 agosto incontra Churchill a Downing Street. Il premier vuole congratularsi personalmente con lui, è «entusiasta» dell'operazione contro Mossadeq, senz'altro «la migliore» dalla fine del Secondo conflitto mondiale. Il golpe, aggiunge, è «un'opportunità meravigliosa e inaspettata, in grado di mutare l'intero scenario mediorientale». Perché il Secret Intelligence Service «è il mio servizio segreto», sussurra con una punta di civetteria Sir Winston al giovane Roosevelt alla fine del colloquio.[1]

Ma il premier britannico non fa neanche in tempo a godersi la caduta di Mossadeq che da Roma arriva l'infausta notizia dell'elezione di De Gasperi alla segreteria della Dc. È il 28 settembre 1953. Due settimane più tardi, il 16 ottobre, riesplode lo scandalo Montesi. Risulta impressionante l'estrema precisione con cui i veleni della spiaggia di Torvaianica si mescolano alle vicende politiche italiane. Le nuove rivelazioni deflagrano come una bomba a orologeria al momento giusto. A innescare la miccia, questa volta, è il mensile scandalistico «Attualità». Il giovane cronista nonché direttore della testata – Silvano Muto, fresco di laurea in Legge – firma un articolo intitolato *La verità sulla morte di Wilma Montesi* in cui raccoglie tutti i boatos che erano corsi sino ad allora, con il tono però della certezza più assoluta. Wilma, in sintesi, frequentava un ambiente in cui circolava la droga. Durante un festino, all'interno della riserva di caccia di Capocotta – ai margini della tenuta presidenziale di Castel Porziano, sul litorale romano –, si è sentita male ed è stata abbandonata sulla spiaggia di Torvaianica. Muto aggiunge alcuni dettagli significativi sui responsabili, ma senza farne i nomi. Li indica genericamente con due consonanti, la «X» e la «Y». Il «signor X» è l'organizzatore, scrive: ricco, conviviale, abi-

[1] Central Intelligence Agency (Cia), *Overthrow of Premier Mossadeq of Iran*, cit. Cfr. anche M. J. Cereghino e G. Fasanella, *Colonia Italia*, cit.

le nel coltivare amicizie e al centro di un giro di spacciatori. Il «signor Y», prosegue, è un giovanotto di notevole levatura sociale. Per impedire che salti fuori la verità, insomma, i due misteriosi personaggi hanno tentato di sbarazzarsi del corpo di Wilma. Ma chi sono? E qual è la fonte del mensile? Il procuratore della Repubblica di Roma, Angelo Sigurani, vuole vederci chiaro e convoca Silvano Muto al Palazzo di Giustizia. Il reporter, tuttavia, non fornisce spiegazioni convincenti e se ne torna a casa con l'imputazione di «avere diffuso notizie false e tendenziose atte a turbare l'ordine pubblico». Il processo a suo carico comincerà all'inizio del 1954. Intanto, il nome di Piero Piccioni continua a circolare. E siccome *vox populi vox Dei*, per l'opinione pubblica il colpevole è lui: il figlio di Attilio Piccioni, vicepresidente del Consiglio nel gabinetto Pella, amico di vecchia data del segretario democristiano De Gasperi e, secondo molti, il predestinato alla guida di un nuovo esecutivo.

Nel gennaio 1954 viene al pettine il nodo del governo Pella e della sua natura «antidemocristiana». La situazione precipita ed è sempre la macchina del fango a scandirne i ritmi. Il «governo amico» ha il fiato corto, non regge di fronte all'ostilità di De Gasperi. Il quale, ora che è tornato alla guida dello scudo crociato, vuole chiudere rapidamente la parentesi tecnocratica per ripristinare il primato della politica. Pella prova a mediare tra le opposte pressioni della Dc e dei partiti laici anglofili. Tenta anche la carta del rimpasto. Ma la sua lista dei ministri finisce per non accontentare nessuno. Il no di entrambi è secco. Quello democristiano viene addirittura formalizzato in una riunione dei gruppi parlamentari. Pella si dimette il 5 gennaio. Il suo governo è durato poco più di quattro mesi. E De Gasperi è nuovamente sulla rampa di lancio. Si parla con insistenza di un suo ritorno alla guida dell'esecutivo o, in subordine, di un passaggio del testimone a Piccioni. Ma lo scontro politico non si sviluppa soltanto tra i laici e la Dc. Dopo un decennio di guida degasperiana, all'interno del partito si sta facendo strada una nuova generazione di dirigenti che rivendica un'assunzione diretta delle responsabilità. L'esponente più in vista di quei "giovani leoni" è Amintore Fanfani, il ministro dell'Interno nel governo Pella. Ed è proprio a lui che Einaudi affida l'incarico. Il nuovo governo nasce il 19 gennaio. Ma è un monocolore senza una maggioranza precostituita. Una soluzione precaria e temporanea, in attesa che si chiariscano i rapporti all'interno della Dc e dei suoi alleati.

Il 20 gennaio 1954 esplode un altro caso a orologeria, dopo il presunto scoop sullo scandalo Montesi uscito sul mensile «Attualità» nell'ottobre 1953. Ma questa volta il siluro lanciato dalla macchina del fango punta dritto dritto alla persona di De Gasperi. Il settimanale umoristico di destra «Candido», fondato e diretto da Giovannino Guareschi, pubblica una lettera attribuita al leader democristiano. Si tratta della copia fotostatica di un dattiloscritto su carta intestata della Segreteria di Stato di Sua Santità. La missiva, datata 19 gennaio 1944, porta la firma autografa «Degasperi» ed è indirizzata «Al Tenente Colonnello A. D. Bonham Carter, Peninsular Base Section, Salerno». L'autore supplica gli Alleati di bombardare Roma per indurre la popolazione a insorgere contro gli occupanti tedeschi. Ecco il passo più imbarazzante per l'ex Presidente del Consiglio:

Ci è purtuttavia doloroso, ma necessario, insistere nuovamente affinché la popolazione romana si decida ad insorgere al nostro fianco, che non devono essere risparmiate azioni di bombardamento nella zona periferica della città nonché sugli obbiettivi militari segnalati. Questa azione, che a cuore stretto invochiamo, è la sola che potrà infrangere l'ultima resistenza morale del popolo romano, se particolarmente verrà preso quale obbiettivo l'acquedotto, punto nevralgico vitale.

Il clamore è enorme. I miasmi sprigionati dalle "rivelazioni" giornalistiche del «Candido» si mescolano alle tossine dello scandalo Montesi, rendendo ancora più irrespirabile il clima politico nel Paese. Scopriremo a breve il ruolo giocato da Bonham Carter in questa storia, il destinatario delle presunte lettere del leader democristiano. Un personaggio a cui abbiamo già accennato nei capitoli precedenti.

Da segnalare, intanto, la reazione a caldo di Porta Pia. Alan Hugh Campbell, primo segretario dell'ambasciata britannica a Roma, invia una nota Confidential al Western and Southern Department del Foreign Office. Il documento porta la data del 25 gennaio 1953. De Gasperi, scrive Campbell, ha pubblicamente negato «l'autenticità» della lettera a lui attribuita dal «Candido», che è «un foglio neofascista particolarmente vile». L'agenzia di stampa Ansa riferisce che l'ex Presidente del Consiglio «ha chiesto a un avvocato milanese di adire le vie legali contro il direttore del settimanale» per il reato di «diffamazione a mezzo stampa». Porta Pia, chiarisce Campbell, non intende stabilire «alcun contatto» con la redazione del «Candido» né «intervenire in alcun modo nella controversia, almeno in questa fase». Perché qualsiasi «attività» ufficiale dell'ambasciata sarebbe prematura e avrebbe l'unico effetto di «aggiungere colore a tutta la storia». Naturalmente, ed eccoci al punto, «se fosse De Gasperi in persona a contattarci chiedendo la nostra assistenza, la questione sarebbe diversa e dovremmo prenderla in considerazione».[2]

A partire dal 1941, in piena guerra mondiale, Campbell aveva operato nei ranghi dello Special Operations Executive (Soe) come istruttore nella scuola di addestramento di Beaulieu, nello Hampshire. Tra i suoi colleghi figurava anche Kim Philby, la super spia della Rete di Cambridge. In seguito alla resa della Germania nazista (maggio 1945), era stato inviato a Berlino nel doppio ruolo di Staff Officer del Soe, con il grado di capitano, e di agente del Secret Intelligence Service (Sis) sul campo. Al Foreign Office dal 1946, era poi giunto a Roma nel 1952 con la mansione di Primo Segretario dell'ambasciata di Porta Pia. È plausibile, quindi, che adesso sia proprio lui a dirigere occultamente la rete del nuovo Soe in un'Italia travolta dallo scandalo Montesi e dall'*affaire* Guareschi. Uno scenario che si ripeterà vent'anni più tardi, nella primavera del 1976, quando Campbell presiederà la commissione segreta del governo inglese delegata a pianificare ogni genere di azioni clandestine contro Aldo Moro. Anche da ambasciatore del Regno Unito in Italia, carica che ricoprirà tra il 1976 e il 1979.[3]

[2] Tna/Pro, Fo 371/113133.

[3] Scheda su Alan Campbell compilata da John Robertson, 22 maggio 2015, Special Forces Roll of Honor, www.specialforcesroh.com; *Sir Alan Campbell*, «The Times», 18 ottobre 2007; M. J. Cereghino e G. Fasanella, *Colonia Italia*, cit.

La diplomazia britannica decide quindi di rimanere a guardare. Il 27 gennaio 1954, intanto, il «Candido» pubblica una seconda lettera attribuita a De Gasperi, analoga alla prima. Entrambe le missive, si saprà più tardi, sono giunte nelle mani di Guareschi tramite un ex tenente della milizia fascista della Rsi. Il suo nome è Enrico De Toma e da almeno tre anni è solito fare il giro delle redazioni dei giornali e dei rotocalchi italiani. Afferma tra l'altro di essere in possesso del leggendario carteggio Churchill-Mussolini. Benché siano in molti a sospettare che si tratti di un falso clamoroso, il settimanale «Oggi» ne pubblica una parte nel marzo 1954. Ma la rivista «cliente» della propaganda occulta inglese interrompe la serie dopo tre puntate appena. Senza spiegare i motivi della decisione né le ragioni che hanno persuaso l'editore Rizzoli a fidarsi di De Toma. Lo scoop farlocco di «Oggi» finirà comunque per produrre l'esito nefasto di relegare nell'area grigia dell'inattendibilità i resoconti storicamente comprovati sin dal 1917 sui rapporti occulti tra l'establishment conservatore britannico e il giovane Benito Mussolini, nell'ambito delle origini del movimento fascista.[4]

Mentre De Gasperi cerca di capire qual è il modo migliore per difendersi dalle gravi accuse del «Candido», lo scandalo Montesi entra in una nuova fase. Il 28 gennaio 1954 il giornalista Silvano Muto si presenta dinanzi ai giudici al Palazzo di Giustizia di Roma. Il direttore di «Attualità», che fino a quel momento ha taciuto sulle sue fonti e sull'identità dei misteriosi «X» e «Y», decide improvvisamente di vuotare il sacco. Rivela che nella riserva di caccia di Ca-

[4] M. J. Cereghino e G. Fasanella, *Nero di Londra*, cit.

pocotta, gestita dal marchese siciliano Ugo Montagna, si svolgevano festini a cui partecipavano anche i figli di alcuni notabili Dc, come il musicista Piero Piccioni. Il reporter precisa di essersi basato sulle informazioni ricevute da due ragazze che erano solite frequentare il mondo della dolce vita romana. La prima è una ventenne di origini irpine, Adriana Concetta Bisaccia, aspirante attrice che sbarca il lunario lavorando come dattilografa. L'altra è una milanese di antica e blasonata famiglia, Maria Augusta Moneta Caglio Bessier d'Istria, "Annamaria" per gli amici. Muto racconta di aver indagato sin dall'aprile 1953 negli ambienti della "Roma bene", lavorando soprattutto sulle dritte ricevute dalla Bisaccia. La ragazza gli aveva confidato di aver partecipato con Wilma Montesi a un'orgia nella riserva di Capocotta, molto frequentata dalla mondanità capitolina. Wilma, però, avrebbe assunto un quantitativo letale di stupefacenti («sigarette drogate») e alcol, soffrendo così un grave malore. Nelle ore successive, quindi, il suo corpo senza vita sarebbe stato portato sulla spiaggia di Torvaianica da alcuni uomini che avevano partecipato al festino. Dinanzi ai giudici, il giornalista aggiunge che è stata poi Annamaria Moneta Caglio a rilasciargli una deposizione compromettente alla fine di ottobre del 1953, dopo aver letto lo scoop di «Attualità» uscito in edicola il 16 ottobre. La Corte decide a questo punto di ascoltare le testimonianze della Bisaccia e della Caglio. Il processo riprenderà quindi ai primi di marzo del 1954. Prosegue nel frattempo la campagna dei veleni, gonfiata soprattutto dal quotidiano «Il Messaggero», altra testata «cliente» della propaganda occulta britannica. L'editore Alessandro Perrone offre alla Bisaccia una lauta somma per un'intervista. La ragazza si trasferisce addirittura in un hotel di lusso della Capitale, a spese del giornale. E giù un profluvio di rivelazioni a pagamento che, rilanciate da tutta la stampa, si rovesciano a valanga su un'opinione pubblica affamata di gossip e scandali come mai prima, finendo così per scompaginare ulteriormente il mondo della politica italiana. Ecco cosa annota in quei giorni Paolo Emilio Taviani, il ministro della Difesa: «La questione Montesi, montata soprattutto dal quotidiano romano "Il Messaggero", sta divenendo una sorta di cancro per la vita del governo».[5]

Ma torniamo a Porta Pia e all'*affaire* Guareschi. Come previsto e in un certo senso auspicato da Alan Campbell, De Gasperi bussa alla porta della legazione britannica tramite il suo ex Segretario particolare per gli Affari Esteri, Paolo Canali. Il 27 gennaio 1954, questi incontra l'ambasciatore britannico Sir Ashley Clarke a Porta Pia. Il giovane diplomatico italiano vuole capire innanzitutto se il «tenente colonnello A. D. Bonham Carter» esiste veramente e, in tal caso, quali incarichi abbia ricoperto in Italia tra il 1943 e il 1945. Il colloquio tra Sir Clarke e il messaggero di De Gasperi si rivela alquanto spigoloso. E il compito di redigerne un resoconto per il Foreign Office viene affidato ancora una volta a Campbell. Stando al rapporto, Canali chiede al governo britannico dei documenti ufficiali che scagionino l'ex Presidente del Consiglio. Per prima cosa, una dichiarazione in cui si attesti che non esisteva alcun colonnello Bonham Carter. Oppure, in alternativa, che

[5] M. J. Cereghino e G. Fasanella, *Colonia Italia*, cit.; Francesco Grignetti, *Il caso Montesi. Sesso, potere e morte nell'Italia degli anni Cinquanta*, Marsilio, Venezia 2006.

quel colonnello «non esercitava un'autorità tale da giustificare la ricezione della lettera» del 19 gennaio 1944 attribuita a De Gasperi. E comunque, se un Bonham Carter esisteva ed era effettivamente in Italia, il diplomatico italiano pretende che questi neghi «ogni contatto con De Gasperi e ogni responsabilità in merito ai temi affrontati nella missiva» del 19 gennaio. Canali reclama infine una dichiarazione siglata da Lord Harold Alexander, il celebre maresciallo al comando dell'Ottava armata britannica in Italia nell'ultima fase della guerra, in cui si attesti che «nessuno degli ufficiali alle sue dipendenze era in contatto con De Gasperi. Oppure, che nessuno era stato autorizzato a trattare con chicchessia in Roma il tema del bombardamento della periferia dell'Urbe».[6]

In realtà, anticipa Campbell, un membro dell'ambasciata di Porta Pia – il suo nome è Hannaford, lavora attualmente come «consulente legale» per la legazione britannica e tra il 1943 e il 1945 era operativo nella Penisola – è già in grado di «confermare che all'epoca un colonnello Bonham Carter si trovava effettivamente in Italia». Hannaford, però, «non riesce a ricordare esattamente» quale incarico ricoprisse in quella fase. Ora, pertanto, è «presumibile» che il Bonham Carter della lettera del 19 gennaio 1944 possa essere «rintracciato». È quanto comunica Sir Clarke a Canali. L'ambasciata britannica di Porta Pia, dunque, sarà «lieta» di fornire ogni dettaglio in merito al «recapito attuale» di Bonham Carter, nonché sulle «mansioni» che costui ricopriva in Italia durante la guerra. Ma... Sì, c'è un ma. Perché dovrà essere eventualmente Canali, o qualche altro

[6] Tna/Pro, Fo 371/113133.

«rappresentante di De Gasperi», a contattare «direttamente» Bonham Carter per ottenere da lui una testimonianza scritta. In ogni modo, l'ambasciatore Clarke «dubita fortemente» che Lord Alexander «possa redigere una lettera come quella suggerita da Canali». È comunque possibile metterlo al corrente della missiva del 19 gennaio 1944 per capire se sia disponibile a «dire qualcosa in proposito o, in alternativa, a ricevere un emissario di De Gasperi». Fin qui il resoconto del colloquio. Campbell aggiunge di suo pugno una nota in cui chiede al Foreign Office di indagare sugli incarichi ricoperti da Bonham Carter in Italia durante il conflitto bellico e nell'immediato dopoguerra, e anche di scoprire il suo indirizzo odierno. Stando a Hannaford, pare che l'ex colonnello sia ora il «direttore del personale» di una nota multinazionale britannica, la «Lever Brothers».[7] La Level Brothers, alias Unilever? Sì, la potente multinazionale anglo-olandese che controlla il sessanta per cento del mercato dei saponi e dei detersivi nell'Impero britannico. Un'impresa decisamente autorevole nel Regno Unito, dunque, oltre che onnipresente nei cinque continenti sin dal tardo Ottocento. È un elemento degno di nota in questa storia, poiché il suo direttore, Sir James Laurence Heyworth, ha fatto parte della Commissione Drogheda, incaricata da Churchill nel luglio 1952 di ristrutturare i Servizi clandestini britannici per la guerra economica all'estero, come abbiamo già visto nei capitoli precedenti.

Sir Arthur Desmond Bonham Carter (da qualche mese responsabile della divisione «Human Resources» della Unilever, a Londra) proviene da una ricca e influente di-

[7] *Ibidem.*

nastia del Regno Unito. Ha partecipato alla campagna d'Italia e, in seguito alla liberazione di Roma (giugno 1944), ha assunto l'incarico cruciale di capo dello staff di Charles Poletti, il responsabile dell'Allied Military Government (Amg). Con i gradi di tenente colonnello del Royal Tank Corps (Ottava armata britannica), Bonham Carter ha integrato infine l'Allied Control Commission (Acc) per poi rientrare a Londra nell'estate del 1945. Curioso che un personaggio di tale spessore risulti quasi del tutto sconosciuto allo staff di Porta Pia. E che ci sia bisogno persino di indagini per scoprire dove sia e che cosa faccia. L'unica spiegazione plausibile è che Londra abbia deciso di prendere tempo, in attesa degli sviluppi della crisi politica italiana. E in effetti...

Il 30 gennaio 1954 Fanfani rassegna le dimissioni da Presidente del Consiglio: non ha ottenuto la fiducia alla Camera. Il suo governo è durato tre settimane appena. Due giorni dopo, il primo febbraio, Paolo Canali chiama Porta Pia. La questione si sta facendo «urgente», scrive quello stesso giorno Alan Campbell al Foreign Office. Ora che Fanfani si è dimesso, spiega, è plausibile che De Gasperi «sia chiamato a formare un governo, oppure che diventi ministro degli Esteri». Ecco perché Canali «ha telefonato nuovamente stamane», sollecitando l'ambasciata a muoversi come stabilito nei giorni precedenti. Sta cercando insomma di «aiutare» il leader democristiano a «difendere la sua reputazione» in vista di un possibile incarico governativo. Campbell insiste dunque affinché il Foreign Office rintracci Bonham Carter e contatti Lord Alexander.[8]

[8] *Ibidem.*

Ma perché il segretario democristiano ha affidato proprio a Paolo Canali una missione così delicata? Perché De Gasperi lo ha incaricato di trattare segretamente con la missione diplomatica inglese una faccenda da cui può dipendere il futuro politico del Paese, se non addirittura il suo destino personale? E perché, infine, Porta Pia ha accettato come intermediario quell'"ambasciatore"?

Con la pubblicazione delle due lettere del 1944 da parte del «Candido», la lunga guerra segreta tra lo statista italiano e i suoi nemici d'Oltremanica (e d'Oltretevere) si avvia ormai all'ultimo atto, che in realtà è ancora tutto da scrivere. Se per Downing Street l'obiettivo resta la definitiva uscita di scena di De Gasperi, quest'ultimo punta invece a difendere, oltre all'onore personale, il diritto di continuare a svolgere il ruolo che gli spetta nella vita politica e nella storia del Paese. Per come si sono messe le cose, sono aspirazioni opposte e ormai inconciliabili. E tuttavia si dovrà pur trovare una soluzione, per la quale serve qualcuno capace di parlare e di farsi ascoltare a Roma come a Londra. Ed ecco appunto Canali. Non è un caso che sia proprio lui a fare da tramite. È stato per dieci anni l'uomo di fiducia di De Gasperi. Ma lo è stato anche dell'ambasciata britannica. E continua ad esserlo. A Porta Pia è di casa, insomma. Prima di riprendere il filo del caso Guareschi, dunque, è senz'altro utile soffermarsi sul suo profilo, che aiuta a capire molte cose.

È nato a Londra nel 1911 da genitori italiani. Dopo aver frequentato il Beaumont College – il celebre collegio cattolico fondato dai gesuiti nell'Ottocento nei pressi del Castello di Windsor, la sede storica della monarchia inglese –, è sbarcato a Roma nei primi anni Trenta per iscriversi alle scuole commerciali, dilettandosi al contempo di recitazione. Tra il 1935 e il 1938 è sua la voce di Oliver Hardy nell'edizione italiana dei film interpretati da Stanlio e Ollio, mentre è l'italo-egiziano Carlo Cassola a doppiare Stan Laurel negli stessi anni. Canali ha poi intrapreso la carriera diplomatica. Ha conosciuto Alcide De Gasperi dopo la caduta del fascismo, nell'estate del 1943, avvicinandosi così alla nascente Democrazia Cristiana. Tra il 1944 e il 1953 ha svolto le delicate funzioni di Segretario particolare di De Gasperi per gli Affari Esteri e, in parallelo, di Capo ufficio stampa della Presidenza del Consiglio dei Ministri. Nella sua scheda personale, compilata dallo staff di Porta Pia due anni prima dell'*affaire* Guareschi, si evidenzia che Canali «parla un inglese perfetto», oltre a essere «molto intelligente» e dotato di «un fascino considerevole», ma solo «quando gli aggrada». Possiede inoltre «un senso dell'umorismo caustico», al punto da dare l'impressione di essere «una persona amabilmente frivola». Dal documento emerge inoltre che «si è sempre mostrato decisamente amichevole» nei confronti di Porta Pia, oltre a essere «senz'altro interessato a migliorare le relazioni anglo-italiane» e, al contempo, «bendisposto a prendere in considerazione ogni suggerimento» proveniente dall'ambasciata britannica. Tant'è che negli anni in cui De Gasperi è Presidente del Consiglio, i «materiali anticomunisti» prodotti dall'Information Research Department (Ird) vengono «messi a disposizione del governo italiano» proprio «tramite Canali». È lui, insomma, a coordinare in prima persona la distribuzione della propaganda occulta dell'Ird nelle redazioni dei giornali e dei rotocalchi e tra i vari dicasteri nella Capitale. Abituato da sempre a giocare su due tavoli, Canali è dunque la persona più indicata a fungere da «mediatore» anche in questa fase complessa dello scenario italiano.[9]

Da Londra, ai primi di febbraio del 1954, arriva intanto una buona notizia. Il Foreign Office comunica ad Alan Campbell (Porta Pia) che Bonham Carter è stato rintracciato. Lavora effettivamente nella sede centrale della «Lever Brothers» – sulle rive del Tamigi, giusto dinanzi al Blackfriars Bridge, il Ponte dei Frati Neri – e si è già detto pronto a redigere l'attestato chiesto da Canali. Sembra che nel gennaio 1944 l'ex colonnello «fosse ricoverato in ospedale, a Napoli». In ogni modo, «non ha mai avuto a che fare con la Peninsular Base Section» di Salerno, la sede dell'organismo alleato a cui sarebbero state indirizzate le presunte missive di De Gasperi nel gennaio 1944. In ogni caso, ed è questa la notizia più importante, nessuna delle lettere pubblicate dal «Candido» ha mai «raggiunto gli Alleati». A confermarlo è «l'archivista del War Office».[10]

Le accuse di Guareschi sono dunque false e De Gasperi lo querela per «diffamazione a mezzo stampa». Il segretario della Dc accentua quindi la pressione su Porta Pia per ottenere tutto ciò che gli occorre per dimostrare la sua innocenza. Esige che si faccia presto. Sente infatti di poter

[9] Tna/Pro, Fo 371/107750; Fo 371/96244; Luigi Einaudi, Ernesto Rossi, *Carteggio (1925-1961)*, a cura di Giovanni Busino e Stefania Martinotti Dorigo, Fondazione Luigi Einaudi, Torino 1986, pagina 341, nota 7; Mario Quargnolo, *La parola ripudiata. L'incredibile storia dei film stranieri in Italia nei primi anni del sonoro*, Cineteca del Friuli, Gemona del Friuli 1986.
[10] Tna/Pro, Fo 371/113133.

tornare in corsa, dal momento che la crisi del governo Fanfani non si è ancora risolta. L'argomento è oggetto di discussione al Foreign Office: quale linea di condotta adottare? In una nota interna dell'8 febbraio 1954 vengono quindi fissate le coordinate politico-diplomatiche a cui ispirarsi. Si riconoscono le ragioni dello statista: «Vi è la possibilità che De Gasperi possa essere chiamato a formare un nuovo esecutivo. È comprensibile, dunque, che egli sia ansioso di difendere il suo nome». E gli inglesi arrivano addirittura ad ammetterne il valore: il leader cattolico e la Dc «sono forse la scommessa migliore per l'Italia e, in generale, per la collaborazione italiana con l'Occidente. Dovremmo quindi fornirgli ogni aiuto possibile». In calce al documento, però, una mano premurosa si affretta ad aggiungere a lapis una postilla che ha tutta l'aria di una sentenza: «Se De Gasperi si rifiutasse di formare un nuovo governo», Scelba finirebbe certamente per assumere «l'incarico» di Presidente del Consiglio.[11]

Manco a farlo apposta, quarantotto ore più tardi Einaudi affida l'incarico proprio al democristiano Mario Scelba. Il nuovo esecutivo, un tripartito Dc-Psdi-Pli, giura nelle mani del Capo dello Stato il 10 febbraio 1954. Churchill ha vinto una battaglia, ma non la guerra. Certo, De Gasperi è fuori dai giochi governativi, ma conserva ancora la carica di segretario della Dc. Senza contare che il suo sodale Attilio Piccioni continua a dirigere il fondamentale ministero degli Affari Esteri. Lo statista trentino, insomma, non ha alcuna intenzione di demordere, anche se lo scandalo Montesi e l'*affaire* «Candido» non smettono di

[11] *Ibidem.*

infiammare gli animi degli italiani. Il 12 febbraio, appena due giorni dopo l'insediamento di Scelba alla carica di Presidente del Consiglio, Sir Ashley Clarke (Porta Pia) scrive al Foreign Office che «De Gasperi ha proposto di spedire Canali a Londra» nei prossimi giorni, affinché entri in contatto con i vertici della diplomazia britannica, con Bonham Carter e con Lord Alexander. Da un punto di vista «ufficiale», spiega l'ambasciatore inglese, Canali è un «funzionario» del ministero degli Esteri «distaccato» presso la Presidenza del Consiglio guidata ora da Scelba. Di fatto, però, «continua a essere a disposizione di De Gasperi, anche se questi non ricopre più alcun incarico» di governo. Porta Pia invita dunque a valutare la richiesta del leader cattolico con la massima attenzione. Anche perché questa volta c'è l'imprimatur di Scelba. Il nuovo Presidente del Consiglio, riferisce Sir Clarke, è infatti «felice» di dare il suo assenso alla missione londinese di Canali, dal momento che l'*affaire* del «Candido» potrebbe avere «implicazioni negative» sia per la Dc sia per il governo da lui guidato.[12]

Mentre Paolo Canali attende il via libera di Porta Pia per recarsi a Londra, la certezza dell'innocenza di De Gasperi è ormai assoluta a Downing Street. In fondo, se Churchill avesse voluto, sarebbe bastato un suo semplice schiocco di dita per troncare sul nascere il caso Guareschi e impedire così che macchiasse l'onore di uno statista cattolico di fama mondiale, destabilizzando al contempo la vita politica e istituzionale della Penisola. Ma allora perché Londra tarda a rilasciare i documenti e le

[12] *Ibidem.*

dichiarazioni ufficiali che finirebbero per scagionare il segretario della Dc agli occhi dell'opinione pubblica italiana, determinando in tal modo la condanna di Guareschi nella causa per diffamazione? È un interrogativo ancora più incalzante alla luce di ciò che emerge dall'Ufficio storico del Cabinet Office, il consiglio dei ministri del governo presieduto da Sir Winston. Il 15 febbraio 1954, infatti, un rapporto inviato al Foreign Office dal maggiore Duff taglia la testa al toro. Scrive infatti che la Peninsular Base Section (Pbs), l'organismo a cui sarebbero state inviate le false lettere attribuite a De Gasperi, era una «organizzazione americana» che si occupava dei rifornimenti con base a Napoli. Nel gennaio 1944, a Salerno, i suoi compiti erano quindi «marginali». Inoltre, osserva il maggiore inglese, è difficile immaginare che un «ufficiale britannico» come Bonham Carter «assegnato alla Pbs» potesse avere «contatti con i politici italiani» nella Roma occupata dalle truppe hitleriane. E poi, il contenuto della lettera del 19 gennaio 1944 pubblicata dal «Candido» è «in totale contraddizione» con altri messaggi spediti all'allora capo del governo Badoglio da vari esponenti politici italiani in clandestinità. All'epoca, infatti, erano in molti a desiderare che Roma fosse dichiarata «Città Aperta». Risulta inoltre «arduo» credere che De Gasperi abbia potuto spedire dal Vaticano una delle lettere a lui attribuite, giacché la Santa Sede era solita appellarsi agli ambasciatori di Germania, Stati Uniti d'America e Regno Unito affinché l'Urbe fosse risparmiata dagli «orrori della guerra». Infine, il maggiore Duff attesta che negli archivi dell'Allied Control Commission, dell'Allied Forces Headquarters e del War Office non vi è «traccia alcuna» di messaggi redatti dallo statista italiano negli anni 1943 e 1944. Idem per quanto riguarda «il tenente colonnello A. D. Bonham Carter».[13]

Quando riceve il tanto atteso via libera dall'ambasciata di Porta Pia, Canali si mette finalmente in viaggio per Londra. Sotto i migliori auspici. Arriva nella capitale del Regno Unito il 16 febbraio 1954 e nei giorni successivi incontra separatamente Bonham Carter e Lord Alexander. Entrambi sono già stati messi al corrente dell'*affaire* «Candido». In un promemoria di due pagine, l'ex colonnello conferma di non aver mai fatto parte della Peninsular Base Section. Tra l'altro, aggiunge, nel periodo in cui sarebbero state spedite le due lettere datate rispettivamente 19 e 26 gennaio 1944, egli si trovava in un ospedale della Croce Rossa a Sorrento. E nel chiudere la questione in maniera definitiva, almeno dal suo punto di vista, afferma: «Prima del giugno 1944 non avevo mai sentito parlare di De Gasperi ed è altrettanto impensabile che egli potesse sapere della mia esistenza».[14]

Il 17 febbraio 1954 l'ambasciatore italiano in Gran Bretagna, Manlio Brosio, e Paolo Canali incontrano Lord Alexander nella sede del ministero della Difesa britannico, sulle rive del Tamigi. Nei primi mesi del 1944, era impegnato nel teatro di guerra italiano al comando delle truppe alleate schierate lungo la Linea Gustav, tra Napoli e Roma. Il maresciallo comunica ai due italiani di «aver letto in traduzione inglese» la lettera del 19 gennaio 1944 e di ritenere che i suoi contenuti siano «nulli». Era impos-

[13] *Ibidem*.
[14] *Ibidem*.

sibile, infatti, che De Gasperi potesse chiedere al colonnello Bonham Carter di bombardare Roma, un ufficiale che «prestava servizio in una base» destinata ai «rifornimenti». Perché non spettava a quest'ultimo il «compito» di assumere una decisione che doveva interessare, casomai, l'Allied Forces Headquarters, il quartier generale alleato che disponeva di «tutti i bombardieri» in grado di colpire «pesantemente» i territori italiani controllati dai nazifascisti. Stando a Lord Alexander, quindi, le lettere attribuite a De Gasperi sono «false». Ma a Canali una dichiarazione orale non basta. Si augura che il generale possa «realizzare quali siano le implicazioni dell'attacco sferrato contro De Gasperi», visto che si tratta di un'azione «di natura politica, non personale». «Sarebbe di grande aiuto», perciò, se il maresciallo dichiarasse nero su bianco che «il suo staff» non avrebbe potuto ricevere un documento come quello del 19 gennaio 1944, attribuito dal «Candido» allo statista italiano. Lord Alexander, però, non se la sente, prende tempo. Conferma di non aver mai ricevuto «una lettera personale di De Gasperi». Ma subito dopo afferma sibillino e come colpito da una amnesia improvvisa che il suo staff «potrebbe anche averla ricevuta». Al momento, spiega, sono in corso delle ricerche «negli archivi del War Office e di altri dipartimenti». E se non spunterà «traccia alcuna» di quelle lettere, il ministero della Difesa britannico sarà ben lieto di attestare quanto richiesto da Canali. In ogni caso, il maresciallo intende «discutere con il Foreign Office il modo migliore di aiutare De Gasperi» prima di rilasciare dichiarazioni scritte.[15]

[15] *Ibidem.*

Lord Alexander temporeggia in attesa di un'autorizzazione politica. Risulta evidente che non vuole o non può concedere all'inviato di De Gasperi il pezzo di carta che chiuderebbe la faccenda in maniera definitiva, senza aver prima ottenuto il via libera da Downing Street e dal Foreign Office. Tenuto sulla corda per troppo tempo, Canali finisce per perdere la pazienza. Comincia così a tempestare di telefonate il ministero della Difesa, chiedendo a gran voce di accelerare i tempi. La situazione si sblocca quando il diplomatico italiano si impegna a mantenere il silenzio più assoluto sui suoi contatti riservati con il governo inglese. Perché De Gasperi è adesso «un privato cittadino».[16] È la rassicurazione che il governo inglese aspettava, visto che qualche giorno dopo, il 23 febbraio, anche Lord Alexander consegna a Canali una dichiarazione scritta che scagiona lo statista italiano. Siamo ormai ai primi di marzo del 1954 e, sbrigate le ultime formalità diplomatiche, l'emissario di De Gasperi si accinge a rientrare a Roma. A sorpresa, però, Churchill lo convoca a Downing Street. Trascorsi più di settant'anni, nondimeno, non si conosce ancora il contenuto di quella conversazione a quattr'occhi tra Sir Winston e il giovane diplomatico italiano. Si vedranno invece molto presto i risultati politico-giudiziari della missione londinese di Paolo Canali.[17]

[16] *Ibidem.*
[17] *Ibidem.*

«Il rischio di una Weimar italiana»

Conclusa la missione di Canali, De Gasperi invia a Churchill una lettera di ringraziamento per l'assistenza ricevuta dal governo britannico nell'*affaire* del «Candido». È il 3 marzo 1954. Ora il leader cattolico è finalmente in grado di affrontare con relativa serenità la causa per diffamazione contro Guareschi.[1] Si registrano nel frattempo sviluppi importanti nello scandalo Montesi, eventi di cui torneremo a parlare a breve. Adesso, però, continuiamo a seguire il filo rosso delle false lettere pubblicate dal «Candido».

Il processo contro il direttore del settimanale si apre lunedì 12 aprile 1954 presso il Tribunale di Milano. Un processo lampo. Viene ascoltato Guareschi, il quale dichiara di non aver mai pensato di diffamare l'ex Presidente del Consiglio. E spiega com'è nato lo scandalo: «La caccia alle lettere di De Gasperi incominciò [...] nel 1951», rivela dinanzi ai giudici, «e il fatto che provocò una vera e propria caccia fu la pubblicazione, il giorno 13 dicembre 1951 da parte del quotidiano "Roma" di Napoli, di un articolo contenente ammissioni fatte, a proposito del Carteggio [Churchill-Mussolini]», da Enrico De Toma, «il consegnatario degli originali del carteggio stesso».[2]

[1] Tna/Pro, Fo 371/113133.

[2] Cfr. https://www.giovanninoguareschi.com/tapum/capitolo-6.pdf, pagina 27.

La conferma arriva negli stessi giorni da De Toma, con una lettera datata «Lugano, 7 aprile 1954» e inviata ai giudici alla vigilia dell'apertura del processo milanese: «Il primo atto della caccia al carteggio [Churchill-Mussolini] ebbe inizio nel 1951 [il 13 dicembre], a Napoli, in conseguenza della pubblicazione sul quotidiano "Roma" di alcune ammissioni da me fatte a un cronista di quel giornale. Fu appunto dopo quella segnalazione che si verificarono i miei primi contatti con il Sifar, a Milano. Sifar è la sigla del controspionaggio militare italiano e, più formalmente, Servizio Informazioni Forze Armate Repubblicane».[3]

Il 14 aprile 1954 è la volta di De Gasperi. Dichiara che tutta la storia ebbe inizio nel settembre 1951, quando il sottosegretario Giulio Andreotti gli riferì dell'esistenza a Merano di alcuni individui che affermavano di essere in possesso del «famoso Carteggio». Tra costoro, «un certo maggiore [Tommaso] David», ex repubblichino. «Debbo dire – commenta il segretario della Dc – che ho avuto subito l'impressione che quei signori fossero dei venditori di fumo. La cosa si presentava piuttosto sospetta: pensate, nel 1942 Churchill si sarebbe messo in corrispondenza con Mussolini per contrarre con lui una specie di contro assicurazione in caso di sconfitta. È un fatto che contrasta con ogni consuetudine internazionale». Nel corso della sua deposizione, tra l'altro, De Gasperi conferma che nel dicembre 1951 furono i quotidiani «Roma» e «Momento Sera» a parlare per primi di Enrico De Toma, «indicandolo come il detentore» del presunto carteggio. Ma è solo nell'ottobre 1952, precisa il leader cattolico, che cominciarono a

[3] *Ivi*, pagina 31.

circolare le prime voci sull'esistenza di «documenti definiti assai compromettenti per me». Quei rumor giunsero all'orecchio di Andreotti attraverso Enrico Mattei, il quale era stato a sua volta in contatto con un ex comandante partigiano in Svizzera. Sono carte, evidenzia De Gasperi, che destarono l'interesse di alcuni «servizi d'informazione» stranieri, a cominciare da quelli «americani» e «inglesi». Il partigiano decise tuttavia di non accettare le «offerte» in denaro provenienti da quelle spie statunitensi e britanniche, essendo animato da genuini «sentimenti patriottici». E fu poi nell'autunno del 1952, continua l'ex Presidente del Consiglio, che Andreotti, «mi mostrò una copia della lettera» datata 19 gennaio 1944, la stessa pubblicata in seguito dal «Candido». Il suo commento è lapidario: «Mi misi a ridere: era talmente assurdo tutto ciò!». E aggiunge: «Intanto, le cose si incrociavano. Andreotti, al Senato, fu avvicinato da un generale del Sifar che gli parlò anche lui dei documenti. Andreotti gli disse che la cosa non era seria, che si trattava di venditori di fumo». Insomma, «quei documenti erano assurdi», tuona De Gasperi, «e pensavo che nessuno avrebbe potuto prenderli per buoni». Eppure, si rammarica, «corse la voce che editori di giornali e di periodici ne stavano trattando l'acquisto».[4]

Stando alle cronache, sono presenti in aula numerosi giornalisti del «Candido» e del «Corriere Lombardo», il quotidiano diretto da Edgardo Sogno. Tra i sodali di Guareschi, i reporter e i fotografi notano anche il giovane Sil-

[4] *Interessanti rivelazioni di De Gasperi sui trafficanti di documenti fasulli*, articolo pubblicato dal quotidiano «Alto Adige» il 15 aprile 1954; www.giovanninoguareschi.com/tapum/capitolo-6.pdf.

vano Muto, il direttore del settimanale «Attualità», protagonista nelle settimane precedenti del clamoroso riaccendersi mediatico dello scandalo Montesi. In un articolo pubblicato il 13 aprile 1954 dal foglio torinese «Gazzetta Sera», il trentenne Giorgio Bocca scrive che Muto segue il processo milanese nella veste di «osservatore». A sostenere Guareschi troviamo inoltre un plotone di neofascisti che alla fine delle udienze non manca mai di inveire contro il leader democristiano con cori e slogan, mentre questi guadagna l'uscita principale di corso di Porta Vittoria assieme ai suoi legali e collaboratori.

Maldicenze e boatos si erano fatti sempre più insistenti man mano che si avvicinavano le politiche del giugno 1953, elezioni che avrebbero decretato la crisi definitiva dell'era degasperiana, aprendo così la strada ai governi "balneari" guidati da Pella, Fanfani e Scelba. Durante quella campagna, non a caso, De Gasperi fu avvicinato a Firenze da un deputato del suo partito, il professor Giuseppe Vedovato, «un membro della commissione per la pubblicazione dei documenti storici. Un esperto, un esploratore di documenti, insomma». Vedovato gli raccontò di essersi recato in Svizzera per visionare il famoso carteggio, ma di averne ricavato «un'impressione per lo meno assai dubitativa». Il professore, puntualizza lo statista trentino, analizzò «solo delle copie, mai degli originali», e tra queste «anche due mie lettere dattiloscritte [del 19 e 26 gennaio 1944] e con la firma autografa. In particolare, Vedovato aveva visto la mia presunta lettera del 12 [in realtà, 19] gennaio 1944, con la segnatura della Segreteria di Stato [della Santa Sede]: 297/4/55. Io presi nota dei numeri ed avendo degli amici alla Segreteria di Stato feci fare un controllo. La segnatura era assolutamente immaginaria».[5] A questo punto, i giudici del Tribunale di Milano chiamano a testimoniare Sir Arthur Desmond Bonham Carter. Il dirigente della Unilever ripete in aula ciò che ha già messo per iscritto due mesi prima, a Londra. Subito dopo, il presidente della Corte rende nota la lettera di Lord Alexander del 23 febbraio 1954. La testimonianza di Bonham Carter e l'attestato di Harold Alexander scagionano De Gasperi al di là di ogni ragionevole dubbio e il processo si conclude il 15 aprile 1954 con la condanna a un anno di reclusione per Guareschi.

Ma il segretario della Dc non è affatto sereno. Conversando con i giornalisti presenti al Tribunale di Milano, non nasconde la sua inquietudine per le nubi minacciose che si stanno addensando sulla giovane Repubblica. A Guglielmo Zucconi, all'epoca reporter de «Il Popolo d'Italia», l'ex Presidente del Consiglio confida il suo incubo peggiore: le forti analogie tra la Germania degli anni Venti e l'Italia dei primi anni Cinquanta. Perché la repubblica di Weimar, osserva acutamente, «fu uccisa» anche da una sequela impressionante di «campagne diffamatorie contro i suoi uomini migliori».[6] Un paragone storico che lo ossessionerà per il resto dei suoi giorni. E non è un caso che rammenti proprio l'esperienza di Weimar, la repubblica tedesca nata nel 1919 sulle macerie del Reich guglielmino. Il tentativo di superare la monarchia degli Hohenzollern con un nuovo assetto costituzionale di stampo liberal-parlamentare

[5] *Ibidem*

[6] Lettera datata «Milano, 11 dicembre 1986» inviata da Guglielmo Zucconi a Giulio Andreotti. L'archivio personale di Giulio Andreotti è consultabile presso l'Istituto Luigi Sturzo, Roma.

naufraga a causa delle pressioni esterne e dei conflitti interni, aprendo così la strada al nazismo. De Gasperi sa quanto sia ancora fragile il tessuto connettivo dell'Italia. Per quasi dieci anni ha guidato il passaggio dal fascismo alla democrazia, affrontando difficoltà di ogni tipo. E adesso è ben consapevole di quanto siano agguerriti i nemici del compromesso costituzionale, a Roma come a Londra. Ed è proprio in quest'area torbida e ostile, agitata da pulsioni reazionarie e nostalgiche, che lo statista indica il brodo di coltura dei due grandi scandali della Repubblica. A innescare entrambi, lo abbiamo visto, è il quotidiano monarchico «Roma». Il 13 dicembre 1951 è infatti il giornale dell'armatore napoletano Achille Lauro a pubblicare per primo un articolo su Enrico De Toma e sulla «caccia alle lettere» che De Gasperi avrebbe inviato al colonnello Bonham Carter durante la guerra. E un anno e mezzo più tardi è sempre il «Roma» ad avanzare per la prima volta l'ipotesi di un complotto per coprire i veri assassini di Wilma Montesi. Il pezzo lo firma Riccardo Giannini ed esce il 4 maggio 1953. Sono articoli che rimbalzano poi sulla stampa nazionale tramite una serie di testate «clienti» dell'Information Research Department (Ird) e della propaganda occulta britannica.

Dietro il carteggio Churchill-Mussolini, infatti, si nasconde una vera e propria fabbrica di documenti taroccati che ha la sua centrale in Svizzera, crocevia dei più importanti Servizi segreti del globo sin dalla Seconda guerra mondiale. È gestita da ex repubblichini riciclati negli apparati della macchina del fango, veri e propri spacciatori di fake news che girano tra le redazioni dei giornali e dei rotocalchi offrendo la loro mercanzia. E possono farlo impunemente perché qualcuno li protegge e li accredita. Quelle false lettere, dunque, approdano alla redazione del «Candido» per poi uscire sul settimanale nel gennaio 1954, dopo essere state menzionate dal «Roma» alla fine del 1951. Ma attraverso quale canale? E com'è potuto accadere che un giornalista e uno scrittore di fama come Giovannino Guareschi possa aver preso per buone quelle carte farlocche? Qualcosa emerge già durante il processo. In seguito, inchieste giudiziarie, ricostruzioni giornalistiche e ricerche archivistiche mostreranno gli altri anelli di questa catena ignobile. Al giorno d'oggi, dunque, le tessere disponibili ci consentono di delineare l'intera filiera con un margine ragionevole di plausibilità.

Prendiamo ad esempio Enrico De Toma e Tommaso David. Sono soltanto la classica punta dell'iceberg. Godono del sostegno occulto, come si diceva, di un'agenzia specializzata nella contraffazione e nel contrabbando di documenti storici. La centrale si trova in Svizzera e fabbrica i falsi. E un ambiguo studio notarile ne attesta l'autenticità. Da lì, la rete degli spacciatori si irradia in Italia coinvolgendo il reducismo di Salò, gli ambienti dei Servizi infedeli a De Gasperi e la carta stampata «cliente» degli inglesi. Ed è qui che entra in gioco Alessandro Minardi, il reporter emiliano che abbiamo presentato al lettore nelle righe di apertura di questo libro e poi nelle pagine dedicate alla riorganizzazione del Soe clandestino e all'ex partigiano monarchico Edgardo Sogno. Giornalista dal passato fascista, subito dopo la guerra Minardi viene ripulito e riciclato nel mondo dei giornali proprio da Sogno. Diventa così una firma di punta del «Corriere Lombardo», la testata fondata dal capo della «Franchi» con i lauti fondi elargiti dalla sede svizzera del

Soe e quelli provenienti da una colletta organizzata tra i grandi imprenditori del Nord. Quando il «Roma» mette in circolazione le prime voci su Tommaso David, è proprio il «Corriere Lombardo» di Sogno e Minardi ad avvalorare subito la veridicità del carteggio Churchill-Mussolini e delle presunte lettere scritte da De Gasperi nel 1944. Come in un gioco di sponda, la campagna allestita dai falsari viene immediatamente rilanciata da altre testate dello stesso *milieu* politico-culturale. Tra le più scatenate, «La Notte», «La Patria», «Momento Sera», «Il Tempo» e «Il Giornale d'Italia», tutte «clienti» della propaganda occulta britannica, come il capofila «Corriere Lombardo» e il monarchico «Roma». E quando quel materiale tossico arriva sulla scrivania di Guareschi, il caporedattore del «Candido» è, manco a dirlo, Alessandro Minardi. Con ogni probabilità è proprio lui il tramite fra De Toma e Guareschi. Il direttore del settimanale satirico non farà mai il nome del suo caporedattore. Si limiterà a dichiarare di aver ricevuto le due lettere taroccate da un «amico» di cui si era sempre fidato ciecamente. Tanto ciecamente da non essere mai sfiorato dal dubbio sulla loro autenticità. D'altra parte, non è forse vero che ognuno crede alle cose che più gli aggradano? È proprio il caso dell'inventore di personaggi memorabili come Don Camillo e l'onorevole Peppone. Le sue vignette caustiche e i suoi slogan geniali – fra i tanti, il «comunista trinariciuto» e «contrordine compagni!» – avevano certamente contribuito a rafforzare l'efficacia della propaganda contro il Fronte Democratico Popolare, da lui ribattezzato «Fronte Pecorale», nel corso della campagna elettorale del 1948. Non a caso, la riconoscenza della Dc nei suoi confronti era sempre stata totale e sincera. Ma in seguito, per qualche imperscrutabile ragione, il suo odio politico verso De Gasperi era cresciuto al punto da arrivare a considerarlo un infame traditore della causa. A Guareschi, dunque, non deve essere sembrato vero di avere tra le mani qualcosa con cui incastrare finalmente l'amico dei «trinariciuti», subito dopo aver visionato le due lettere che De Toma aveva portato alla redazione del «Candido» grazie all'intercessione di Minardi, il suo solerte caporedattore. Al grande scrittore parmense va comunque riconosciuta la fierezza con cui sconterà la condanna a un anno di carcere inflittagli dal Tribunale di Milano. E Minardi? Sappiamo che aiuterà Enrico De Toma a espatriare in America Latina per sottrarlo alla giustizia italiana e che negli anni successivi continuerà imperterrito a sostenere l'autenticità delle lettere farlocche attribuite dal settimanale ad Alcide De Gasperi.[7]

Chiuso il processo di Milano e ristabilita la verità dei fatti, De Gasperi affronta il congresso della Dc alla fine di giugno del 1954, a Napoli. Ne esce però battuto e lascia la guida del partito ad Amintore Fanfani, dirigente della giovane guardia legato ai gesuiti e da molti indicato, anche in seguito, come uno dei burattinai dello scandalo Montesi. Ed è poco ma sicuro che il politico toscano ne diviene ora il prin-

[7] Sul ruolo giocato da Alessandro Minardi nel caso Guareschi-De Gasperi, cfr. il saggio di Mimmo Franzinelli *La guerra dell'informazione: De Gasperi nel mirino dell'intelligence neofascista* nel volume *Alcide De Gasperi e l'intelligence. Come è stata ricostruita l'Italia*, a cura di Mario Caligiuri, Rubbettino Editore, Soveria Mannelli 2024. Sui rapporti tra Edgardo Sogno e Alessandro Minardi, cfr. E. Sogno e A. Cazzullo, *Testamento di un anticomunista*, cit. Sui rapporti tra Edgardo Sogno, i reduci di Salò, i Servizi segreti inglesi e la rete dei «clienti» italiani della propaganda occulta britannica, cfr. i seguenti volumi di M. J. Cereghino e G. Fasanella: *Il golpe inglese*, cit.; *Colonia Italia*, cit.; *Le menti del doppio Stato*, cit.

cipale beneficiario politico. Sconfitto, l'ex segretario dello scudo crociato si ritira nella sua casa di Sella di Valsugana, in Trentino. Ma il suo è un addio, come forse aveva lasciato intendere Paolo Canali a Winston Churchill, o soltanto un arrivederci? De Gasperi ha 73 anni. Non sono molti per un uomo politico che gode ancora di energie vitali, idee, passioni e soprattutto di un carattere di ferro. Nonostante gli acciacchi che si porta dietro da qualche tempo, è improbabile che pensi a un ritiro definitivo dalla vita pubblica. Forse medita il ritorno e la vendetta, come l'Edmond Dantès di Alexandre Dumas. Mancano pochi mesi alla scadenza del mandato di Luigi Einaudi. Nella primavera del 1955 si dovrà quindi eleggere il nuovo Presidente della Repubblica. Capo dello Stato: quale miglior coronamento per la carriera dello statista che ha *rifatto* l'Italia? De Gasperi al Quirinale e Attilio Piccioni agli Esteri. I due cavalli di razza della Dc sono ancora in corsa, nonostante tutto. E i loro destini politici continuano a intrecciarsi.

Siamo dunque al finale di partita tra Roma e Londra. O meglio, alle ultime battute di un insidioso scontro ipogeo che va avanti da una decina d'anni. Ma è proprio a questo punto che da Sella giunge inaspettata la tragica notizia della scomparsa improvvisa di De Gasperi. È il 19 agosto 1954. L'Italia è sotto choc. Si fatica a pensare che "il secondo Cavour" non ci sia più, che se ne sia andato proprio ora che c'è da ricostruire un'intera nazione. Sulle cause del decesso cominciano a circolare le voci più disparate. Forse è stata una crisi cardiaca, o un attacco d'asma, malattia che lo aveva colpito due anni prima, o chissà... Il 21 agosto, in un articolo scritto per il settimanale «Oggi», Andreotti afferma che quattro anni prima, nell'estate del 1950, De Gasperi si era ammalato di «una forma grave di flebite, procuratagli dalla puntura di un insetto», un'infermità «che lo costrinse a restare lungamente immobile». Poi, all'inizio del 1953, dagli esami del sangue era risultato che «il tasso azotemico era paurosamente salito». E aggiunge: «Non voglio invadere un campo non mio attribuendo la ragione della rapidissima fine, più che a fatti patologici, al mutamento di abitudini di lavoro e alle ansie del suo spirito dal luglio dell'anno scorso [1953] ad oggi [agosto 1954]. Ma io sono sicuro che se fosse rimasto al governo, la "carica elettrica" che la laboriosità ministeriale gli infondeva e le stesse quotidiane preoccupazioni avrebbero domato ancora una volta il male». Resta il fatto, conclude Andreotti sibillino, che «della sua morte improvvisa non riusciremo ancora a comprendere per intero la tragica gravità. Sarà nei mesi prossimi, quando aspetteremo invano il suo ritorno da Sella come tutti gli altri anni, che ci renderemo conto di quello che è accaduto. Iddio non voglia che non si sia capaci di continuare secondo il suo insegnamento».[8]

Un evento come la scomparsa dello statista italiano non passa certo inosservato. Tantomeno a Porta Pia. Il compito di redigere un rapporto per Anthony Eden, il ministro degli Esteri, viene affidato al numero due dell'ambasciata, Archibald D. M. Ross. «Il segreto della sua malattia», scrive al Foreign Office il 7 settembre 1954, è sempre stato «custodito attentamente», ecco perché la notizia della sua morte è piombata sull'Italia «come una mazzata». Il di-

[8] Articolo inviato da Giulio Andreotti al settimanale «Oggi»; dattiloscritto originale datato 21 agosto 1954. Titolo: *De Gasperi*. L'archivio personale di Giulio Andreotti è consultabile presso l'Istituto Luigi Sturzo, Roma.

plomatico inglese dipinge in termini lusinghieri la figura del leader democristiano. Spiccava infatti in un Paese che è sempre stato «ricco di politici» ma povero di «statisti». Ma dopo avergli reso l'onore delle armi, intinge la penna nel cianuro. De Gasperi, osserva, non è mai stato «una figura popolare» a causa della sua «indole austera». Tra l'altro, non possedeva nessuna delle «qualità mediterranee» che sono solite «ispirare» gli abitanti della Penisola. Sembrava insomma «più austriaco che italiano». Non a caso, erano proprio gli italiani ad avere «difficoltà» a comprendere il «linguaggio involuto» dei suoi discorsi. Godeva di una «grande stima» più all'estero (leggi Usa) che in patria, in particolare per il suo ruolo di «architetto» della Nato e di «fervente sostenitore di una nuova Europa». Nondimeno, evidenzia Ross, è plausibile che «il verdetto finale» sull'ex Presidente del Consiglio finisca per dipendere soprattutto dal «giudizio della Storia sul suo operato» in Italia, e non «dai risultati della sua politica estera». Un terreno, quest'ultimo, in cui De Gasperi non ha dato gran prova di sé agli occhi di Londra. Ed ecco l'affondo: è ormai «noto», scrive il funzionario di Porta Pia con incomparabile cinismo, che «era un uomo virtualmente in fin di vita sin dall'anno scorso», giacché «si era rifiutato di assumere l'unico farmaco che avrebbe potuto allungargli la vita: il pensionamento». E invece, dopo aver passato il testimone a Giuseppe Pella il 17 agosto 1953, il leader cattolico è comunque riuscito per quasi un anno a «esercitare in maniera indiretta» il medesimo «potere» politico che aveva gestito nel corso dei suoi otto governi. Al punto che «se fosse vissuto sino al maggio 1955», avrebbe potuto «candidarsi» alla Presidenza della Repubblica, subentrando così a Einaudi fino alla primavera del 1962. Sempre e quando la sua «salute» glielo avesse «consentito», rimarca con malizia il diplomatico. E adesso che non c'è più? Al momento, evidenzia, «nessun altro italiano» è in grado di interpretare un «ruolo» come quello da lui giocato dopo il 1945. Sebbene nella Dc vi siano «molti uomini capaci», non vi è nessuno che abbia la sua «statura» politica. Ecco perché, afferma Ross, occorre adesso «monitorare con grande attenzione» le «tendenze centrifughe» all'interno dello scudo crociato: inclinazioni che potrebbero rivelarsi «fatali» per la «democrazia italiana».[9]

Su chi investire, allora, tra i «molti uomini capaci» nelle file democristiane, ora che lo statista trentino ha tolto il disturbo? Su quale cavallo puntare per contenere le spinte anti inglesi che finiranno inevitabilmente per ripresentarsi? All'ambasciata di Porta Pia è in corso un vero e proprio casting. E qualcuno posa gli occhi sul ministro della Difesa, Paolo Emilio Taviani. Archibald Ross non perde tempo e incontra l'ex capo della Resistenza ligure il 3 settembre 1954. «È uno degli uomini più insigni» nell'attuale governo Scelba e «un ammiratore sincero delle politiche europee» sostenute da Londra, annota il diplomatico nel suo rapporto per il Foreign Office. È inoltre convinto che «non vi sarà futuro per l'Europa se il Regno Unito non si impegnerà in misura decisamente maggiore rispetto a quanto fatto sinora». E quando Attilio Piccioni si dimetterà da ministro degli Esteri, rivela infine Ross, cosa che avverrà con ogni probabilità «a conclusione del caso Montesi», sarà certamente Taviani a «succedergli» nel ruolo di

[9] Tna/Pro, Fo 371/113139.

capo della diplomazia italiana.[10] A Porta Pia, dunque, sanno già che Piccioni ha i giorni contati e stanno pensando a qualcuno con cui sostituirlo. E in effetti, come preannunciato al Foreign Office dal diplomatico inglese, il delfino di De Gasperi lascia il dicastero degli Esteri due settimane più tardi, il 19 settembre 1954, travolto da una nuova ondata di accuse mediatiche e giudiziarie collegate allo scandalo Montesi. Ma al suo posto non va Taviani. Benché sia considerato un ottimo amico degli inglesi, a Londra non si fidano ciecamente di lui. È attendibile sul piano della sicurezza, per via del suo anticomunismo, non però sul terreno della politica estera. Tra l'altro, a Downing Street non gradiscono la sua passione per l'America e certe sue inclinazioni filoarabe. All'ultimo momento, quindi, gli inglesi decidono di scommettere su un cavallo più sicuro. A giurare come nuovo ministro degli Esteri è infatti il liberale Gaetano Martino.

Attilio Piccioni, si diceva. È costretto ad abbandonare la scena quando il fango di Torvaianica investe direttamente il figlio Piero, il cui nome non compariva ancora tra gli indagati. La svolta avviene nelle settimane in cui è in ballo la poltrona degli Esteri, nella tarda estate del 1954, appena un mese dopo la morte di De Gasperi. Ed è proprio a questo punto che entra nuovamente in azione la macchina del fango, con un tempismo ancora una volta perfetto. Adesso, quindi, occorre fare un passo indietro per riprendere il filo dello scandalo Montesi dal punto in cui lo avevamo lasciato, riannodarlo all'anello mancante di questa storia e chiudere così il cerchio.

[10] Tna/Pro, Fo 371/113120.

All'inizio del 1954 l'*affaire* della giovane rinvenuta senza vita sulla spiaggia di Torvaianica subisce una torsione improvvisa, come abbiamo visto nel capitolo precedente. Nell'autunno del 1953 le bombastiche rivelazioni di Silvano Muto sul mensile «Attualità» hanno rilanciato lo scandalo sul piano mediatico, riaccendendo i riflettori sul nome di Piccioni figlio. Così, il giovane reporter è finito sotto accusa per aver diffuso «notizie false e tendenziose». Arriviamo dunque al 21 marzo 1954, quando il Tribunale di Roma sospende il processo contro Silvano Muto per consentire alla magistratura di approntare un'istruttoria formale sulla morte di Wilma Montesi. Pochi giorni dopo, la Corte d'Appello di Roma riapre ufficialmente il caso. Il magistrato della sezione istruttoria, Raffaele Sepe, avvia le indagini processuali. Ordina perizie, interrogatori e l'esumazione della salma della ragazza. Cadono molte delle accuse contro vari personaggi secondari della vicenda, ma emerge sempre più un disegno preciso che coinvolge Piccioni figlio e il marchese Montagna. Nel mese di maggio il giudice Sepe ordina l'arresto di Adriana Bisaccia, una delle fonti del reporter Muto. In alcune interviste pubblicate da «Il Messaggero», «Oggi» e «L'Europeo» (testate «clienti» degli inglesi), la donna ha raccontato di essere stata l'amante di Piero Piccioni. Nel frattempo, la Questura di Roma viene a sapere che proprio «Il Messaggero» risulta essere molto informato sulle indagini condotte da Raffaele Sepe. Il magistrato è ormai convinto che sia del tutto «insussistente» la tesi della morte della Montesi per «affogamento», oltre a reputare «assurdo» che il decesso della giovane sia stato provocato da un «pediluvio». E non è certo casuale che il 5 giugno 1954 sia sempre il giornale romano a pubblicare un articolo in cui si afferma che la Montesi «è stata assassinata». Il giudice Sepe, insomma, ne è ormai certo e indaga per individuare i colpevoli del delitto. Per diversi mesi, dunque, l'indagine condotta dal magistrato si trasforma in una sorta di Spada di Damocle appesa sulla testa delle istituzioni della Repubblica e dell'intera classe politica della nazione. Le investigazioni avanzano in un crescendo d'intensità e di colpi di scena. In parallelo al tragitto che conduce alle dimissioni di De Gasperi dalla segreteria della Dc, a fine giugno, e al suo ritiro tra le montagne del Trentino nel corso di quella stessa estate.

Nel settembre 1954 lo scandalo Montesi giunge al suo apice. Il grande statista è scomparso qualche settimana prima nella sua casa di Sella di Valsugana. Attilio Piccioni è ancora il ministro degli Esteri, ma anche per lui arriva il momento di gettare la spugna. Le notizie che filtrano dagli uffici del giudice Sepe rimbalzano sui giornali e preannunciano la valanga che sta per abbattersi su Piccioni figlio. Il padre decide quindi di rassegnare le dimissioni il 19 settembre, nelle stesse ore in cui il magistrato firma gli ordini di arresto nei confronti di Piero e del marchese Ugo Montagna: il primo con l'accusa di omicidio colposo e uso di stupefacenti, il secondo per favoreggiamento. I due finiscono a Regina Coeli due giorni più tardi, il 21 settembre.

Viene meno, a questo punto, l'interesse di Porta Pia per l'*affaire* Montesi. Prevale quasi un senso di appagamento. Da Roma, nel marzo 1955, l'ambasciata britannica informa il Southern Department del Foreign Office che «al momento, il caso Montesi non è più un tema di attualità politica» in Italia ed è quindi «improbabile» che emergano «ulteriori rivelazioni» durante il futuro «processo».[11] Qualche mese dopo, a luglio, la legazione invia un secondo messaggio classificato Restricted al Southern Department. Il dispaccio conferma che gli italiani hanno effettivamente perso ogni «trasporto» verso lo scandalo Montesi.[12] È la pietra tombale sulla triste vicenda di Torvaianica. E il motivo è ovvio: l'establishment conservatore del Regno Unito è finalmente riuscito a decapitare le due personalità eccellenti della classe politica democristiana. Il processo per la morte di Wilma Montesi si celebra presso la Corte d'Assise di Venezia tra il gennaio e il maggio del 1957. Ugo Montagna e Piero Piccioni vengono assolti con formula piena.

Ma prima di scrivere la parola fine, c'è ancora qualche tassello da aggiungere al mosaico. Ci vengono in aiuto sia gli atti giudiziari sia le inchieste storico-giornalistiche. Nell'economia del nostro racconto, non è necessario inoltrarsi nei labirinti delle tante ricostruzioni pubblicate negli ultimi decenni. Al contrario, risulta assai più utile evidenziare quei fili che legano tra di loro alcuni dei personaggi che a vario titolo e a vari livelli, e probabilmente anche con diversi gradi di consapevolezza, hanno contribuito all'allestimento dell'ingranaggio in cui ha finito per trovarsi prigioniero il giovane musicista Piero Piccioni.

Cominciamo dal siciliano Ugo Montagna, marchese di San Bartolomeo, classe 1910, tirato in ballo dal reporter

[11] Tna/Pro, Fo 371/117975.
[12] *Ibidem.*

Silvano Muto. È lui a gestire la riserva di caccia di Capocotta, sul litorale laziale, dove tutto ha avuto inizio tra festini a luci rosse e cocaina. Ha un presente non certo specchiato e un passato ancora più losco. In un rapporto compilato dal colonnello Umberto Pompei (Cc) – ha svolto un'indagine parallela, e forse anche interessata, per conto di Amintore Fanfani, ministro dell'Interno nel governo Pella –, si afferma che Montagna «è uso dare convegno a donne di dubbia moralità, allo scopo di soddisfare i piaceri e i vizi di tante personalità del mondo politico». Per l'ufficiale dell'Arma non è una sorpresa. Ha già incrociato il marchese siciliano qualche anno prima nei corridoi della centrale del controspionaggio alleato in via Sicilia, a Roma, subito dopo la liberazione della Capitale. Nella veste di Capogruppo della polizia militare presso l'Ufficio Informazioni (il Servizio Informazioni Militare, Sim), il colonnello Pompei era all'epoca in contatto con il capitano statunitense James Jesus Angleton, il responsabile dell'X-2 e dell'unità «Z» della Special Counter Intelligence (Sci/Z). Stando a Pompei, dunque, Ugo Montagna era ben noto sin dal giugno 1944 non solo per i «trattenimenti» che organizzava per gli ufficiali del controspionaggio, ma anche come informatore del Secret Intelligence Service britannico, il Sis. E il marchese siciliano non era finito per caso nel giro di via Sicilia. Ce l'aveva portato il suo pedigree di trafficone consumato. Nella seconda metà degli anni Trenta bazzicava infatti negli ambienti dell'Ovra, oltre a frequentare Clara Petacci (l'amante del Duce) e i due figli maschi di Mussolini, Vittorio e Bruno. E non è tutto, perché a partire dal settembre 1943 si era messo a disposizione dei servizi segreti nazisti nella Roma occupata dalle truppe germaniche. "Titoli" indispensabili per essere reclutati nella rete dei doppio e triplo giochisti al comando di Angleton sin dall'estate del 1944.[13]

Veniamo ora ad Annamaria Moneta Caglio, la giovane amante del marchese Montagna, ribattezzata dai media il «Cigno Nero» per via del collo lungo e dei capelli corvini. Il suo è un ruolo importante specialmente nelle fasi d'innesco della macchina del fango. Silvano Muto ne fa il nome, indicandola come una delle sue fonti. Ed ecco che nel marzo 1954 lei si presenta al Tribunale di Roma con un memoriale – anzi, un «testamento» –, dopo essere rimasta per qualche tempo chiusa in un monastero per stilarlo nei minimi dettagli, protetta da preti e suore. Il marchese, afferma la ragazza, è «il capo di una banda di spacciatori di stupefacenti», mentre il giovane Piccioni è «l'assassino» di Wilma Montesi. E giù un profluvio di dettagli sulla dolce vita di Capocotta. Ma com'è stato fabbricato il suo memoriale? Con l'aiuto e i suggerimenti del gesuita Alessandro Dall'Olio, rivela lei stessa mezzo secolo più tardi nel corso di un'intervista rilasciata a Vincenzo Vasile, giornalista di razza del quotidiano «l'Unità».[14] «Mi ci trascinarono», confessa. E spiega: «Quando, il 16 otto-

[13] Il rapporto di dodici pagine steso dal colonnello Umberto Pompei (è datato 22 febbraio 1954) viene letto dal militare dell'Arma il 10 marzo 1954 durante il processo contro il giornalista Silvano Muto, al Palazzo di Giustizia di Roma. Cfr. F. Grignetti, *Il caso Montesi*, cit.; M. J. Cereghino e G. Fasanella, *Colonia Italia*, cit.

[14] Vincenzo Vasile, *Parla Anna Maria Moneta Caglio, classe 1929, una dei testimoni del processo Montesi. «Io, una povera ragazzina finita dentro a un complotto»*, «l'Unità», 3 aprile 2003.

bre 1953, quel simpaticissimo Silvano Muto scrisse il suo articolo su "Attualità", fu lui a spiegarmi che dietro la morte della Montesi c'era un traffico di droga, orge e chissacché, e quando mi parlò fu lui ad aprirmi gli occhi. E poi mi chiamò a testimoniare, come se fossi stata io la fonte di tutto... E quando mi chiamarono in Tribunale [a Roma, nel marzo 1954] io non volevo andarci». Infatti «se si guardano i giornali, si vede che stavo nascosta, proprio nascosta presso i monasteri di mezza Italia, con le suore che mi proteggevano, e i gesuiti che raccoglievano le mie dichiarazioni. E con Fanfani che mandò un colonnello dei Carabinieri, Umberto Pompei. Io davanti ai giudici non volevo andarci ad accusare l'uomo [Ugo Montagna] a cui volevo bene». Insomma, «io parlavo con padre Dall'Olio, un gesuita. [...] Fu una macchinazione? Un complotto? Non l'ho mai capito».[15] Interessante l'ambiente familiare della ragazza. I Moneta Caglio – antica e potente casata lombarda, titolare della Zecca di Milano fino a metà Settecento, donde il cognome Moneta – intrattengono da secoli rapporti privilegiati con la Compagnia di Gesù. Il confessore e padre spirituale di Annamaria è Don Pietro Filippetto. Quando la giovane finisce nella ragnatela del caso Montesi, è lui a indirizzarla a un gesuita molto influente, padre Alessandro Dall'Olio, preside e docente del prestigioso istituto Massimiliano Massimo a Roma. Sarà un caso ma in quel collegio ha studiato Silvano Muto, il giornalista in erba che non ha mai interrotto i rapporti con padre Dall'Olio. Ma c'è dell'altro, perché il giudice Raffaele Sepe è anch'egli un ex allievo del «Massimo» che ha con-

[15] *Ibidem*.

tinuato a frequentare i suoi vecchi professori. La circostanza non sfugge ai Servizi di sicurezza italiani fedeli a De Gasperi. Quando le rivelazioni di Silvano Muto provocano la riapertura dell'inchiesta sullo scandalo Montesi e sulla scena compare Annamaria Moneta Caglio, la puzza di bruciato è talmente forte da indurre gli apparati "lealisti" a mettere sotto controllo il magistrato romano. Viene spiato ventiquattro ore al giorno, non c'è un suo atto che sfugga agli agenti sul campo. E i risultati si vedono: nel giugno 1954 i Servizi inviano a De Gasperi un rapporto scottante sul giudice. Le notizie contenute nel documento non fanno che confermare tutti i suoi sospetti: «Il Sepe, legato ai gesuiti sin dall'età giovanile per essere stato educato all'Istituto Massimo di Roma, avrebbe dato un più ampio sviluppo alla vicenda scandalistica emersa con l'affare Montesi, subendo in questa linea di cordata processuale l'indubbia influenza dei Padri della Compagnia [di Gesù], che furono i promotori dello scandalo e che continuano tuttora a bandizzarlo [renderlo pubblico] con la pretesa necessità di moralizzare la vita pubblica italiana».[16] La percezione del complotto è dunque netta nell'entourage dell'ex Presidente del Consiglio. Al punto da individuare gli ambienti che vi sono coinvolti e persino la tempistica della cospirazione in atto. Lo stretto legame tra lo scandalo Montesi e il caso Guareschi è ormai palese. Si potrebbe affermare che tra le due macchinazioni vi sia un intreccio

[16] Archivio Centrale dello Stato (Acs), Ministero dell'Interno, Direzione Generale Pubblica Sicurezza, Divisione Polizia Amministrativa e Sociale, già Divisione Polizia Sezione III 1940 1975, fascicoli 454 e 455; Vincenzo Vasile, *Io spio, tu spii, noi ci spiamo. Ecco le carte del caso Montesi,* «l'Unità», 14 gennaio 2005; M. J. Cereghino e G. Fasanella, *Colonia Italia*, cit.

persino fisico. Perché a manovrare i fili sono i medesimi burattinai. E capita che pure gli esecutori materiali siano gli stessi. Nell'*affaire* del «Candido», Giulio Andreotti individua i mandanti nei «circoli inglesi» e in «alcuni personaggi della finanza del Nord». Nello scandalo Montesi, i Servizi fedeli a De Gasperi li indicano nella Compagnia di Gesù.

Mezzo secolo più tardi, nel settembre 2003, Andreotti recensisce sul giornale «Il Tempo» il volume *Il destino di Guareschi*, scritto da Paolo Tritto. Nell'articolo, il Divo Giulio ricostruisce il clima di feroce ostilità verso la politica degasperiana che impregnava anche una parte del mondo cattolico e del Vaticano dopo il 1945. Il direttore del «Candido», scrive, «respirava quest'aria antidegasperiana, confortato – lui di radice cattolica vera – da due gesuiti importanti. Il primo, padre Riccardo Lombardi, era furioso per il blocco dell'Operazione Sturzo. L'altro, padre Antonio Massimei, mentre dava quotidianamente a Pella il consiglio di "tener duro", tratteggiava nella "Civiltà Cattolica" una critica di fondo al degasperismo inteso come pericolosa apertura alla collaborazione con i laici. Né mancava in giro chi rimproverava allo stesso De Gasperi di non aver imitato la Germania federale che aveva messo fuori giuoco il partito comunista».[17]

Padre Riccardo Lombardi è il celebre gesuita passato alla storia con l'appellativo di "microfono di Dio", per il fanatismo che caratterizzava i suoi interventi radiofoni-

[17] Giulio Andreotti, *Guareschi, il credulone. Nel dopoguerra si tentò di screditare De Gasperi con lettere false. Lo statista avrebbe chiesto un bombardamento alleato sulla Capitale*, «Il Tempo», 14 settembre 2003.

ci nell'era degasperiana. Anche il suo profilo – come quello di Alessandro Minardi e di altri personaggi che abbiamo visto all'opera nello scandalo Montesi e nel caso Guareschi – merita di essere tratteggiato sia pure brevemente. È una sorta di chiusura del cerchio. Stando ad Andreotti, infatti, uno dei "confortatori" imprescindibili di Giovannino Guareschi è proprio Riccardo Lombardi.

Entra nella Compagnia di Gesù nel 1926, dieci anni prima di essere ordinato sacerdote. Nel corso del Ventennio è solito tessere le lodi del fascismo, da lui definito «una salvezza. [...] Ordine, disciplina, serietà di studio e di lavoro, normalità di vita». Il suo legame con Pio XII, cementato da un comune sentire politico, è profondo. Tanto che dopo la Liberazione Pacelli trasforma il gesuita in uno strumento mirabile della lotta al compromesso costituzionale tra De Gasperi e Togliatti. Quando nel maggio 1945 il segretario del Pci lancia l'offerta di un accordo tra comunisti e cattolici per la ricostruzione morale e materiale dell'Italia, il compito di respingere quelle pericolose *avance* tocca proprio a lui, al "microfono di Dio". Padre Lombardi non si stanca mai di esortare i cattolici alla mobilitazione permanente contro i comunisti, colpevoli a suo dire di voler scatenare «una strage orrenda» ai danni delle gerarchie della Chiesa cattolica, a cominciare da Pio XII. Nel 1952, su incarico del Pontefice, è tra i più accesi fautori dell'alleanza tra democristiani, monarchici e neofascisti per le elezioni comunali di Roma, operazione concepita per spostare a destra lo scudo crociato. Nell'aprile del 1952, però, De Gasperi si dichiara fortemente contrario a una lista che comprenda anche gli esponenti del Movimento Sociale Italiano. Il gesuita non si rassegna e si reca nell'abitazione privata del capo del governo per cercare di guadagnare alla causa almeno la sua consorte, Francesca Romani. Ma viene messo letteralmente alla porta dopo un'accesa discussione con la signora. Fallito il tentativo, padre Lombardi non demorde e crea una sorta di loggia massonica segreta con l'obiettivo di «conquistare i posti direttivi e poi il mondo intero a Gesù». Tra i suoi sodali c'è un avvocato e imprenditore molto noto negli ambienti dell'affarismo romano collegato al Vaticano, Umberto Ortolani, un banchiere che diverrà ancora più celebre nei decenni successivi per i suoi legami con la Loggia P2 di Licio Gelli. Il padre gesuita è invece un nemico acerrimo di monsignor Giovanni Battista Montini, il mentore politico di De Gasperi. Disprezza il futuro Papa al punto da chiederne l'allontanamento dalla Curia nel 1954. Ma quando Montini viene eletto al soglio pontificio con il nome di Paolo VI, nell'estate del 1963, non ci pensa due volte a diffidare padre Lombardi «dall'occuparsi di questioni politiche». Al "microfono di Dio" viene insomma ordinato di spegnere gli altoparlanti. Una volta per tutte.[18]

[18] *Lombardi, Riccardo* di Giuseppe Pignatelli, in *Dizionario Biografico degli Italiani*, volume 65 (2005); Giancarlo Zizola, *Il microfono di Dio. Pio XII, padre Lombardi e i cattolici italiani*, Mondadori, Milano 1990; Giacomo Martina, *Un caso speciale: padre Lombardi*, in Giacomo Martina, *Storia della Compagnia di Gesù in Italia (1814-1983)*, Morcelliana, Brescia 2003, pagine 287-300.

Post scriptum

Inizia un'altra storia, il ciclo di Enrico Mattei

Morto De Gasperi, gli occhi vigili della diplomazia e dell'intelligence di Sua Maestà sono ora puntati con una certa apprensione su Enrico Mattei, il presidente dell'Eni. Ha già fatto la sua comparsa sulla scena durante la crisi persiana. A Londra lo ritengono il nuovo *dominus* della vita pubblica italiana e, dunque, hanno iniziato a studiarlo per decifrarne le intenzioni. Seguirà la rotta tracciata dai governi degasperiani, creando altri grattacapi agli interessi petroliferi britannici? O scenderà a consigli più miti? Il 4 dicembre 1954, intanto, l'ambasciatore Sir Ashley Clarke (Porta Pia) scrive al ministro degli Esteri Anthony Eden segnalando con preoccupazione la vertiginosa ascesa del manager italiano. Molto più di un manager, a dire il vero. Perché Mattei viene descritto come un uomo capace di muoversi con spregiudicatezza sia negli affari economici sia nel mondo della politica.

«L'Eni è un ente autonomo e gode di poteri finanziari al di fuori del controllo del Parlamento», evidenzia Sir Clarke. La sua crescita, non a caso, «è stata ampiamente determinata dal dinamismo e dalla forte personalità del suo presidente», Mattei. Il quale si è già fatto molti nemici in Italia, giacché «il monopolio statale dell'Eni è visto con ostilità dagli industriali», un sentimento che «è andato via via intensificandosi. Gli impresari, infatti, [...] sono giunti alla conclusione che egli coltivi ambizioni imperiali». E tra i potenti interessi «allarmati dall'espansione dell'Eni» vi sono innanzitutto «la Fiat e la Montecatini». L'ambasciatore avverte inoltre che Mattei ha un rapporto complicato con la politica e con il suo stesso partito, la Democrazia Cristiana. In particolare con Mario Scelba, il Presidente del Consiglio. I possibili *casus belli* sono la Sicilia e la Valle del Po, le aree più ricche di «petrolio e gas naturali». Da Porta Pia, comunque, il diplomatico segnala che vi sono «novità» in merito allo sfruttamento di quelle «ingenti riserve». Perché De Gasperi aveva sì promosso la nascita dell'Eni nel febbraio 1953, ma aveva anche stabilito di concedere «una serie di licenze ad alcune imprese private». Tant'è che «le compagnie americane e britanniche stanno effettuando sondaggi in vaste aree della Sicilia, con l'autorizzazione del governo regionale dell'isola». Mattei, allerta Sir Clarke, è comunque deciso a «mantenere i diritti estrattivi ad esclusivo beneficio dell'Eni», anche a costo di mettere «a serio rischio la sopravvivenza del governo regionale siciliano» guidato dalla Dc. I comunisti, che nell'isola «si sono sempre opposti alla concessione di licenze petrolifere a imprese straniere», cercano così di sfruttare «quest'ottima occasione per soffiare sui sentimenti antiamericani». Al punto che sono gli stessi parlamentari della Dc ad accusare Mattei di «fare il gioco» del Pci di Togliatti.

Il medesimo problema, riferisce il diplomatico inglese, potrebbe emergere nel prossimo futuro anche nella Valle del Po, dove l'americana Standard Oil Company «mira a ottenere una licenza per sfruttare le riserve petrolifere». Al momento, sembra che la potente compagnia del New Jersey «non intenda toccare i diritti estrattivi che l'Eni detiene sul metano». Tuttavia, «gli esperti americani sono convinti che sotto le riserve di gas naturale si celino grosse quantità di petrolio, molto più ampie e ricche di quelle scoperte in Sicilia». Temono quindi che lasciare all'Eni «lo sfruttamento estensivo del metano» equivalga a «compromettere l'estrazione del petrolio» sottostante. E in ogni modo, secondo il presidente della Standard Oil, Eugene Holman, l'Eni «non è in possesso dei capitali e dei mezzi tecnici necessari allo sviluppo» delle risorse petrolifere nella Valle Padana e in Sicilia. Holman reputa quindi che Mattei dovrà prima o poi scendere a patti con le aziende americane. Gli Stati Uniti, dunque, afferma Sir Clarke, «avrebbero già affrontato la questione» con il governo Scelba, «sollecitandolo ad agevolare l'estrazione del petrolio nella Valle del Po». L'ambasciatore rileva comunque che Washington non starebbe «appoggiando nello specifico la Standard Oil o altre imprese statunitensi». In questa fase, insomma, l'amministrazione Eisenhower si limita a condividere le valutazioni delle aziende petrolifere americane sul presunto deficit tecnologico dell'Eni e sulle strategie monopolistiche di Mattei.

Intanto, spiega ancora Sir Clarke, il governo italiano «mantiene un silenzio imbarazzato. Ci si aspetta comunque che Scelba nutra una certa simpatia per gli americani, giacché ha dichiarato di voler incoraggiare gli investimenti stranieri». La sensazione di Porta Pia è che il Presidente del Consiglio stia cercando di mediare tra l'Eni e le compagnie statunitensi. Il che spiegherebbe l'atteggiamento cauto e un po' defilato della Casa Bianca e, in parallelo, il «nervosismo» del capo del governo. Se da un lato «il rapido sviluppo dell'estrazione del metano in Italia dimostra che l'Eni è in possesso di ogni infrastruttura necessaria in questo settore», dall'altro però «gli americani sono più avanti nello sfruttamento del petrolio». Scelba è dunque convinto che «in termini economici» sia più vantaggioso offrire «forti incentivi finanziari alle imprese straniere piuttosto che a quelle italiane». A condizione, ovviamente, che si arrivi a «un accordo soddisfacente tra le parti». Ma è un compromesso difficile da raggiungere, tenuto conto dello strapotere di Mattei e delle sue propensioni monopolistiche. «È comprensibile», quindi, scrive Sir Clarke, che Scelba dia segni di «inquietudine». Teme infatti che il presidente dell'Eni, nell'alimentare le correnti antiamericane della sinistra, finisca sul lungo termine per «portare acqua al mulino comunista», cagionando in tal modo la perdita del «controllo effettivo della Repubblica» sulle «risorse petrolifere» nella Valle del Po e in Sicilia «con inevitabili conseguenze economiche e strategiche» per l'Italia. Da Porta Pia, insomma, l'ambasciatore sembra suggerire che si stia aprendo un nuovo capitolo nella storia della giovane democrazia. Un capitolo ancora tutto da scrivere, poiché «la situazione è aperta a ogni sviluppo».[1]

Ma non c'è bisogno di aspettare troppo per capire quale strada finirà per imboccare la politica del Belpaese. Lo si intuisce già nelle settimane successive al rapporto inviato da Sir Clarke al Foreign Office. Nella primavera del 1955 scade il settennato presidenziale di Luigi Einaudi e cominciano le manovre per la sua successione. Va da sé che la poltrona del Quirinale sarebbe toccata certamente

[1] Tna/Pro, Fo 371/113125.

ad Alcide De Gasperi. Perché dal colle più alto di Roma sarebbe stato in grado di indirizzare agevolmente la politica estera italiana in continuità totale con l'operato degli otto governi da lui presieduti tra il 1945 e il 1953. Adesso, però, la sua morte e l'emarginazione di Attilio Piccioni hanno mutato radicalmente il panorama politico e istituzionale. Da qualche mese, il segretario della Dc è l'economista Amintore Fanfani, esponente di punta delle nuove leve scudocrociate. Anche se su di lui grava il sospetto di aver brigato sottobanco contro Attilio Piccioni, con il sostegno fondamentale della Compagnia di Gesù. Ambizioso e sanguigno, il nuovo leader democristiano non è certo il tipo da sopportare una convivenza nel cuore del potere con Mattei, l'uomo forte dell'Eni. L'elezione del prossimo Presidente della Repubblica è dunque il primo banco di prova per le aspirazioni di quei due galli nel litigioso pollaio del partito cattolico.

Fanfani fa la prima mossa candidando al Quirinale un indipendente eletto al Senato nelle liste scudocrociate: il finanziere milanese Cesare Merzagora. È un personaggio celebre e decisamente gradito alle grandi famiglie industriali del Nord. Oltre a essere un anglofilo a tutto tondo. Durante la Resistenza collaborava con il Soe britannico – troviamo il suo nome nei «Personnel Files» dello Special Operations Executive, gli archivi che raccolgono i fascicoli degli anni 1943-1946 sul «personale» del Soe – e compariva tra i finanziatori più importanti dell'«Organizzazione Franchi» di Edgardo Sogno.[2] Per poi affermarsi nel dopoguerra come un editorialista tra i più autorevoli del

[2] Tna/Pro, Hs 9/1024/8.

«Corriere Lombardo».[3] È un caso che Fanfani punti proprio su questo «banchiere ateo», come ama definirsi Merzagora, per la Presidenza della Repubblica? Probabilmente no, dal momento che al segretario della Dc (il "beneficiario politico" più in vista dello scandalo Montesi) viene attribuita l'intenzione di voler archiviare definitivamente il ciclo degasperiano. Mattei però, tanto per non smentire l'aura di spregiudicatezza che aleggia intorno alla sua figura, risponde contrattaccando. Nell'aprile del 1955, dunque, organizza innanzitutto la fronda democristiana, costringendo il candidato ufficiale del partito, Merzagora appunto, a ritirarsi mentre si svolgono le prime votazioni. Per lanciare poi nella corsa al Quirinale uno degli uomini a lui più vicini, Giovanni Gronchi. Il presidente dell'Eni spiazza tutti, da giocatore consumato qual è. Perché Gronchi è la quintessenza del trasversalismo democristiano. È stato sottosegretario nel primo governo Mussolini, quando il Partito Popolare appoggiava il giovane leader del fascismo. Nel secondo dopoguerra, poi, era stato accreditato come un possibile antagonista di De Gasperi, ma da una posizione di "sinistra". E infatti Gronchi viene eletto Presidente della Repubblica a larghissima maggioranza, anche con i voti della destra monarchica, dei comunisti e dei socialisti. È il 29 aprile 1954 e rimarrà in carica fino al maggio 1962. Il segnale è forte. Mattei ha dimostrato di saper controllare la Dc e di esercitare un enorme potere d'influenza sul Parlamento. È lui, insomma, il nuovo *dominus* dello scenario italiano. D'ora in avanti, perciò, i conti si dovranno fare con l'Eni. È l'inizio di una nuova

[3] Cfr. E. Sogno e A. Cazzullo, *Testamento di un anticomunista*, cit.

fase che condurrà l'Italia al miracolo economico nel giro di pochi anni. Il Paese registrerà così una crescita vertiginosa, grazie in primo luogo al motore dell'industria pubblica. Un progresso talmente vorticoso da consentire alla sua giovane classe dirigente di conquistare una posizione di leadership tra le più influenti nel bacino del Mediterraneo, in Medio Oriente e, più in generale, nelle molte nazioni che si sono liberate dal giogo coloniale di Londra e Parigi dopo il 1945.

Questo, però, è un altro capitolo della nostra storia.

Ringraziamenti

Un ringraziamento particolare a Serena e a Stefano Andreotti, che ci hanno consentito l'accesso ad alcuni preziosi documenti conservati nell'archivio di famiglia. Il loro genitore, Giulio, è stato per quasi dieci anni uno dei collaboratori più stretti di Alcide De Gasperi e, dunque, un testimone diretto degli eventi ricostruiti in questo volume.

Indice dei nomi